旅行のモダニズム
大正昭和前期の社会文化変動

赤井正二　著
AKAI Shoji

ナカニシヤ出版

目次

旅行のモダニズム——大正昭和前期の社会文化変動——

［凡例］

・引用文中内の〔…〕は引用者による省略を示し、〔 〕は筆者による補足を示している。また「／」は改行箇所を示している。
・漢字の旧字体は、原則として新字体に変更した。
・人名・書名・団体名などについては原則として旧字体のままとした。ただし、「會」は「会」に変更した。
・読みにくい漢字にはルビを付けた。
・旧仮名遣いは原則として変更していないが、前後関係から新仮名遣いに改めた場合がある。
・送り仮名は、原則変更していない。
・第三章と付論二における岩波書店版『木下杢太郎全集』からの引用箇所は、引用文末に括弧内に全集の巻を示す数字と頁数を示す数字によって表記する。例えば、（7, 35）は全集第七巻三五頁を示している。

序　旅行とモダニズムについて

1　「幸せな生活」イメージと旅行

現代日本の私たちが抱いている「幸せな生活」のイメージのなかで、「旅行」に関連する事柄の比重は決して軽いものではない。宿泊を伴う国内旅行や海外旅行に加えて、日帰りの行楽や街歩きなども含めると、それらができるかできないか、またどの程度自由にできるかといったことは、生活の質を決定的に左右するに違いない。今日の旅行は決して不合理な贅沢でも特別の理由が必要な遊興でもなく、望ましい普通の生活にとって必須の楽しみになっている。(1)

このように「幸せな生活」に組み込まれた「旅行」は、「どこか旅行に行きたい」という気持ちから始まり、「旅行に行く」ことが目的となり、それを実現するために何時・どこに・誰と行くかといった要素が選択されるという意味でいわば「旅行のための旅行」である。これは歴史的に考えると決して当たり前のことではない。伊勢参りに出かける、四国の遍路道を巡る、名所旧跡を訪ねるといった宗教的・伝統的に定型化した旅や、年中行事としての行楽に比べれば、現代人が行きたいと考える旅はまずもって行く先未定の「どこかへの旅」であり、多くの選択肢があり選択する自由があることを前提した旅行なのである。言い換えれば現代の旅行の特徴は、①宗教的目的など特定の目的からの解放、②村的共同体など特定の人間関係の拘束からの解放、③伝統的・定型的な知と感性からの解放などを前提条件とし、④自発的な関心（憧れ・興味など）を主たる動機とし、⑤意識的に選択された旅行であること、こうした点にあり、これらを旅行の「近代性」の形態的な特徴としてまとめることができる。

問題提起

どのような経過で私たちは旅行・行楽を必須の項目とする「幸せな生活」のイメージを抱くようになったのだろうか。また、「どこかへの旅行」や「旅行のための旅行」という考え方はどのような背景のもとで成立し、どのような経過をたどって実現・普及・定着したのだろうか。近代旅行文化の日本的発展の特徴はどこにあるのだろうか。これらの問いに答えることが本書の課題である。

大正昭和初期――戦後「中流生活」の源流

現代の「幸せな生活」イメージは高度成長期に共有された「中流生活」の意識に遡ることができるかもしれない。政府機関が行なっている『国民生活に関する世論調査』のうち、一九六七年（昭和四二年）から一九七四年（昭和四九年）頃の調査には、「希望する生活水準」や「今後の生活に対する見通しと力点」などの項目が設けられている。例えば、一九六七年（昭和四二年）の調査では「あなたが将来せめてこの程度の生活をしたいとふだん考えておられるのは、この中のどれでしょうか、１つか２つあげて下さい」との質問に対する回答は次のようであった（括弧内の数字は％を示す。回答の多い項目順に並べ替えている）。

（三二・〇）家族旅行が気軽にできる生活

（二九・九）食べるには困らない生活
（一八・四）家族一人一部屋ある生活
（一六・四）家具、電気器具のひととおりそろった生活
（八・八）乗用車のある生活
（六・〇）冷暖房の完備した生活
（六・〇）舞踊、謡、俳句、点茶、音楽、絵などを自分でして楽しむ生活
（三・七）海外旅行の気軽にできる生活
（一・五）高級家具、美術品（室内装飾）のある生活
（一・六）家事使用人を雇える生活
（一・四）別荘のある生活
（一一・五）この中のものはない、わからない(2)

終戦直後の日本人にとって最重要課題であったのは「食べるには困らない生活」であったが、この課題が一応落ち着き始めたときに、次に国民が求めたものは「家族旅行」だった。

しかし「家族旅行」や「一人一部屋」など高度成長期の「希望する生活水準」で列挙された項目の多くは大正昭和初期に準備されたものである。(3)近代の「旅行のための旅行」が、多様な形をとって定着し始めたのは、文化と社会の様々な分野で大衆化・民衆化が進行した大正昭和初期だった。家族旅行が提唱されたのもこの時期であった。それは家族と行くということだけが決まっていて行き先や時期などは未定である点で、ここでいう「旅行のための旅行」の一つの形にほかならない。先の問いへの回答は大正昭和初期の旅行を巡る動きの考察から得ることができる。

大正昭和初期に大衆的規模で実現・普及・定着した旅行文化の近代性の実質は、次のような三つの方向への発展によって特徴づけることができる。

2　大正昭和初期における旅行文化の三つの発展方向
――旅行のなかのモダニズム――

新しい美と感動の発見

第一は、旅行の長い歴史を引き継いで、新しい種類の美とそれを享受する感性をさらに豊かに開花させたことである。薄紅の桜、若竹の林、黄と朱の濃淡に染まる山裾、緩急の清い流れ、湧き出でる温泉、見慣れた風景を一変させる雪の朝、時を重ねて守られてきた建築物、なお生きている古代の心性、静と動から編み上げられる聖なるものの直観、そしてこれらを圧縮して少しでもそばに置こうとする日々の生活、私たちだけでなく日本を訪れる外国人をも魅了するこれらの美の感受性は、日々の生活の外側へと向かう旅を介して長い時をかけて見出されまた共有されてきた。

明治・大正・昭和初期にこのような伝統を継承してさらに新しい種類の美とそれを享受する感性を開拓したのは、旅行を愛好した多くの分野の人びと、民間会社員・公務員・研究者・中小業者・文芸作家・芸術家・学生などであった。彼らによって未知の訪れるべき場所、観るべきものが新たに発見され、またすでに有名となっている場所の意味が再発見され、紹介された。鉄道は全国の奥地でひっそりと営まれてきた村々の豊かな生活を知らせる回路を開いた。とくにイギリス由来の新しい旅行としての近代登山の感動は旅行文化の展開にとって意識と運動に及ぶきわめて重要な影響力をもつことになった。さらに、東京・横浜・大阪をはじめとして、近代的建築物の急増と前近代的な景観の残存によって都市景観が複雑なものに日々変貌する都会は、進歩と伝統の対立と共存、誇らしい気分と失われゆくものへの愛惜の情、こうした両極のあいだで重点の違いはあったとしても、何らかの葛藤を感動とともに体験する場所として特別の注目に値する場所となった。こうして、新しい美・新しい感動は次々に見出され、旅行のテーマを広げていった。

自己目的化と多様化

第二の発展方向は、旅行は伝統的価値や慣習から自立し、「旅行のための旅行」というそれ自体で価値をもつ文化的行為とみなされ日常生活のなかに定着することとなったことである。「旅行そのもの」は、社会教育、生活改善・合理化など多様な視角から新しい意味と価値が与えられ、「望ましい生活」に組み込まれた。旅行は「すでに決まっている目的のために旅行する」というあり方から「旅行するために目的を探して旅行する」というように、目的と手段との直線的な関係から円環的・自律的・自己目的的な関係に変貌した。こうして旅行は内容において豊かになっただけでなく、特定の内容に限定されないあり方、あるいは多様な内容を含むことができるものに変わったのである。いつ、どこに、誰と、何のために、どのような手段で行くのかに応じて旅行は無限の多様性をもつことができるものとなった。「登山・ハイキング・スキー」「団体旅行」「修学旅行」「家族旅行」などはこのような多様化の具体例にほかならない。

産業化・システム化

第三の発展方向は、美意識においても旅行の仕方においても近代的特徴をもつ旅行が、大衆的規模で定着し始めるにしたがって、政府の政策と企業の活動に依存する度合いが高まっていったことである。交通機関・宿泊施設などのネットワークの形成、団体旅行の募集と実行、旅行情報の収集・編集・出版・宣伝などの仕事は、専門的で大規模な旅行関係企業とくに旅行代理店によって計画的組織的に行なわれ、旅行の産業化・制度化が進行し、その中心にあったのは政府機関の鉄道院・鉄道省であった。新聞・出版・映画・音楽分野などでの文化産業の成立・発展と同様に、旅行文化の産業化も進展するのだが、鉄道を運営する政府機関が産業化を主導したところに日本の旅行文化の一つの特質がある。

「旅行のモダニズム」という視点

新しい美と感動の発見、旅行の自己目的化と多様化、旅行者の事業者への依存、こうした「大衆化」現象を構成する三つの動向は、それぞれ分離して進行したわけではない。「旅行のモダニズム」とは、こうした動向相互の絡み合いを捉える視点である。本書は、旅行を文化的行為の一つの典型として捉える立場を前提とし、大正昭和初期とその前後における旅行文化の発展を一九世紀から二〇世紀への転換期の「モダニズム」——「市民」的近代性理念の「大衆」(都市中間層)的実現・普及・定着の過程——の観点[4]から総合的に理解することを目指している。

そのために、旅行文化そのものの展開(旅行のなかのモダニズム)とともに、その社会的な背景と原動力(モダニズムのなかの旅行)にも注目したい。つまり、交通網などのインフラの整備に加えて、旅行そのものを望ましいこと必要なことと考える意識や思想、さらにそうした意識や思想を推し進めた自発的な旅行者とその団体の動向、さらに旅行に別角度からの意味を見出した社会運動の動向からも分析したい。その際、それぞれの経過のうちに隠されがちな対立や葛藤に注目することによって、「変化」を「選択」として理解することに努めたい。以下、旅行文化発展の原動力となった状況や課題の概要について、本論に先立って概観しておきたい。

3 四つの社会的背景と原動力
——モダニズムのなかの旅行——

大正昭和初期の旅行文化を特徴づけるのは次のような社会現象である。季節ごとに観光地や行楽地が大量の人びとによって混雑するようになったこと、登山・スキー・ハイキングなどの新しい楽しみが登場し普及したこと、各地に自発的な旅行団体が多数結成されたこと、旅行代理業が成立し発展したこと、茶代廃止運動など古い慣習を廃止し宿泊施設を改善する運動が起こったこと、時刻表・ガイドブックなど旅行情報を改善する取り組みが組織的に行なわれたこと、「喜賓会」から「ジャパン・ツーリスト・ビューロー」へと外客誘致機関が発展したこと、明治末から始まり大正昭和初期に現われたこうした現象である。

これらには多かれ少なかれ、鉄道院・鉄道省とくにその旅客部門や外局である国際観光局、ジャパン・ツーリスト・ビューロー、日本旅行協会といった外郭団体が関与している。鉄道省・海運会社などの交通事業者が、供給が需要を生み出すように、旅行したいという意欲そのものを刺激し掘り起こすことを始める。交通機関・宿泊施設・観光地域を管理運営する公的機関や事業者の計画的・政策的な介入が、旅行文化発展の直接の主要な原動力となったことは確かである。

しかし、こうした鉄道関係の政府機関や外郭団体などの組織的な動きと並行して、なお旅行文化の発展原動力となった別の文脈があったことにも注目したい。第二次・第三次産業の発展による都市勤労者とくにサラリーマン層が増加し都市文化の新たな主役となり始めたこと、第一次大戦後の労働時間短縮に関する国際的な動向の影響により定期的な「休日」が普及し始めたこと、日常の家庭生活や社会的慣習の改善・合理化に関心が向けられるようになったことである。こうした社会的な状況がどのような回路で旅行文化の新展開につながっていったかについてはなお研究上の課題が多いが、本書では旅行文化の発展原動力を暫定的に次のような四つの文脈に区分している。すなわち、

①大量公共交通機関（鉄道と船舶など）のネットワークが内外へ拡充するに伴って計画的な旅客確保がますます必要となったこと、

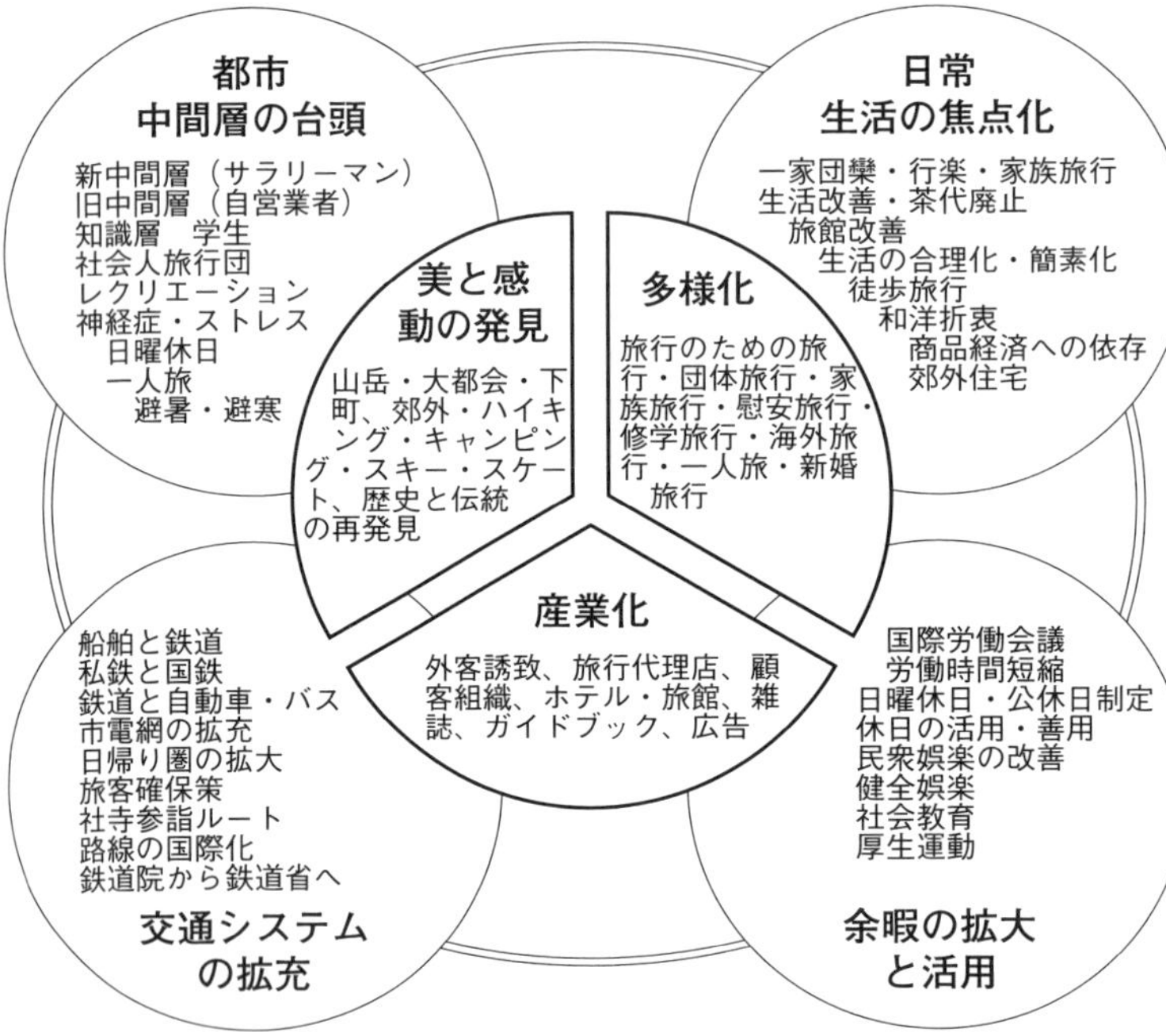

図1　旅行のモダニズム全体像（三つの発展方向・四つの原動力）

②会社員層・知識層・都市中間層・学生の増大に伴って都会と郊外生活を舞台とした独自の新たな文化への指向が生み出されたこと、

③休日の制定により広範な勤労者の余暇時間の活用が課題となったこと、

④商品経済の浸透に伴い家庭生活と国民経済が直結したこと、また各分野への女性の進出が顕著になってきたことなどによって日常生活の見直しが社会的課題となり、家庭生活と社会的慣習が改革の焦点として浮上し、それらの「改善」「合理化」の取り組みが広がったこと、

である。

それぞれの課題群から生まれた様々な運動や取り組みによって、①旅行の産業化・合理化の進行、②新しい旅行のスタイルとテーマの開発・普及、③健全娯楽、厚生という旅行の新しい意義づけ、④旅行を巡る古い慣習の改善と家族旅行の定着、こうした成果や帰結がもたらされた。こうした四

つの文脈と課題群とそれへの取り組みが重なり合い共鳴し合いながら、日本人の幸福のリストに「旅行すること」を組み込ませていく原動力となったのである。この結びつきは戦時中の旅行規制も耐え抜き、戦後の高度成長期に開花した。

「旅行のモダニズム」の分析にあたって、「統一的な近代国家意思」のようなものから近代日本の旅行文化の発展を説明することは現実に即してみれば適切とは言えない。また旅行文化を巡る経過を事実の推移として把握するだけでは現代の理解につながる考察としては不十分であろう。動力機関車が車両を引っ張るとしても複数の線路がありポイントによって線路が切り替えられるように、それぞれの運動や取り組みにおける軋轢や葛藤に注目しながら、出来事を分析したい。こうすることで選択の意味の理解を深めるとともに、現代にまで残された課題や、現在に固有の課題もまた垣間見えてくることも期待したい。

4　旅行とメディア

また本書では、旅行とメディアとの関係に注目して分析を進める。「メディア」というのは、雑誌とくに旅行雑誌、旅行案内書（ガイドブック）、時刻表、紀行文などの活字メディアのことであるが、広い意味でのメディア――情報と知識の循環の結節点――として講演会や展覧会などにも注目している。

近代の旅行は、目的地、時期、ルート、同行者、宿泊施設、交通手段などについての選択肢が多様であることと、選択が旅行者の自由に委ねられている点に形態的な特徴があるのだが、このことは、旅行者を支援するこうした項目についての情報が必要となることを意味している。近代以前の定型的な旅行においても様々な情報は必要であり数多くの出版物が発行されたが、近代の旅行が必要とする情報の量はさらに多く、かつ例えば距離と必要時間の正確さといった情報の質も高度であることが求められる。

旅行メディアは、場所や交通などについての情報と知識を旅行する者の観点から再構成する。しかしだからといって、近代の旅行があらかじめ与えられた情報を確認するだけの行動に堕しているとただちに断ずるには無理がある。他の場所への身体的移動としての旅行は、総合的な――したがって不確かさを含む――経験であり、さらに環境との関係も視覚・まなざしに限定されることなく、むしろ総合感覚としての触覚的な体験(5)であり、例えば偶然の出来事などによって、構成された情報と実体験との落差が必ず生ずるからである。旅行メディアが、近代の旅行文化の展開を主導する役割を果たしたのは事実であるとしても、そのことが重要なのではなく、その展開のなかにあった軋轢や葛藤を表現しているという点が重要なのである。雑誌やガイドブックは、観光地情報の共有、新しい楽しみ方の紹介、体験記・ルポルタージュ、地理・気象・鉄道などの科学的知識・意見の交換・政策の解説などによって、旅行者を結びつけ方向づけたが、他方では、その方向には人びとの一様でない指向や矛盾や葛藤もまた含まれていたのである。

5　本書の構成

本書では「旅行のモダニズム」について、次のように七つの章を設定して分析を進める。

第一章「旅行のモダン――大衆化・組織・雑誌」は、本書の第一の総論であり、旅行の大衆化の背景を踏まえて、とくに旅行雑誌『旅』をおもな素材としつつ、大正昭和初期の旅行文化を巡る全般的な状況と、発展の主要な特徴となった自発的旅行団体と企業としての旅行業との葛藤を含んだ経過を分析する。

第二章「山岳美の発見と旅行団――大正昭和初期の登山ブーム」では、大正昭和初期の各地に現われた自発的旅行団体の形成と発展とその背景にある登山ブームの実態、さらに新しい美意識としての山岳美の発見の経過を扱う。

第三章「都市美の発見と「都会趣味」――木下杢太郎の小林清親論」では、木下杢太郎の小林清親の再発見を近代化する都市を対象とした美意識の典型の一つとして捉え、その特徴を探る。

第四章「旅行ガイドブックのなかの「見るに値するもの」――『公認東亜案内　日本篇』と『テリーの日本帝国案内』の一九一四年」では、旅行情報の充実と改善という課題意識を前提として、そのなかに含まれる論点や差異をいくつかの事例をもとに分析する。

第五章「「趣味の旅行」と「モダン・ライフ」――旅行論の展開」は、本書の第二の総論であり、旅行文化の発展の背景となった事情を改めて整理し、旅行の意義や機能についての多様な考え方を検討する。

第六章「戦争末期の旅行規制を巡る軋轢――『交通東亞』とその周辺」では、戦時期の『旅』とその継続雑誌『交通東亞』をおもな素材として、戦時下、とくに戦争末期の旅行規制を巡る動向にどのような矛盾と軋轢が含まれていたかを分析する。

第七章「戦後日本を歩く――旅行文化としての「文学散歩」」では、野田宇太郎の「文学散歩」の理念を観潮楼の焼失に象徴される日本的近代との断絶を埋め合わせることに求め、これが戦後の旅の第一歩となったことを見る。

付論一「駅の伝言板――都市コミュニケーションの小道具」では、今日では少なくなった駅に設置されている伝言板を、日常的な交通の場面での文化を垣間見る一つの資料として分析する。

また付論二「木下杢太郎の思想展開におけるジンメルの芸術論」は、第三章で扱った木下杢太郎の思想的な発展をドイツの思想家・社会学者G・ジンメルの思想との関係で分析し、ジンメルのモダニズム論と日本のモダニズムとの交錯を考える。

6　産業としての観光と文化としての旅行

自由時間と自由選択に基づく近代の旅行は、多くの人びとがそれを享受できる条件を得て徐々に文化的実質を多様化してきたが、それは旅行が産業システムに依存し組み込まれることでもあった。この傾向は明治の鉄道網の形成に始まるが、現代では観光産業は国の基幹産業の一つとして位置づけられ、観光客数、訪日外国人客確保の数値目標を政府が設定し、そのために制度改革、観光コンテンツ開発などが次々と企画されている。しかし、旅行が文化の領域に属す行動である限り、供給者や事業者が任意に操作できるものではない。現状をより深く理解し方向を定めるために必要なのは、観光を巡る産業と政策の動向と実態を分析するとともに、その背後で、あるいはそれと並行して変容する旅行の文化としての側面を捉えることであろう。文化としての旅行に着目した本書の歴史的な研究(6)はもとよりなお十分ではないが、現代の観光産業と旅行文化の研究に少しでもつながることを願っている。

第一章　旅行のモダン
——大衆化・組織・雑誌——

1　はじめに

一九一〇年代から一九二〇年代にかけて、つまり明治末から昭和初期にかけて、行楽と旅行は様変わりした。一八六八年（明治元年）の関所廃止と一八七一年（明治四年）の国内旅行自由化措置によって生まれた新しい条件を活用した自由な旅行が、この時期に大衆的規模で普及・定着していった。いわば近代的な旅行が大衆化に代表される現代的な形で実現し始めた。

第一章ではこの時期の複雑に関連した多様な出来事や現象を整理して、そのなかの基幹的な動向について考えたい。第一に、旅行の大衆化を推し進めた社会的な背景・条件や傾向を整理し（2）、第二に、大衆化を推進するという目標を共有しながらも、起源を異にする二つの潮流があったこと（3）、この二つの潮流が合流するところに成立した組織の機関誌であった雑誌『旅』、とくに昭和九年までのものを対象とし、「雑誌」という公共的コミュニケーションの場で旅行の近代化ないし現代化を巡って何が問題とされ、この雑誌がどのような機能をもったのかを分析したい

（4、5、6）。第三に、昭和九年に「ジャパンツーリスト・ビューロー」と「日本旅行協会」の合併によって旅行の産業化が新しい段階に入るとともに、旅行文化発展の新しい条件が生まれたことを見たい（7）。

雑誌『旅』は「日本旅行文化協会」の機関誌として、一九二四年（大正一三年）四月に創刊され、それ以後、発行所は「日本旅行協会」（一九二六年（大正一五年）一二月号－一九三四年（昭和九年）一〇月号）、「日本旅行倶楽部」（一九三四年（昭和九年）一一月号－一九四三年（昭和一八年）八月号）、戦後は「日本交通公社」（一九四六年（昭和二一年）一一月号－二〇〇四年（平成一六年）一月号）そして「新潮社」（二〇〇五年一一月号－二〇一二年三月号）と変遷し、太平洋戦争末期の約三年間と二〇〇四年から二〇〇五年の約一年半の休刊をはさみながらも長期にわたって発行され続けた。戦前期の発行部数について「数万」とされているが、『交通公社七十年史』では、「昭和十年度末の倶楽部正会員は五六九六人となり、「旅」の発行部数は年間二四万部にも達した[1]」と記している。『旅』を構成する記事の量という点では、紀行・随筆等、観光地の案内、歴史、伝説、奇談、その他観光地情報、ルート紹介などが主であるが、多くの場合鉄道省の官僚や協会役員の手になる論説的記事も掲載されているところに現在の旅行雑誌とは大きく異なる特徴がある。戦前期の『旅』は、旅行に関する政策・研究・情報・科学・芸術・交流・討論等の総合的な雑誌であった。

2 旅行の大衆化

(1) 日帰り行楽

田山花袋（一八七二年（明治四年）－一九三〇年（昭和五年））は小説、地誌、紀行、旅行案内書、旅行者組織づくりなど多方面から、近代日本の旅行文化発展に貢献している。花袋は、一九一六年（大正五年）『東京の近郊』、一九一八年（大正七年）『一日の行楽』、一九二三年（大正一二年）『京阪一日の行楽』、一九二三年（大正一二年）『東京近郊 一日の行楽』（『東京の近郊』と『一日の行楽』を若干増補して合冊したもの）というように、「近郊」と「一日」をキーワードにしたガイドブックを出版している。『東京近郊　一日の行楽』の冒頭「日がへりと一日二日の旅について」で花袋は出版の背景を次のように述べている。

東京の近くで、日がへりまたは一日二日の旅をするのは面白いことである。此頃では、交通の便が非常に好くなつて、此方の汽車の線路から向うの汽車の線路に行くにも、さう大して歩かなければならないといふやうな不便もない。たとへあつたにしても、その間には自動車だの車だの馬車だのがあつて、わけなくそれを突破して了うことが出来た。今では日がへりで帰つて来ることの出来るところが日増に多くなつて行つた。[2]

明治末から始まり大正昭和初期に飛躍する旅行の大衆化は、「日帰り」「一日」「近郊」を特徴としていた。例えば、社団法人ジャパン・ツーリスト・ビューロー編発行の『旅程と費用概算　昭和三年改訂増補版』では、行き先は東京・大阪などからの必要日数で区分されているが、東京・大阪・京都を除いて東京からのコースとして六八コースがあげられ、その内二〇コースが日帰り、一四コースが二日である。また東京一日見物が三〇ページ以上を占めている。

東京の場合、伝統的に季節の行楽の地は、上野、巣鴨、飛鳥山、向島、芝公園、深川など近場であった。鉄道と市内の馬車鉄道の拡充とによってまず近場の伝統的な行楽地が賑わった[3]（図1、2）。

一九〇一年（明治三四年）三月二三日の東京朝日新聞は、三月二一日の祭日（春季皇霊祭）の人出について、馬車鉄道が早朝から二七九の車両を動員したこととともに新橋から川崎方面の観梅臨時列車の乗客総数を「四万九百余」[4]とした。この約二〇年後近郊電車網が充実するにしたがって、日帰り行楽圏はいっそう拡大した。「博覧会」などのイベント・映画・動物園等の都市施設での娯楽以外に、鉄道と路面電車を利用して大都市から初詣、花見、汐干狩、海水浴、避暑へと向かう人の波は、各地で大混雑を引き起こすまでになっていた（図3、4）。晴天の休日の人出は一九二〇年代初め（大正初期）には一〇〇−二〇〇万人の規模になった(5)。一九二二年（大正一一年）四月三日の祭日（神武天皇祭）の人出について東京朝日新聞は、「歓楽の春に酔ふ　けふの人出二百万」「濃化粧した花の山も汐干も郊外も素晴らしい人出　市電は既に昨年の記録を突破」「崩れそうに飛鳥山の大混雑」などの見出しで報じている(6)。一九二八年（昭和三年）四月九日の日曜日の人出について、読売新聞は「晴れた、晴れた　日曜の人出百万　新宿駅の二十万を筆頭にして　けふから開けた行楽の春」との見出しで人びとの高揚の様子を次のように伝えている。

図１　絵葉書「飛鳥山ノ桜」（仮装して花見を楽しむ人々）
1918年（大正７年）−1932年（昭和７年）頃

図２　絵葉書「（花の東京）向島の桜」
1918年（大正７年）−1932年（昭和７年）頃

晴れた、晴れた、素晴らしい日曜日だ、昨夜の雨が埃止めとなって今日快晴の日曜は風も埃もなく絶好の行楽日和、朝から押出した人波の素破らしさ身も心も浮びて三分咲きの桜、汐干狩等々と行楽の春はけふの日曜、けさの快晴から開かれた　新宿駅が筆頭役二十万、多摩稜参拝の浅川行列車はいづれも満員、デッキにまで立ち塞がる有様、井の頭、小金井の桜見物で省電も鮨詰、次が上野の十三万余、成田、柏、大宮、熊谷方面の遊散客、東京駅が約八万湘南方面のお客、品川が六万余、京浜沿岸の汐干狩り、両国駅も十万以上の客を汐干りに送り出すなど、子供連れでは押潰されそうな景気　其他市電は言うに及ばす郊外電車も喘ぐようにして全輸送力を出しての勉強、百万の人出を註され今日掻き入れの日曜に大ホク〳〵であつた。(7)

先に旅行の大衆化が「日帰り」「一日」「近郊」を特徴としているとしたが、この背景には、第一に、鉄道・路面電車・バス・人力車・馬車などの交通機関の普及があることは明らかだろう。しかし第二に、前で見た新聞報道などで注目したいのは、「日曜」「祭日」「休日」という言葉であり、休日の制度化と普及も見逃してはならない重要な背景である。まず鉄道の普及についてその特徴を概観しておきたい。

図3　絵葉書「（堺名所）汐干狩」
1907年（明治40年）－1917年（大正６年）頃

図4　絵葉書「伊豆熱海名所　海水浴場」
1918年（大正７年）－1932年（昭和７年）頃

(2)　鉄道網の拡充

概　要

一八七二年（明治五年）に営業用鉄道が開業して以来、一八八九年（明治二二年）に新橋駅－神戸駅間が一つの路線としての完成、一九〇六年（明治三九年）すべての鉄道を原則国有化する鉄道国有法の公布、さらに一九一一年（明治四四年）の中央線全線開通、これらの画期を経て、一律運賃等の統一的体制をもった全国鉄道交通システムが整備された。

鉄道と軌道のネットワークの引き続く発展により、一九一二年（大正元年）から一九二六年（大正一五年）のあいだに輸送人キロは三・四八倍に達した。(8) 一九一四年（大正三年）一二月に完成した東京駅は国内鉄道網完成の象徴であった（図5）。この間、一九〇八年（明治四一年）に設置された「鉄道院」は、事業拡大に伴って、一九二〇年（大正九年）には「鉄道省」へと昇格し、鉄道網の主軸を担うこととなる。

汽船から汽車へ

このような鉄道網が決して無人の荒野を行くように発展したのではなく、他の交通機関との利用者確保を巡る激しい競争を伴ったことを二つの点から見ておきたい。

第一は、海運業との競争である。国内の物流・交通ネットワークでは海運がむしろ先行した。一八五四年（安政元年）に幕府は江戸・大坂間航路の仲間株制度を廃止し自由競争を導入するなどの改革に着手している。明治新政府は、幕府の政策を継承し、蒸気船の貸与・払い下げなどによって外国の海運業に対抗する我が国の沿海海運業の育成を図った。一八八四年（明治一七年）に中小船主の合同により大阪商船会社が設立され、一八八五年（明治一八年）には三菱会社と共同運輸会社の合併により日本郵船会社が誕生した。しかし、一八九一年（明治二四年）に、私鉄の日本鉄道による東京－青森間の鉄道が全通したことを契機に、「陸運と河川舟運とを結び、これを河口港で内航海運に連結して、全国的運輸機構を完成させるという殖産興業政策中での構想は、大きな転換期を迎え(9)」、幹線鉄道を軸とした全国的運輸システムの構築へと向かうことになる。

この転換の過程で、国内の旅客運輸においては、海運業と鉄道との熾烈な競争が各地で現われる。一八八九年（明治二二年）六月に新橋と神戸を結ぶ東海道線が全通するに際して、日本郵船会社は「東海道鉄道開通の為め荷物運送には少しも影響なけれども旅客の賃金に付ては非常の影響を受たるが故に(10)」との理由で旅客運賃を大幅に値下げした。例えば、神戸－横浜間の下等運賃は四円から二円五〇銭に、中等は一〇円から六円に、上等は一六円から一〇円に下げられた。東海道線の新橋－神戸間の運賃は、下等が三円七六銭、中等が二倍の七円五二銭、上等が三倍の一一円二八銭だった[11]。運賃はこのように汽船のほうが安くなるが、所要時間では汽船が三－四日、鉄道が約二〇時間、どちらが利便性の点で優位にあるかは明らかだった。

汽船と汽車との競争は、この時期以後に新聞でもしばしば報道された。例えば、「山陽鉄道線と関西同盟汽船との間に激烈なる競争」（一八九八年〔明治三一年〕八月二九日[12]）「汽車と汽船の大競争　讃岐鉄道対同盟汽船の運賃対策」（一九〇三年〔明治三六年〕五月二八日[13]）などがあるが、この後者の競争については「多度津汽船中継業者と讃岐鉄道の競争益《ますます》激甚となり中継業者は決死隊を組織し鉄道社員に危害を加へんとする不穏の形勢あり[14]」とその深刻さが報告されている。また一九〇九年（明治四二年）六月には、「鉄道院は国有以来予定の収益を挙げ得ざるに煩悶し乗員淘汰、消耗品価の低減に腐心せしまでは好かりしが斯くても尚予定の純益を見ざるに当惑し無茶苦茶なる競争を内地沿岸航運に挑み無算当なる賃率を立て海運界に向つて強烈なる圧迫を加へつゝあり[15]」とし、紀州蜜柑、北陸の米、越後米、越中米の輸送が鉄道に移った。こうした汽車と汽船との競争は一九一七年（大正六年）頃まで報道される。しかし少なくとも昭和初期までは別府

図５　絵葉書「（帝都名所）丸の内東京停車場ホテル」
1914年（大正３年）－1917年（大正６年）頃

図６　絵葉書「別府名所華やかなる定期客船」
1918年（大正７年）－1932年（昭和７年）頃

温泉への主要な交通は汽船であったという例もある[16]（図6）。

民鉄・私鉄と官鉄・国鉄の競争

第二は、鉄道内部での、民鉄ないし私鉄と官鉄ないし国鉄との競争である。例えば、関西鉄道は、現在の草津線と関西本線などを運営していた私鉄であるが、一九〇〇年（明治三三年）名古屋・大阪間路線の開設に伴い、官鉄の東海道線との競争が始まり、所要時間の短縮やサービスなどの競争が始まった。一九〇二年（明治三五年）八月より運賃の値下げ競争が激化し、関西鉄道は、一九〇四年（明治三七年）一月より運賃を大幅に値下げするとともに、座席に皮布団を敷き、列車給仕車掌の巡回などに加えて、名古屋大阪間の旅客に有名店の弁当を進呈するというサービスまで始めるに及んだ[17]。

この競争は、日露戦争の開戦により、仲介者を得て一九〇四年（明治三七年）四月に妥協が成立したが、後に関西鉄道は鉄道国有法によって一九〇七年（明治四〇年）国有化された。しかし、国鉄と私鉄との競争は、私鉄新展開とともに旅客の確保を巡って継続されることになる。「鉄道国有法」により、一九〇六年（明治三九年）から一九〇七年（明治四〇年）にかけて、国は私鉄一七社を買収し主要線を国有化した。しかし、地方交通を発展させるための「軽便鉄道法」（一九一〇年（明治四三年））と「軌道法」（一九二四年（大正一三年））により、私鉄は電気鉄道を中心に新たな発達を始めた。「日露戦争後から第一次世界大戦にいたる時期における電気鉄道の〔…〕飛躍的な発展は、東京、大阪をはじめとして近接する大都市相互間を結びまた大都市よりその近郊へのびる電気鉄道の成立によって特徴づけられる[18]」。分譲された郊外住宅地や近郊への行楽が私鉄間の競争さらに私鉄と国鉄間の競争の舞台となり、私鉄はサラリーマン層などの中間層をおもな顧客とする旅客輸送の点では、むしろ国鉄を凌ぐようになる。

(3)「休日」の制度化とその活用

明治末からの大都市の変貌は都市人口の急増を伴うのだが、そのなかでもいわゆる「新中間階級」（俸給生活者と自由業）の増加が特徴的である。大正九年前後の新中間階級の全国民に対する比率は五－八％、また東京市での職員の全就業者に占める比率は二一・四％との推計もある。[19] 官吏・軍人・教育関係者がこうした新中間階級の主体であったが、しだいに一般企業会社員が多数となる。都市の行楽や小旅行の活況との関係で、注目したいのは、こうした新中間階級に適用されていた「日曜休日」が、「工場法」を巡る論議のなかで、広範な労働者にも少しずつではあれ適用され始めたことである。

一八三三年イギリスでの工場法以来、近代化と工業化を始めた先進諸国で児童・少年・女性を含む労働者を保護する諸施策が求められるようになった。とりわけ八時間制の実施が国際労働運動の目標となり、一九世紀末から二〇世紀初頭にかけて、アメリカ、フランス、イギリスで部分的に実施されるに至った。とくに第一次世界大戦後一九一九年（大正八年）、国際労働機関（ＩＬＯ）の創設によって、労働者保護は先進各国政府が何らかの対応を求められる共通課題となった。

我が国では、工場法（一九一一年〔明治四四年〕制定、一九一六年〔大正五年〕施行）、改正工場法（一九二三年〔大正一二年〕制定、一九二六年〔大正一五年〕施行）、商店法（一九三八年〔昭和一三年〕制定・施行）などの経過を経て、経営者層の強い抵抗により延期されたり適応除外が拡大されたりという妥協を積み重ねながらも、徐々に改善が図られた。[20] 労働時間短縮と休日制定は普通選挙制度を求める「大正デモクラシー」の高揚のなかで、広く関心を呼んだ。

労働時間とともにここで重要な休日については、官庁と民間の違い、業種や企業規模の違いなどによる差異が大きく、またデータも十分整備されているとは言えないので、その実態は確定できないが、[21] いくつかの個別的な調査によってその一端を知ることはできる。

「工場法」は直接すべての労働者の休日を規定するものではなかったが、この成立を契機として、第一と第三日曜日を休日としようとする動きが、労働者側からだけでなく、個々の企業、業種、業界でも現われてくる（**図7**）。日

図7　絵葉書「鐘紡下京工場　寄宿舎室長　慰安会（琵琶湖遊覧）」（部分）
1907年（明治40年）－1917年（大正６年）頃

曜日を休日とするのは、官庁、軍隊、学校、政府関係企業、民間企業事務職などにすでに広がっていたが、一九一九年（大正八年）には各業界で定休日ないし公休日を定める動きが広がった。例えば、三越呉服店はこの年一〇月より、「店員一同へ、せめては世間普通の休暇日たる日曜日二日の休養を与へ[22]」るために、毎月第一、第三の日曜日を定休日とすると発表した。中小企業の団体である実業組合連合会は「公休日」の制定を推進した。この年の年末の警視庁の調査によれば、次のように業界ごとに「公休日」が設定されている。

◇一日十五日を公休日とするもの
洋服屋、洗濯屋、菓子製造業、洋物商、表具師、畳職、印刷業、大工職、指物職、製箱業、染物店、鍛冶屋、撃剣道具製造業
◇廿日を公休とするもの
米屋、肉屋、乾物商、砂糖商、荒物商、薪炭商、石炭商、呉服屋、履物商、蒲団商、古物商、硝子商、質屋、空壜コルク商
◇第一第三両日曜を公休とする者
鍋鉄商、肥料商、帽子問屋、帽子卸商、手拭風呂敷問屋、同上卸商、メリンス問屋、同上卸商、半襟問屋、メリヤス問屋、同上卸商、織物問屋、洋傘問屋、綿問屋[23]

一九二〇年（大正九年）五月に、大阪市教育部青年教育課および社会教育課は大会社と商店約三〇〇団体を対象として公休日の有無などを調査したが、九七の会社ないし商店が回答し、その集計結果は次のようであった。

日曜祭日十六、第一第三日曜十八、第二第三日曜一、第二日曜四、一日十五日十三、一日十六日一、十日二十三日二、二日十六日一、二日十日十七日二十四日一、十日十一日二十三日一、二十一日六、二十三日一、十日一、十八日三、不定九、公休日なきもの十八（24）

無回答の会社・商店が公休日を定めていないとすると、公休日を制定していない会社・商店が多数であるが、約二一％は公休日を設定している。

一九二四年（大正一三年）一〇月に東京府が行なった労働調査によれば、工場数九二二、労働者数一二万九一五二のうち、「公休日は二日が多数（25）」との結果が得られている。

こうして大正期を通じて、工場・商店での月二回の休日が、官庁、学校、政府関係企業、民間企業事務職などに引き続いて、盆と正月のみの休日と不定期の休日という古い慣習を打破して、緩慢ではあるが広く大衆・民衆に定着しつつあった。

日曜休日はとりわけ「一家団欒」の日として位置づけられるようになった。「衣食住社交等の上に於ける一切の無駄を省き、虚飾を去つて其の生活様式を改め、一層合理的のものたらしむこと（26）」を趣旨として、一九二〇年（大正九年）に文部省の外郭団体として設立された「生活改善同盟会」は、一九二二年（大正一一年）には財団法人化し、一九二四年（大正一三年）発行の『生活改善の栞』で各分野での改善提言を取りまとめた。「五　訪問接客送迎に関する事項」の「他家の訪問」について、「祝祭休日は、一家団欒して休養娯楽に費す事が今日は普通になって居ますから、成るべく避ける様にしたい（27）」としている。一九二〇年代の中頃には、祝祭休日は家族そろって楽しむことが「普通」とみなされるようになっていたのである（図8）。

しかし同時に、独身の青年男女の場合、休日の制度化を巡る議論のなかで、休日を定めたとしてもそれをどのよう

図８　絵葉書：貯金局絵葉書「大正十年日曜表」（生活改善の一つとして日曜日の活用を勧めている）

に利用するのかという問題も浮上することになる。会社員・労働者、とくに青年男女を対象とした休日活用・善用策の検討・実施が社会的課題として意識され、この文脈でハイキングや行楽も位置づけられ、またその延長で旅行そのものの質の向上も課題となっていく。

政府は明治末（四四年）からの調査を踏まえ、一九一九年（大正八年）通俗教育主任官設置、普通学務局第四課設置、一九二四年（大正一三年）社会教育課に改称、一九二九年（昭和四年）社会教育局に昇格という経過を経て、図書館・博物館、特殊教育、青年団、成人教育、民衆娯楽改善、生活改善などに取り組むことになる。

これらの取り組みの一つの背景が休日の制定に伴って生じた休日利用の問題であった。例えば、大阪市教育部青年教育課および社会教育課は一九二〇年（大正九年）に三〇〇の商店と工場での公休日の制定とその利用実態を調査しているが、その問題意識は次のようなものであった。

> 近来社会問題の喧《やかま》しきにつれて工場労働者に対しても亦会社銀行商店官署等の多数の雇傭者に対しても公休日の制定漸く普及し来れり。然るに此の公休日の如何に用いらるるかは重大なる問題にしてかの労働者が労働運動の勢によりて折角贏《か》ち得たる時間と収入とを善用する能わず却て之れが為めに心身に悪結果を来すもの少からざるは周知の事実と言うべし。被使用人の公休日に就いても是と同様の虞《おそれ》あるは言ふを竢《ま》たず。されば公休日を与ふると共に之が利用の道を考うるは社会教育上緊要のことと言わざる可らず(28)。

「労働時間を短縮し公休日が設定されても俄に旧慣陋習を改める事が出来ない場合に依っては自分自身のものとなった時間の使用方法を知らないで徒然に苦しむ事もあれば又休日を盆正月と心得た労働者は急に浮立って酒色に湎《めん》溺《でき》する者も少くない(29)」と指摘されるような状況もあった。

先の大阪での三〇〇団体対象の調査によれば、公休日を定めている団体は一一六となお少数であるが、休日を活用するために次のような取り組みが行なわれていた。

> 体育的施設　遠足十七、登山三、海水浴二、運動会六、野球一、庭球一、柔道剣道三、計三十三▲補習教育的施設　学科復習五（此等は平常補習教育をなしいるもの）文庫閲覧五、講演会七、討論会一、臨地講演一、史跡踏査五、計二十四▲徳育的施設　修養講話十三▲勧業的施設　実業見学一▲娯楽的施設　囲碁一、講談、浪花節一(30)

「休日の利用」問題が、図書館の充実、実業補修など青年教育、スポーツ振興など社会教育の諸施策に結びつき、登山、ハイキング、キャンピング、海水浴など旅行・行楽もまたその射程に入っていくことになる。しかし民間社会人の領域では、このような行政の動きに数年先行して、「日曜日」ないし「休日」の意識的活用が始まっていた。「日本アルカウ会」は一九一四年（大正三年）年に創立された登山旅行団体だが、会則第一条で、「毎月二三回隔日曜日ニ僅少ナル費用ヲ以テ主トシテ近畿ノ山岳ニ登リ其内一回ハ特ニ阪神手近ノ山野ヲ選ムモノトス」とし、「日曜日」の活用であることを明記している。

また一九二一年（大正一〇年）六月二一日の『読売新聞』に「東京アルカウ会」の成立を報ずる次のような記事が掲載される。

> 田山花袋氏等が顧問で東京アルカウ会を成立　休日利用の小旅行趣味を宣伝

一昨年大阪にアルカウ会と云うのが出来た所が旅行好きは勿論余り好かない人々も休日を利用して平常の多忙な生活から逃れて楽しい小旅行をする事が流行し殊に知識階級の人々に喜ばれていたが東京でも今回民衆の旅行機関と云う目的で東京アルカウ会が設立され田山花袋、谷口梨花、小暮理太郎の三氏が顧問となり早大教授武田豊四郎、美代司斗南外数氏幹事となり一般へ旅行趣味宣伝と休日利用の小旅行の実行を期する事になった。会員相互の組合として旅行に参加の際実費を要する外には会費不要で入会金の二円を毎月の旅行案内書、会報その他通信の費用に充てる筈で当分は月一回とし、日帰り又は一泊位の事になっているが近く婦人部を設けて日帰りの小旅行を企てる予定だという〔…〕

ここでも「休日利用」「小旅行」「日帰り又は一泊」がキーワードとなっていることに注目されるべきであり、「休日」活用を巡る社会的議論と無関係でないことは明らかである。

以下で取り上げる「日本旅行文化協会」（一九二四年〔大正一三年〕創立、一九二七年〔昭和二年〕「日本旅行協会」に名称変更）は、国内交通網の発展と定期休日制の定着を背景として発展した国内旅行を中心にした旅行組織である。

「喜賓会」と「ジャパン・ツーリスト・ビューロー」

訪日外国人観光客を歓待する「外客接遇機関」[31]として一八九三年（明治二六年）に創立された「喜賓会」[32]の趣旨を引き継ぎつつ、さらに積極的に外客誘致と外国人観光旅行斡旋を目的として鉄道院の強い影響下で「ジャパン・ツーリスト・ビューロー」が創立されたのは、一九一二年（明治四五年・大正元年）である。翌年六月より機関誌として雑誌『ツーリスト』を「ツーリスト・ビジネスを促進すべき論説、談話、本部・支部・案内所の常務報告、外客の来往、コンプレーンツ、当業者の弊風改善、各地の遊覧案内、諸種の報道等を記載し以て漫遊外客の質問に応ずる参考に資すること」[33]を目的として発刊した。『ツーリスト』は隔月刊行で、第三号から英文欄を設けるなど専門性の高い雑誌であったが、読者層が拡大したことによって一般向けの記事を増やし有料広告を掲載し実費販売するなど、編集方針は「大正7年を境として大きく転換した」(34)。

「ジャパン・ツーリスト・ビューロー」は、第一次大戦後の不況による危機を打開するために、大正七年頃から訪日外国人旅行者の誘致・斡旋事業にとどまらず、一般邦人向けの代理店機能強化、旅行傷害保険、旅行小切手、ホテル事業など自己収入増を目指して邦人向け事業を拡大し始め(35)、ビューローは外国人、日本旅行協会は邦人という機能分担は崩れていく。

3 雑誌『旅』の成立と二つの流れ

「日本旅行文化協会」創立

雑誌『旅』（図9、10）の発行母体となった「日本旅行文化協会」の発会式が行なわれたのは、一九二四年（大正一三年）二月二二日東京丸の内の鉄道協会においてであった。「参会者は鉄道省初め満鉄、日本郵船、大阪商船を中心

図9　『旅』1931年（昭和6年）5月号表紙

図10　『旅』1934年（昭和9年）7月号表紙

として、東京、大阪、神戸等の各旅行団体其他の代表者等であつて、旅行界に取つて極めて有意義なる記念すべき会合であつた」[36]。会長は前満鉄総裁の野村龍太郎、副会長と専務理事一名が鉄道省の官僚、他の専務理事二名はジャパン・ツーリスト・ビューロー幹事と外部組織の肩書きをもたない三好善一[37]であった。また一一名の理事は、鉄道省から一名、日本郵船等の民間交通事業会社から六名、民間旅行団体から四名という構成であった。

「日本旅行文化協会」の設立と機関誌『旅』発行の経過について、すでにいくつかの記述があるが[38]、『交通公社七十年史』では次のように説明されている。

本会発足の動機は、大正に入ってから急速に邦人旅行者が増加し、各地に諸種の旅行倶楽部の組織ができ、その数は数百をかぞえるようになって、それらが全国的な提携を望む機運となるに及び、前鉄道省旅客課長の種田虎雄が、全国的な旅行機関の必要を感じ、協会の設立に尽力した。いっぽう同課の小林勇蔵、長崎惣之助らの若手事務官も強力にこれを支持し、鉄道省の外郭団体として創立されたものである。そのため、当初は事務所を鉄道省運輸局内においた。〔…〕会務を専ら主宰したのは三好善一であった。三好は元来画家志望であったが、当時関心の高まってきたハイキング活動を評価し、アルコウ会などの会員の声を聞いて旅行雑誌の発行を意図し、鉄道省の協力を乞うた。鉄道省は全面的にその編集事務に協力したので、「旅」の創刊号は、大正十三年四月一日付で、日本旅行文化協会の手で発行された。発行人は三好善一、菊判で定価四〇銭であった[39]。

この経過で興味深い点は、社会的性格の根本的に異なる二つの流れが一つの組織と機関誌に合流していることにある。第一に、各地に自発的な旅行団体が存在し、それらが全国的な提携を指向したこと、第二は、政府機関としての鉄道省が全国的な旅行関連組織が必要と判断したことである。

全国各地の旅行団

「日本旅行文化協会」が設立された当時、全国に諸種の旅行団体や旅行倶楽部が多数存在していたことと、それらが全国的な連携を指向しつつあったことは、例えば、鉄道省運輸局旅客課長（当時）であった村上義一も、「勿論此等の団体若しくは倶楽部の中には、多少営利的にして、其名は美なるも、其の実の伴はざるものもありますが、大部分の非営利的旅行団体は数年前から時々連合会を開催して倶に相提携し全国的に活動せんとする機運にあつたのであります[40]」と指摘しているが、非営利的旅行団体の側に立つ三好善一や『旅』の編集に長期間携わることになる佐藤正雄から見れば、「日本旅行文化協会」は自発的な民間旅行団体の一つである「東京アルカウ会」の発展組織にほかならなかった。三好は一九四八年（昭和一八年）八月の終刊にあたって、創刊当時の事情を次のように述べている。

> 「旅」が創刊号を出したのは大正十三年の四月で、震災の記憶もまだ生々しい時だった。尤もそれ以前、大正十年の東京アルカウ会創立と共に、「探勝旅」といふ六十ページばかりの会報を出したが、これがいはゞ「旅」の前身といふべきである。／此の雑誌は、アルカウ会の日本旅行文化会への発展的解消に連れて、文化会の機関誌「旅」と名も短くなり、更に震災の翌年、鉄道省旅客課長種田虎雄氏の肝煎りで日本旅行文化協会が設立され、新しい「旅」第一巻第一号の発足となつて現れたのである。その詳しい経緯を書きだすと切りがないが、大体当初の「旅」は旅行家の指針、全国旅行団体の完全なる機関誌たるの使命を担つてゐた。大町桂月、田山花袋などの文士が寄稿し、同時に顧問格。そして初代の編集者が花袋の弟子、關口鎮《せきぐちしず》雄《お》君だつた。同君は不幸夭折したので、それ以来今の佐藤正雄君が編集長として活躍してくれたのである[41]。

また佐藤正雄はすでに創刊号の「編集後記」で、「東京アルカウ会」「日本旅行文化会」「日本旅行文化協会」という三つの組織の連続性を、機関雑誌の連続性とともに強調していた。

本協会の前身は東京アルカウ会だ。東京アルカウ会から日本旅行文化会が生まれた。日本旅行文化会が更に組織替へして日本旅行文化協会となつた。その間雑誌「旅」も絶えたり続いたりではあるがとも角も発行を続け、巻数を追ふならば当然第四年第何号となるべき筈のものである。しかし、この際すべてを新しく始める。踏み直すといふ意味からいさぎよく旧「旅」を棄て、新「旅」を創刊することになつたのである。創刊号を手にするすべての人々よ、諒せられよ。／東京アルカウ会は、だが滅んだのではない。私達の手を離れても、東京に於ける有数な旅行団体の一として、今日も遠方諸方面へ毎月有益な旅行を企図し愈《いよい》よ堅実に活動を続けてゐる。(42)

大正一〇年創立の「東京アルカウ会」以外に「数百」と推定されている各地の民間旅行団体の活動は『旅』の「各地旅行団消息」欄で紹介されている。例えば『旅』一九二七年（昭和二年）二月号の「各地旅行団消息」欄では次のような三一団体とその活動が紹介されている。東京登山会、城北登山会、東京旅行クラブ、東京暁山岳会、日本探勝倶楽部、サンシャイン旅行会、江東山岳会、横濱アルカウ会、大阪この花旅行会、飛登足倶楽部、大阪巡禮会、ゲートル会、青遊会、大阪ミユキ会、大阪旅行クラブ、浪花山岳会、近畿登山会、みどり会、好加勞会、ＯＳ山岳会、天茶会、わらぢ会、日本岳友会、金剛会、線路廻遊会、岳進倶楽部、関西勇行会、大阪探驅倶楽部、ときは会、六五徒歩会、神戸徒歩会。これら民間諸団体のうち、日本旅行文化協会の当初の四名の理事を出した団体は、「國民旅行会」「エスエス会」「浪花山岳会」「神戸愛山協会」である（これらの各地の「旅行団」の実態と背景、および日本旅行文化協会（日本旅行協会）の設立に至る経過のなかでのこれら旅行団体の役割の詳細については本書第二章「山岳美の発見と旅行団」で扱う）。

会の性格の二面性

他方の交通事業者側からすれば、このような団体に期待されるのは、まずもって、旅行者を増加させるために、鉄道など公共交通機関に対する希望や不満、さらには建設的な意見を取りまとめることであった。鉄道当局に対する無理な非難や、実情を無視した要求がなされるのは、「鉄道、軌道に対して有つて居る正しい希望や、意見を代表して、吾々に伝へて呉れる適当な機関が従来欠けて居た」[43]ことに原因があるという認識であり、交通機関はもはや私たちの生活の一部なのであり、利用者としても無関心ではいられないはずであるにもかかわらず、「交通機関発展の経路は当業者と利用者との区別を生し、この区別によつて利用者の立場にある吾々は常に交通機関を他人の仕事視し、交通業者としても一般利用者を営業者の立場からその対象として計画し、却てその本然の性質に触れることが直接的でないかの如き形勢となつた」[44]という認識があったのである。

しかし、鉄道事業者側の旅客確保という視点は、国策という視点と結びつけば、利用者側に対する要望という啓発的構えから、誘導・訓練・指導といった国策遂行的な構えに転換する潜在的な可能性をもっている。国策遂行的な視点の一端はすでに一九二四年（大正一三年）五月号で、鉄道省運輸局旅客課長（当時）の村上義一の論考に見られる。彼は、第一次大戦後の米欧の「大集団的世界周遊旅行の気運の勃興」を踏まえ、外客誘致のために、「世界周遊旅行の気運に伴つて考へられるべきは第一に交通機関である、旅館である、旅行設備の改善である」とし、「交通業者と民衆との共力一致」が必要だと結論づけている。[45]また、列車内でのマナーをおもな事例として「公共心」や「公徳心」の向上を訴える主張も当初から見られるが、[46]国策遂行への協力や公徳心向上への訴えかけの傾向はやがて昭和九年のジャパン・ツーリスト・ビューローとの合併後、戦時体制のもとでしだいに強まっていくことになる。

各地の自発的な旅行団体と政府機構である鉄道省との合流のなかから誕生したという設立経過は、「日本旅行文化協会」と雑誌『旅』が、「旅行」という一つの社会文化的な現象に限定されるとしても、社会と国家とのあいだの緊張を含んだ中間領域という意味での「市民的公共圏」[47]の性格をもつことになったことを示している。だが鉄道省が同時に事業者でもあったという面からすれば、事業者と大量の利用者という大衆社会的な関係をも、したがってマス・

メディアを利用して大衆を誘導する「操作的公共圏」[48]の機能も果たすことになったことを無視するわけにはいかない。しかし、少なくとも設立から昭和九年のジャパン・ツーリスト・ビューローとの合併までの時期は、交通事業者の立場に立つ組織ではないという理解は共有されていた。「旅行愛好家の団体」ないし事業者に対する「民衆側の代表機関」[49]という理解と、「交通業者と大衆との間に中介者となるべき機関」[50]という理解とは微妙でかつ重大な差異をはらんでいたのだが、この差異は新たな文化を創造するという視点を豊かにすることにもなったのである。[51]

4 「健全な旅行趣味」の探求

理念としての「健全な旅行趣味」

協会の目的について、「旅行が少しでも安楽に且愉快に出来るように、交通業者と一般民衆との中間に立つて組織立つた考察をなし、健全なる旅行趣味の育成、旅行に関する案内、注意をすることから、更に進んで内地、朝鮮、満蒙、支那等における人情、風習の紹介等総ての方面に日本人本来の性情を保育守成しようといふのがその目的である」[52]とされているが、「健全なる旅行趣味」が総括的な理念となっている。またその育成のためになされる諸事業の中心が機関誌『旅』の発行であり、それは「主力を尽くすべき」事業であった。自発的な民間の旅行諸団体の連合体あるいは「民衆側の代表機関」という理解に基づくにせよ、「交通業者と一般民衆との中間組織」という理解に基づくにせよ、「健全なる旅行趣味の育成」こそが自発的な旅行団体と国家機関としての鉄道省、さらに鉄道省をも含む交通事業者とが一つの組織と一つの雑誌に合流し得た共通の目標であったのである。

「健全なる旅行趣味の育成」という課題は、「鉄道の利用」という新しい経験と「旅館での宿泊」という伝統ある経験とが普及し始めたときに出現した文化状況についてのある種の問題意識を示している。

大量交通機関を利用することによって、従来は「修行」の意味さえもち得た旅行という行動が「物見遊山」という軽侮の響きを奥に潜ませた名称で呼ばれるようになるにつれ、また日露戦争後の一時的好況をきっかけとしてその「物見遊山」が徐々に広がるにつれ、この新しい文化の個々の現象に対して多様な視角から批判されるようになった。ここでは『旅』誌上でも継続して取り上げられることになる代表的な現象とその問題性についての二つの旅行批判を紹介したい。

第一は、日本における社会学の開拓者の一人である建部《たけべ》遯吾《とんご》が指摘しているような、列車内でのマナー・公衆道徳の乱れについてである。

汽車の利用に於ける交通は、是れ実に現代が齎《もた》らせる重大なる社交生活、作法上の舞台である。〔…〕実に日本の汽車内の作法生活は、如何にも乱雑を極めて居ると申すことの已むを得ぬ次第である。近頃、東海山陽方面には随分立派な列車が運転せられ、狭軌鉄道と云いながら、九呎《フィート》四吋《インチ》四分の三、西洋にも劣らざる堂々たる大型ボギー車が運転せられ、洵《まこと》に其の内部も立派に装飾せられて居るにも拘らず乗客の無作法なるが為に、忽ちにして蜜柑の皮林檎の皮等が、〔…〕往々室内のベンチ以外の床の上に散乱せられ、列車ボーイが三十分毎に、鋸屑か何かに一種の消毒薬を混ぜる線色の粉を振撒いて掃除をして行くに拘らず、殆ど室内は散らけ放題といふ状態となつて居る。(53)

「旅行文化の退化」

この建部の指摘は大正末期のものであるが、すでに述べたように、交通機関利用上のマナー・公徳心の向上は、協会の課題の一つとはなってはいても、昭和一〇年代以前は前面に出ることはなかった。これに比べて、とくに知識人・文化人のあいだで広く共有された旅行文化そのものについての批判的言及は、協会の趣旨を理解するために重要である。例えば、徒歩ではなく公共交通機関を利用することによって「旅行の退歩」が起こったという柳田國男の次のような見方である。

旅行などとは言っても、大道のガソリン臭いところばかりを、少しずつあるくのが関の山で、他の多くは客引き的案内記に釣られて、神社仏閣日本三景などを見てまわっているのである。宿屋などもどうしたら東京風、大阪風に見えようかにみな苦心している。刺身さえ食わせば能事了れりと心得ている。〔…〕旅を保養と考えるような贅沢な気風を廃止するか、もしくはぜんぜん彼輩と絶縁しなければ、我々はこの方面においてあらたによき文化を開拓しえぬのみならず、あるいはせっかくすでに獲たものをさえ失うことになりそうである。(54)

柳田はこの論文で都市と農村とのもっと実質的な相互交流という大事な問題を提起しているのだが、彼の観光の現状理解に限れば、近代的交通機関を利用する新しい文化としての旅行が旅行の文人的伝統を喪失し、都市生活の延長の意味しかもたないというところに批判が向けられている。(55)

旅行の大衆化と「指導機関」

しかし、日本旅行文化協会が掲げた「健全な旅行趣味」という目的は、柳田が「旅行の退歩」とみなした状況とは、表面的には似ていても根本的に異なっている。近代交通機関の利用そのものの是非は協会ではもとより問題とはならないからである。

初代会長の野村龍太郎は、最近の「旅行熱と之に関連する旅行団体の組織」の活発化は自然との関係の回復という現代の旅行の本来の意義に由来するとしながら、現状の問題点を二つ指摘している。第一は、現代の多くの旅行が「唯単なる興味として以外何等定見無きもの」であることであり、第二に、「旅行関係営業者の為めにその射利に利用

される の傾向」があることである。こうした現状から、「営利を目的とせざる此の種の指導機関」が社会的・文化的に求められているとしている。(56)

この「定見無き」旅行とはいったいどのようなものなのだろうか。野村の主張は、旅行関係業者の暴利の犠牲になって大衆が軽い興味だけで旅行している、だから「指導機関」が必要だということなのだが、このような啓蒙的な見方には、富裕層の旅行スタイルへの批判も含まれていたことに注意したい。

佐藤正雄は昭和一八年八月の『旅』の終刊にあたって、協会発足当時の旅行を巡る状況を次のように回想している。

当時の旅行界はまことに乱れに乱れていた。金を出せばどんな旅行でも望めたし、又、これを受け入れる側でも、どんな無理をしても旅行者に媚びてサービスこれ勤めた顰《ひんしゅく》蹙すべき時代であつたので、旅行界粛正は焦眉の急であつた。従つて本誌も邪を正に戻した健全なる旅行趣味鼓吹の雑誌たることが先づ第一の指名として取り上げられたのである。(57)

「粛正」といった強い表現をはじめこの発言内容は戦時体制下の旅行抑制という事情を勘案して大幅に割り引かれなければならないが、「健全な旅行趣味」の確立という問題意識の背景にあったのは、大衆が旅行関係業者の暴利の犠牲になっているという問題だけでなく、富裕層と中間層の傲慢な旅行スタイルへの批判であった。

同様の文脈で、秋田貞男（日本旅行倶楽部主事、当時）は、合理的な団体旅行やハイキング、効能を理解したうえでの温泉利用など、『旅』が提案した旅行の新しさがどこにあったかを示している。

山が、温泉場が、スキー場が或る特定の階級の人々によつて而も勝手気儘な振舞で蹂躙され、又これ等の人々を好んで招き、この特定人種を最上の顧客として手を尽くした。／技倆よりも服装、鍛錬よりも自己慰安、啓蒙よりも堕落へと云ふ真に恐るべき現象が神聖であるべき大自然を舞台として繰り展げられた。心ある人は旅行道の頽廃、観光地の堕落として覚醒を叫び、健全なる国民生活の破壊として憂慮した。〔…〕自由主義的個人主義の思想が最も露骨に現れてゐた当時の旅行界に、新時代の旅行精神を説き、新形式の旅行を奨励しても中々受け入れられない。倶楽部が提唱する様な旅行をする者は金と暇のない、そして旅行など滅多に出来ない階級といふ様な軽蔑さへした者も多かった。[58]

「温泉地の未だ其の一画に配するに紅燈下の脂粉臭、鼻梁にこたふるあるを以て面目を立つるの手段とする」[59]ような温泉場の現状、「温泉地や海岸で、もう成金に荒らされていないところといったら、ほとんどない位でしょう」[60]という柳田が批判した現象と重なる現状、このような富裕層と中間層の自己顕示的で贅沢な旅行が一方にあり、他方には飲酒と伝統的歓楽、さらには映画のような大衆の日常的な娯楽[61]、この文化構造の両極のなかに、公共交通機関を利用した新しい旅行文化をもち込むという指向からすれば、「此の頃の旅は興味が薄らいだ、矢張り従前のやうに草鞋脚絆に菅笠で旅衣装も軽く杖を曳くのが面白い」などという文人的な批評は、少数者にしか享受できない楽しみを求めるものであり、「従来少数の人しか其の愉快は味はれなかつたのを、科学の力、文明の力で、多数の人々に享受させる方向に発展してきた「近代の潮流」に対する無理解以外のものでなく、「旅の民衆化、社会化」こそ必要なのだということになる。[62]目標となる旅行の近代化とは、その民衆化と社会化にほかならず、富裕層の贅沢な旅行でもなく、一部の人のみが享受できる文人的な修行的な旅でもなく、さらには旅行業者の利益のために大衆が犠牲にされるのでもないような旅の新しい姿を求めることこそ、自発的旅行団体のリーダーと鉄道省官僚とが一致し得た出発点、「健全なる旅行趣味」の理念の内容であった。

では、「民衆側の代表機関」として、あるいは「交通業者と一般民衆との中間組織」として、「健全な旅行趣味の鼓吹」は具体的にどのような内容をもって展開されたのだろうか。

5 旅館の脱伝統化、伝統的慣習の見直し

大正末から昭和初期にかけての『旅』（図11）で継続して、ときにはキャンペーンという形で取り上げられたテーマのなかから、ここでは「旅館の改善」と「団体旅行の改善」というテーマに注目したい。女性の旅行、観光地での屋外広告による景観破壊、景勝地の発見と批評、日本八景選定問題、旅行情報のあり方など、この時期の『旅』が取り上げた数多くのテーマはそれぞれ深められ、場合によっては厳しい議論ともなっているが、これらとは比較にならない程度で、旅館と団体旅行は継続して意見交換のテーマとなった。旅行の近代化、つまりその民衆化と社会化にとって、この二つは別格の重要性をもっていた。汽車や電車といった公共交通機関が近代の産物であり、その運営が合理的な規準によってなされるべきであることは疑い得ないが、これに対して、長い伝統をもつ旅館の近代的あり方もその規準も自明ではなかったのだし、団体旅行という新しい旅の形は、「修学旅行」を除けば、まだ望ましいより豊かな新文化とはみなされていなかった。

図11　『旅』1934年（昭和９年）９月号表紙

「茶代」問題の意見交換

大正期に旅館は次々に建設され、「大正十五年になると東京市内で約九百軒、京都市内で約七百軒という旅館が出来、全国ではなんと三万以上の旅館が繁盛するようになった」[63]。日本の旅館には「宿泊料」以外に、心付け（チップ）と、さらに「茶代」を支払うという伝統的慣行があった。この「茶代」の額が曖昧であることが旅行者にとって共通の悩みであり、一九〇六年（明治三九

年）初出の夏目漱石『坊ちゃん』にも、高額の「茶代」を渡したら梯子段下の暗い部屋から二階の一五畳の座敷に変わったという話がある。[64] 昭和一五年当時でさえ、旅行案内冊子に次のような説明が見られる。

茶代は旅館によつて取る処もあり、又茶代を取る処でも、その標準が決つてゐません。贅沢な人は宿泊料の三倍も、五倍も出す人があります。それは例外としても、宿泊と同額といふ人もあれば、宿泊料の五割が至当といふ人も、三割でいゝといふ人もあります。出し過ぎてもばかばかしいし、少なければ肩身の狭い思ひがする。とかく茶代は旅館を不愉快にする困った制度です。／要するに茶代は旅客の意に任されるべきもので、その時に応じて適当に判断して出すより外はありません。[65]

「茶代廃止」は万朝報の堺利彦の呼びかけから始まるとされるが、旅行の大衆化に伴って「生活改善」の一環として取り上げられ一種の社会問題となった。[66] 一九二〇年（大正九年）にビューローの下に設立された「日本旅行倶楽部」も、この観点から茶代廃止を提唱していた。[67] 雑誌『旅』も創刊号ですでに文筆家・松崎天民が「あの恩恵的な風習を打破して、宿屋は宿屋として、営業的に独立することが、一大急務なのだ」と指摘している。さらに一九二五年（大正一四年）一月号から一九二六年（大正一五年）一月まで一年以上にわたって連続して「宿屋研究」の特集を継続し、旅客からの意見と旅館からの意見を掲載し意見交換の場としての機能を発揮する。

旅客側からの旅館への要望は、寝具等の清潔、料理、子供への配慮、客の無礼を指摘するもの等様々であるが、当然茶代廃止の要望も含まれる。これに対して、旅館側の意見では、茶代は「長年の因襲」、全廃は「尚早」、「考究中」、情義の問題だから「自然に任せた方がいい」、茶代を廃止した旅館は料金を値上げしている等の消極的意見が多く見られる。伝統的な習慣を廃止し、透明で近代的な関係を打ち立てることがいかに困難であるかを読み取ることができる。

こうした意見交換を経て、一九二五年（大正一四年）七月号では、松崎天民は「茶代不廃止論」というシニカルなタイトルの論考で、「反って茶代を廃止するために、宿泊料が今日よりも高価になるやうでは、折角、茶代廃止などと云っても、旅客の懐中勘定は同じことになる」こと、また茶代は旅館という存在そのものに関わる問題であるので、「室、飲料、出入その他を、今日の儘にして置いて、茶代だけをホテル式に廃止しやうとしても、それは「出来ぬ相談」」として、廃止世論の再考を促した。(68)さらに、三好善一も、「旅館に於ける茶代程、旅行家をなやまし、不快を感ずるものは無い」としながらも、「廃止」を要求すればするほどかえって旅館には茶代を受け取ることが「権利」となってしまうので、茶代を辞退する旅館と茶代を払わない客とが増えることによって解決するしかないのではないかと、「廃止論」でなく「辞退論」への転換を主張する。(69)こうしてキャンペーンは収束するが、他方でサービス料をあらかじめ組み込んで茶代の現地払いを不要にした旅館クーポン券が発売され、また各地で結成された旅館組合での茶代廃止決議などによって実質的な廃止が進められた。

以後の経過から見てこのキャンペーンがもっている注目すべき点は、茶代が「不愉快」「煩わしい」と感じられることが廃止を要求する理由になっていたことである。この「不愉快」や「煩わしさ」を掘り下げた意見は見られないが、次のようなことであろう。額が利用者の判断に任せられることを不愉快煩わしいと受けとめる感覚は、「みすみす金をたゞでやるのもいやだ」(70)という不合理・不公平感であったにしても、その背景にあるのは「茶代」が任意という外観をもちながらも旅行者の経済的階層をあからさまに示してしまうことの「不愉快」であろう。権田保之助《ごんだやすのすけ》は同時期に「モダン生活」の実態を「街頭の生活」に求め、その成立要因として、「生産生活の捨象」と「近代に於ける生活解放の主潮」とを挙げ、後者を「階級による地位による職業による其他各種の条件による生活構成の封建制は打ち倒されて、各人自由に、しかも同等の権利を以て、その生活を建設し享楽することが出来るやうになつた」(71)ことと説明している。「モダン生活」の一要因としての「生活解放の主潮」についての權田の説明を援用すれば、日常生活圏からの離脱としての近代の旅行は、生産を捨象した街頭と同様に、たとえ一時的にせよ富や地位から独立した領域

図12　絵葉書「箱根松坂屋旅館室内ノ一部」（和室にイスとテーブルが備えられている）
1918年（大正７年）－1932年（昭和７年）頃

であることが期待され、支払額の差異は旅館側から合理的に説明されねばならず、利用者の身分的な差異とは無関係でなければならないはずである。「不愉快」の内実をこのように理解すれば、茶代問題は、脱身分的な「モダン生活」と伝統的権威主義的慣習とのせめぎ合いの一つの現われだったと言える。

旅館改善

旅館への要望は、茶代問題以外には、設備に関するものが多い。例えば、鉄道省の芳賀宗太郎は、東京－下関間の急行列車内の服装を調査し、約五四％が洋服であり、とくに一等と二等旅客では七五％以上が洋服であることを明らかにする。そしてこのデータを根拠にして、旅館側でも洋服に対応するために、洋服箪笥、洋服掛、帽子掛、ブラシ、アイロン、ズボン・プレッサー、靴磨き、スリッパなどの設置を求めている[72]（図12）。客室を洋風にする要望は、生活改善運動においても「椅子式客室」への転換として提起されていた[73]。

その他、部屋と部屋との境界は襖か障子、番頭や女中は呼ばなくても何回もご用聞きに来る、館主が挨拶に来る、朝は客が寝ていても火鉢に火を入れる、夜は絵葉書売りが来る、按摩が来る、縁側は屋外通路で客も通る、これらによって、大正時代の旅館では慣習上でも建物の構造上でも、プライバシーが守られていないことも大きな不満であった[74]。もちろん個々の問題の解消は一挙にはなされるはずもないが、こうした不満や要望を公表するところに、『旅』が「民衆側の代表機関」として果たした公共圏的機能の実態を見ることができる。

6 「団体旅行」を巡る意見の違い

伝統的慣習に基づいていた旅館の改善要求と並んで、重点的に取り上げられているのが団体旅行の改善である。旅館の場合は、鉄道省の外郭団体としての協会にとってはその外部に対する要望であるが、団体旅行はいわば内部に対する要望と同時に宣伝の要素をももつことになる。鉄道はシステムであり、システムが作動し続けるためには利用され続けなければならないが、システムが拡大するためには利用も拡大しなければならない。鉄道省も私鉄との競争のなかで、国民に対する権威主義的で恩恵的な姿勢を脱し、営業収益拡大のために積極的に利用者拡大を追求し始める。明治末から始まるこの傾向は大正末から昭和初期にかけて、『日本案内記』等のガイドブックの発行や、鉄道省自身による「団体旅行」の主催という形で進行する。(75) 現在では旅行の一つの形として定着している「団体旅行」について、何が問われたのだろうか。

団体旅行の改善についてもっとも整理された意見は、芳賀宗太郎の「団体旅行の目的と効用」(76) に見られる。大正一五年、東京鉄道局管内で国有鉄道が輸送した団体旅行者数、一万九四六四件、二八四万一六八六人であり、その内訳は、学生団体一万三一〇五件、二二〇万二四〇七人、職工団体五五九件、一四万二九四人、普通団体四九八三件、四三万五六二六人、その他、八一七件、六万三三五九人であった。このように、この年の団体旅行において、学生の団体旅行、修学旅行などが圧倒的な多数を占めていたのだが、芳賀はすでに社会的に評価されている修学旅行団体に比べて、普通団体と職工団体が相対的に少数であることを問題とする。

彼はまず、団体旅行の利便性として以下の四点を指摘する。第一に、割引の活用による費用の低減、第二に、時間の節約、つまり「大勢の人々と協同動作をとる必要上時間を正確に守らねばならず、自然、遊覧、見物、視察等に要する時間を浪費せぬ事となり、万事予定通りに行動するので頗る経済的に時間を使用する事となるのであります」、第三に、神社、仏閣、製造工場、官庁、個人の邸宅・庭園など、団体だけに公開される施設を見学することができるという優遇、第四は、精神的側面の効用で、団体行動は「共存共栄」「相互扶助」という言葉の真の意味を把握する機会であり、公衆道徳の試練場であること。(77)

芳賀が団体旅行の効用を改めて整理するのは団体旅行が社会的評価を得ていないという事情があったからである。

現在の日本人は団体で旅行をしたとかするとかいふ事を他人に対して口にする事を遠慮する傾向のある事を認めます。少ない旅費で旅行したとか、するとかいふ事は恥しい事でありませうか。切りつめた時間で旅行したとかいふ事が忌むべき事でありませうか。沢山の人々と行を共にしたといふ事が呪うべき事でありませうか。私は世の中の人が団体で旅行したといふ事に就いてさうしたつまらない羞恥心を示すのは幼稚な虚栄心の発露に過ぎないと信ずるものであります。そんなつまらない虚栄心は早速に剪除して正々堂々と団体旅行される事を御奨め致します。(78)

団体旅行の評価を下げている主要な要因は「いわゆる団体屋の悪辣な営利手段」に求められる。悪質な業者は、参加者を増やすために必要以上に旅行費用を少なく設定する。「その結果が旅館に於ける旅客待遇の粗雑さ、飲食物の粗末さとなって現れるのであります。従って団体旅行者の間に不平不満の声が起こり、せっかくの旅行の趣旨を汚損し全旅行を頗る不愉快なものにする事から一偏で懲りさして終ふのであります」と言う。さらに団体旅行増加のための他の課題として、遊覧旅行や神仏参拝だけでなく科学的・研究的な団体旅行の開拓、資本家側の理解を深め「職工側により幸福を頒つ」ために職工団体旅行を増加させることを挙げ、まとめとして団体旅行の効用と意義の理解を広めることの重要性を確認する。

だが『旅』誌上では、このような鉄道省からの問題提起よりも、民間団体出身の三好善一の別の問題提起が先行していた。三好は団体旅行の改善についてリーダーの力量形成という側面からアプローチしている。「私は目下の旅行団体の多くは大抵、その指導者が自分が指導してゐるといふよりも、却って自分の指導しなければならぬ筈の団体に引き廻されて、きゅう〱としてゐるやうな感を起こされることが多いので、もっともっと団体旅行の訓練に眼覚め、其重大な地位を自覚していただきたいと思ひます[79]」と述べ、まずもって、団体旅行の意義は、集団娯楽だけではなく、むしろ社会教育、相互教育の観点から取り組むべきであり、組織者には何よりも「計画性」が求められるとする。旅行団体は組織方法の違いによって、イ、募集の必要のない一定員の団体、ロ、そのつど募集する団体、ハ、月掛で募集する団体、に区分できるが、とくにロとハは「計画者の大いに技能を要するもの」であり、事前の現地調査、旅行先での事前打ち合わせ、宣伝、交通経路の調査、団体行動一般の留意点など、組織者が計画を作成する際の留意事項を指摘していく。「成功した場合は団員一般から非常に喜ばれるばかりでなく、自らも実に愉快なものであります[80]」と述べているように、三好は一貫して非営利的な民間の団体組織者の側にいる。

芳賀と三好の「団体旅行」論を比較すれば、「団体旅行」イメージそのものに大きな落差があることは明らかだろう。芳賀にとって「団体旅行」は修学旅行を除けば、事業者側から見れば現在では「主催旅行」と呼ばれるものであるのに対して、三好にとっては「団体旅行」は非営利的組織による団体であり、事業者から見れば参加者がすでに確定している「手配旅行」に属すものである。しかしより重要なのはそれぞれの社会・文化的意味の理解であろう。前者にとって経済的に合理的行動であることがもっとも重要な側面となり、教育的側面は「訓練」として捉えられる。「社会教育」といっても、後者の場合はおもに「団体構成員相互による教育」を意味している。この「相互教育」としての団体旅行というイメージを、天皇機関説への攻撃で知られる憲法学者・上杉慎吉は次のように表現している。

私が早くから、団体旅行を推奨し、殊に簡単なるアルカウ趣味を鼓吹せんとして居るのは、一には——又は主として此の相互教育の趣旨に出で、居るのである。一日の日曜日に数百の会員が集まつて、数里の野山を逍遙する、何とも云へぬ好い心地であるとき、米屋の番頭さんが、偶然学校の先生と道伴れになる。並んで歩いて居る人が軍人で、欧羅巴戦争の話をして呉れ、こちらは銀行員で、金融の一通を聞かしてやる。弁護士と画家とが、法律と美術の六ケしい事を話しながら行く。相互教育の之れ程好い方法は外には無いのである。気楽に面白く、知らず識らずの間に、人はみな社会の有する微妙なる相互作用の効果を多大に享受し、其知識を広めて、完全なる人格となり行くのである。(81)

ここに描かれている「団体旅行」は、「物見遊山」や「観光」というよりも、いわば「社交」と言うべきものであり、「団体旅行」に期待され得た一つの文化的意味づけを示している。近代日本における事業としての団体旅行は、伊勢参りの伝統を引き継ぎながら、神社仏閣への参詣旅行として始まるが、宗教共同体や地域共同体への帰属を問わない個人を対象に数百名規模の観梅、観楓、観瀑、月見、海水浴等々の「廻遊列車」を企画し、また「月掛け旅行会」などを組織したのは鉄道省をはじめとする交通事業者であった。こうして、旅行の脱宗教化ないし世俗化は、どのような目的をもそこに盛り込むことのできる普遍的旅行形式を生み出すのだが、それはまずもって「団体」旅行という人数によって規定される旅行形式として見出された。そして、団体旅行そのものの意味は、機能合理性的な側面と「社交」の一形式という文化的な側面との両側面から発見されたのである。「社交」という側面は、一九三四年(昭和九年)からの「日本旅行倶楽部」でも、「社会各方面のメンバーが集まっておられる事とて、旅行で多くの未知の友を得、その友から種々の旅行上のみならず多くの社会的知識を得ることも(82)」できることが会員のメリットの一つとして位置づけられる形で、つまり事業者側から見れば顧客集団のアソシエーション的機能として継承されていく。

7　事業者と「旅行愛好家」との関係の再編
——旅行の産業化——

先に見たように、「ジャパン・ツーリスト・ビューロー」は、一九一八年（大正七年）頃から自己収入増を目指して邦人向けも含めて事業を拡大し、一九三二年（昭和七年）には「邦人部」を置くに至った。

『旅行日本』

また、ビューローは、旅行愛好家の組織として一九二〇年（大正九年）に「日本旅行倶楽部」を設立し、雑誌『ツーリスト』（図13）をその機関誌として位置づけていた。だが「邦人部」の設置に伴って、会員の厳選主義の方針で一〇〇名程度の会員にとどめていたこの「日本旅行倶楽部」とは別に、より大衆的な「東京ツーリスト倶楽部」の設置を皮切りに全国に「ツーリスト倶楽部」を設置していった。「東京ツーリスト倶楽部」の機関誌として発行されたのが雑誌『旅行日本』（図14）であった。

図13　『ツーリスト』1931年（昭和6年）10月号和文側表紙

こうして昭和初期には、国内旅行を扱う鉄道省関係の二つの団体（ジャパン・ツーリスト・ビューローと日本旅行協会）、三つの旅行雑誌（『旅』『ツーリスト』『旅行日本』）が並存する状態になった。

ビューローと協会の合併

一九三四年（昭和九年）一〇月、日本旅行協会はジャパン・

図14　『旅行日本』1933年（昭和８年）５月号表紙

ツーリスト・ビューローと合併し、『旅』はこの内部に作られた旅行者団体として新規に設立された「日本旅行倶楽部」[83]の機関誌として再出発することになり、『旅行日本』は廃された。ジャパン・ツーリスト・ビューローとの合併は昭和に入ってから課題となってきたものであるが、とくに三好善一の強い反対により難航した。そこには旅行という新しい文化を巡る出発点の異なる二つの潮流の関係が絡み合っていた。合併の経過を『交通公社七十年史』は次のように記している。

昭和に入ってから、この協会の業態は、ビューローの業務の一部と日本旅行倶楽部（大正九年設立）の意図するところと重複するという見方が強まり、当時の専務理事であった高久甚之助は、ビューローとの合併を提案していた。／しかし、日本旅行協会側では、この組織は旅行愛好家の集まりで、いわゆる利用者側の機関であるのに対し、ビューローは被利用者側の機関であるから、その利害は一致しないと主張し、合併は簡単には決着がつかなかった。とりわけ、雑誌「旅」をふくめた日本旅行文化協会の生みの親と自認する三好は、合併には強い反対の意向を表明していたので、両者の話し合いは長らく難航を重ねた。〔…〕ビューローの中にも利用者側の組織体が生れたため、鉄道省としてもいずれを支持するかについて苦慮したが、国鉄旅客収入増をはかるうえからも外部組織の足並みの乱れは不都合であったので、省の肝いりで、その後合併の話は急速に進み、ついに昭和九年十月ビューローと日本旅行協会との合併が実現した。〔…〕もともと外客あっ旋を目的に設立されたジャパン・ツーリスト・ビューローであったが、今回はじめて和文の社名をも持つこととなり、ここに一段と積極的に邦人客あっ旋事業と旅行文化向上の業務に踏み出した。この意味で昭和九年の秋は、戦前におけるビューロー史上、特筆すべき社業拡大の時であったといえよう。もとの協会の主宰者であった三好善一は、これを機会に社外に去った[84]。

すでに述べたように合併以前の『旅』には「各地旅行団体消息」欄があり、各地の自発的な社交的旅行団体の活動が毎月掲載されていたが、その数は発足当初の二〇－三〇団体から合併直前には一〇団体程度にまで減っている。各地の団体がビューロー系の旅行愛好家組織の支部へ組織変更したことや、登山やスキーなどの別のスポーツ系専門的組織への所属[85]などによるところもあると推測されるが、三好に代表される潮流の基盤そのものが消失しつつあったことをうかがわせる。あるいは「旅行愛好家」という自己理解は「利用者」という自己理解に変貌しつつあったのかもしれない。もちろんどのような旅行者も交通機関や旅館などの利用者であるが、それらを「旅行家」として統合する視点と基盤が不可能あるいは不必要になり始めた可能性がある。いずれにせよ合併後の『旅』からは「各地旅行団体消息」欄自体がなくなり「支部の旅行報告」に変わる。

旅行の産業化と多様化

しかし、旅行愛好者団体が事業者組織の下位機関となったとはみなされていないことにも留意しておきたい。一九三九年（昭和一四年）発行の『日本旅行倶楽部とは』という小冊子では、「日本旅行協会（ジャパン・ツーリスト・ビューロー）」は国有鉄道、主なる私鉄、汽船会社、自動車会社、市、町、商工会議所、観光協会、ホテル旅館業者など交通関係事業者が中心の団体、日本旅行倶楽部は利用者の団体であり、倶楽部は協会の「姉妹機関」と説明され、協会との違いが強調されている。しかし実態は「会長は社団法人日本旅行協会の会長がこれに当たり、理事には社団法人日本旅行協会の専務理事が当たつており、ビューロー職員が、それぞれ日本旅行倶楽部事務に従事いたしております」との説明の通りであろう。だから、この合併によって出発点の異なる二つの潮流の関係が一挙に一元化されたわけではないにしても、しかし、全体として見れば、下からの流れが上からの流れに包摂された面と、「指導・啓蒙機関」を必要としない程度にシステムと旅行者が成長したという面をもつ画期であったことは確かである。合併によって生まれた「ジャパン・ツーリスト・ビューロー（日本旅行協会）」は、邦人と外国人を対象とした総合的な旅行斡旋会社として発展していくことになる。創立二五周年を迎えた一九三七年（昭和一二年）頃には、職員七〇〇余人、切符の販売も行なう案内所は国内外で九〇か所、年間の邦人斡旋数約二三八万人、外国人斡旋数約八一万人、日本宣伝の印刷物配布数約一三二万部になった（**図15**）[86]。

図15　ジャパン・ツーリスト・ビューロー（日本旅行協会）創立二十五周年パンフレット表紙
1937年（昭和12年）

一つの組織と一つの雑誌が、観光・交通政策、紀行と案内、経験交流、交通事情、観光地情報等、旅行に関するすべてを取り扱うことはしだいに困難となり、機能的専門分化への傾向が始まる。この新たな状況のもとで、「営利を目的としない研究と啓蒙」、「健全なる旅行趣味の鼓吹」といった総合的な課題、言い換えれば、旅行文化のあり方を全体として根本から問うといった問題意識は、しだいに分散した個人の趣味に属す課題として、まれにしか交流することなく問いと答えが繰り広げられることになる。「健全なる旅行趣味」という統合的な理念は、多彩で拡散的な「趣味の旅行」（第五章参照）として現実化する。

第二章　山岳美の発見と旅行団
——大正昭和初期の登山ブーム——

1　はじめに

旅行に出かけることが数多くの余暇の楽しみの一つにとどまらず「総国民の生活幸福の増進」に関わる事柄であるという視点を、柳田國男はもっていた。彼はこの視点から、「巡礼」という伝統的な形の団体旅行から、鉄道の発達を前提とした「遊覧本位」の近代的な団体旅行への転換を分析したことがある。まず「巡礼」の形と心性について。

巡礼は日本では面白い形に発達している。最初熊野の道者がやや衰えて、次第に伊勢の二宮をもっぱらとするようになったのも、単なる信仰の発達からとは見られぬのであるが、この経過はもう参考としがたいまでに、その痕が幽かになっている。近代は少なくとも何十個所という霊場の数を繋ぎ合せて、わざと目的を散漫にしようとした形が見えるのである。参拝の大きな意義はむしろ道途にあった。ついでに京見物・大和廻り、思い切って琴平・宮島も掛けて来たという類の旅行も、信心として許されたのであった。(1)

つまり柳田は巡礼の発展と信仰との関係が弱くなってきたことを示唆している。また、巡礼の一種として行なわれていた山頂登拝なども成人式のように結束強化が主目的であったのであり、「巡礼」が信仰の陰にかくれて含んでいた楽しさは忘れられることはなかった。

地方によっては名山の登拝を、成年式のように考えている例もあった。誰でも一生に一度はなどといって、年頃が来ると無理をしてもこの群に参加した。遠くなければ娘の子さえも出ている。つまりはこういう特殊な方法で、もう一度内の結束を締め直そうとしたもので、世間を知ろうということは二の次三の次であった。この行楽の興味は忘れがたかったものとみえて、明治に入っても巡礼は決して衰微していない(2)。

こうして柳田は巡礼の延長上に現代の団体観光旅行を位置づける。

これ〔巡礼〕から信仰を抜き仲間の選択を自由にすれば、すなわち今日の名所巡りになるのである。この旅は多分旅愁というものの今よりもはるかに深かった頃に、これをうしつらしとした者がだんだんに考案したものであろうが、今では汽車の中などはことに群の力を籍りて気が強くなり、普通故郷にある日にはあえてしがたいような我儘を続けている(3)。

この指摘は近代の旅行文化を江戸時代の「講」システムを軸とした旅行文化の延長として理解するだけでは十分ではないことを示していることに注意したい。江戸時代にすでに世界でもまれな旅行文化が存在していたとしても(4)、それがただちに、近代日本の旅行文化へ直結するのではない。聖地参拝のための巡礼という旅行から、現代の「名所巡り」つまり観光旅行とのあいだには、「信仰を抜き仲間の選択を自由」にするという脱伝統化ないし世俗化の要素が不可欠なのである。「信仰との結びつきの解除」と「共同体的結合からの分離」、少なくともこの二つの条件が近代の旅行が大衆化するための社会文化的な前提条件だったのだが、それは決して容易なことではなかった。

もちろん、伝統的な旅行文化と近代的な旅行文化との連続性の側面そのものを否定することはできない。多くの私鉄が有名社寺や古蹟への参拝、巡礼ルートに建設されたように、伝統的な文化が近代化の基盤となった例もある(5)。しかしこれらも旅客確保の見通しとして伝統的行動が再発見されたということであって、伝統文化のために鉄道が建設されたわけではない。だから近代の旅行の多様な可能性を理解するためには、まずもって非連続性の側面に目を向ける必要がある。だとしたら、何が旅行の脱伝統化・世俗化を起動する契機となったのであろうか。

この際注目されるのは、伝統的な「信仰登山」「講中登山」とは異なった登山を行なった諸団体の存在である。明治末期から大正期の全体、そして昭和前期にかけて、しばしば「旅行団」と名乗った多数の社会人登山団体が、大都市を基盤として結成された。とくにこの点では、「登山人口の底辺の幅について神戸など関西の山岳界の動向は、東京を中心とした山岳界をしのぐ発展をとげていた(6)」と指摘されるほど、京阪神地域が先行していた。第二章では、これらの都市的な社会人団体を「登山史上に位置づける(7)」というよりも、旅行文化史のなかでそれらの旅行団の働きに光を当てることとしたい。まず明治末期から大正期の、社会人登山諸団体の実態を概観し(2)、それらの団体結成のきっかけとなったと思われる日本山岳会による講演会活動の経過を踏まえ(3)、近代登山がいかにして近代の旅行文化の発展条件を準備したかについて考える(4、5)。

2　大正期の登山ブームと「旅行団」

各地の旅行団体

現代に続く旅行文化の形成と普及に大きな地位を占めていた日本旅行文化協会（一九二六年「日本旅行協会」に改称）が一九二四年（大正一三年）に創立されたときに、鉄道省や日本郵船などと並んで、東京・大阪・神戸などの都市の自発的な多数の民間旅行団体がその重要な構成員となっていた(8)。

これらの団体の詳細な全体像は未解明だが、いくつかの資料によってその実態の一部に迫ることはできる。一九二七（昭和二年）－一九二八年（昭和三年）と一九二九年（昭和四年）の二度、日本旅行協会は各地旅行団名簿の作成を試みている(9)。一九二七－一九二八年の調査では、総数四三団体、地域別の内訳は、関東一八、関西一七、広島二、名古屋五、福岡一である。また一九二九年の調査では、総数六五団体、すべて東京の団体である。**表1**は両調査をまとめたものであり、多くの旅行団が事務所、工場、学校、商店などの都市固有の組織や場所を基盤にして結成されていたことが理解できる。しかし、両調査とも旅行協会創立期のものではない。

「大阪旅行団聯盟会」

近畿圏に限定されるが、旅行協会の創立期により近い資料として、「大阪旅行団聯盟会本部」が発行した小冊子『大阪旅行団年鑑　附記幹部名簿』（大正一四年、第二版）（一九二五年）がある。「大阪旅行団聯盟会本部」は、一九二三年（大正一二年）に結成され、名簿の第一版はその年に発行されている。陸上競技大会や聯盟合同の旅行を行なっており、**図1**（五八頁）は『大阪旅行団年鑑』より創立総会の模様、**図2**（同）は同じく合同旅行の模様であるが、ともにこの時期の盛り上がりを伝えている。

表1　各地旅行団体名簿（日本旅行協会調査）

1927年（昭和2年）11月号掲載分	其一
団体名	事務所所在地
探勝団　行脚会	大阪市南区九郎右衛門町
婦人子供　楽遊会	大阪市南区九郎右衛門町
浩然会	神戸市二宮町神戸第一中学校同窓会内
鈴木商店旅ノ会	大阪市西淀川日本亜鉛鉱株式会社内
浪花探勝ゲラゲラ会	大阪市西淀川区
黒磯旅行倶楽部	栃木県黒磯町黒磯銀行内
東京市深川区青年団山岳会	東京市深川区
呉あるこう会	呉市西市通
緑歌之友会山岳会	神戸市脇ノ浜町
1927年（昭和2年）12月号掲載分	**其二**
大阪市電春日出健脚会	大阪市此花区春日出車庫内山内運動具店
シデン旅友会	東京市芝区芝浦月見町シデン芝浦工場内
和歌山和楽路会	和歌山市新中通五丁目
名古屋南北山岳会	名古屋市南区熱田
三省堂アルカウ会	麹町区大手町一ノ一三省堂内
日本探勝倶楽部	東京スーションホテル内
福山体育山岳部	福山市東町
浪花探勝　太融会	大阪市北区
旅々会	東京市神田区
横山いこう会	横浜市元町五丁目株式会社之町銀行内
東京アルカウ会	東京市京橋区
日本アルカウ会	
日本婦人アルカウ会	大阪府下豊能郡
霊蹟巡拝会	大阪市南区新町通財団法人仏教奉仕会内
東洋捕鯨株式会社テクロ会	大阪市西区山口町十四　東洋捕鯨会社内
豊田礫旅行倶楽部	名古屋市西区榮生町米田　豊田紡績社内
名古屋　加雅美会	名古屋市中区
横須賀山水会	横須賀市田浦町
是則旅友会	神戸市京町82　是則運送店内
博鐵探勝旅好会	福岡県糟屋郡須恵駅内
大阪探勝　好勞加会	大阪市西淀川区
サンシャイン旅行会	東京市芝区
野山ヲ歩ム会	千葉県松戸町
抖擻会	愛知県幡豆郡
堺道つれ会	大阪堺市
上銀公遊会	高崎市田町
1928年（昭和3年）1月号掲載分	**其三**
横須賀山水会	横須賀市外田浦町
名古屋南北山岳会	名古屋市南区熱田
大成旅行案内社	東京市赤坂区
SSD アルカウ会大阪支部	大阪市南区須慶町一ノ四一　三省堂内
早稲田大学旅行会	東京市牛込区
上銀行慰会	高崎市田町　株式会社上州銀行内

みゆきかい	東京市麹町区有楽町　東京瓦斯株式会社
山牛会	東京市日本橋区　三井鉱山株式会社
互楽会	京都市小川通御池下ル寺井方
1929年（昭和4年）2月号掲載分	**其一**
シデン旅友会	芝区芝浦月見町　市電芝浦工場内
岳友倶楽部	東京府下北品川
ゆかう会	京橋区岡崎町櫻橋通（渡辺袴店）
山手会	日本橋区駿河町一（三井鉱山株式会社内）
みゆき会	麹町区有楽町一（東京瓦斯株式会社内）
早稲田大学旅行会	早稲田大学内
大成旅行案内社	赤坂区室町
鼎香倶楽部	日本橋区兜町四
白樺旅行会	東京府下杉並町
とぼ〳〵会	日本橋区青物町
東京ヤジキタ会	日本橋区通油町
早稲田実業学校アルカウ会	牛込区早稲田実業学校内
東京蝸牛会	市外高田町
日本遊行会	本郷区三番町
本高旅行倶楽部	本所区横綱町
ユカウ会	小石川区
麻布中学校山岳部	麻布区木村町
スター倶楽部	芝区三田同胞町
久原鉱業株式会社体育会遠足部	丸の内
南筑青年団紫明会	京橋区小田原
日本探勝会	本所区小泉町
鐘紡ユカウ会	東京市外向島
みづものむれ	東京市京橋区南八丁堀　石川商店内
1929年（昭和4年）3月号掲載分	**其二**
芝千社党	東京市芝区三田
東京トクロウ会	京橋区南伝馬町
東京旅茶団	本所区茅場町
ロ東製氷株式会社職員相互会旅行部	本所区
東京ピクニツク倶楽部	市外大崎町
東京山岳部	市外品川町
旅々会	神田区栄町
三省堂アルカウ会	麹町区大手町
三菱足之会	丸ノ内三菱合資会社内
日帰り旅行会	下谷区上根岸
大森池原同心会	府下入新井町
日本遊行会	本郷区弓町
国民旅行会	京橋区国民新聞社内
鐵足会	本郷区弓町
交盆旅行会	神田区
ヘルス会	日本橋区兜町丸谷商店
盆友会旅行部	神田区
庚申行脚会	日本橋区
東京旅行会	牛込区

日本旅行倶楽部	東京駅内ジャパン・ツーリスト・ビューロー内
日本探勝倶楽部	東京ステーションホテル内
リユツクサツク倶楽部	本郷区
東京登山会	下谷区
東京旅行クラブ	小石川区
東京アルカウ会	京橋区南鍜冶町
テクリ会	日本橋区本町
東京赤毛布山岳会	下谷区
東京野歩路会	淺草区旅籠町
東京三島山岳会	芝区三島町
白馬会	丸ノ内東京鉄道局
城北山岳会	府下南千住
極東山岳会	府下淀橋
東京山岳会	本郷区菊坂町
東京陸山岳会	淺草区寿町
山吹倶楽部山岳会	淺草区阿部川町
東京アイガク会	下谷区豊住町
建国山岳会	府下砂町
江東山岳会	深川区
ジヤパン・キヤンプ・クラブ	丸ノ内丸ビル四階
東京山嶺会	牛込区
野天登山岳会	神田区和泉町
日本名勝研究会	府下野方町

またこの小冊子には、大阪・神戸・京都の一三四団体の名称が掲載され、そのうち「大阪旅行団聯盟会」所属の五九団体については、設立時期、趣旨、幹部、正会員数、活動状況などが紹介されている。**表2**（五九－六〇頁）は、大阪の団体についてはその名称と正会員数、神戸と京都の団体については名称を整理したものである。大阪・和歌山の各団体の創立時期は、一九一三年（大正二年）一団体、一九一六年（大正五年）一団体、一九一七年（大正六年）二団体、一九一八年（大正七年）一団体、一九一九年（大正八年）三団体、一九二〇年（大正九年）四団体、一九二一年（大正一〇年）二団体、一九二二年（大正一一年）一六団体、一九二三年（大正一二年）一一団体、一九二四年（大正一三年）一一団体、一九二五年（大正一四年）七団体であり、一九二二年（大正一一年）に飛躍があったことがわかる。(10)

「大阪旅行団聯盟会」所属の五九団体の代表者ないし会長の内九名が、当時の『大阪人名録』(11)に掲載されている。八名については業種が記されており、材木商（ニコニコ会代表者）、帽子商（大阪スミレ会代表者）、麻袋商（大阪仙探会会長）、洋傘商（岳進倶楽部部長）、餅商（マイロ会会長）、飲食業（紀行会会長）、銅真鍮板製造業（エガホ会会長）、建築材料商（青遊会代表者）となっている。会社員や公務員中心の団体もあったと推測されるが、旅行団を組織し活動していた多くの商店や工場の経営者たちの一端を垣間見ることができる。

「大阪探勝わらぢ会」（六一頁図3）はこの名簿には記載されていないが、明治三九年創立で「探勝旅行団の元祖[12]」を自称する大規模団体である。「年々数回　汽車、汽船借切の大団隊旅行[13]」を行ない、「時に或は数百千の大衆を会して名園勝地に遊び、又或は十数名の健脚家によりて深山大沢の険を討《たず》ぬる等[14]」、一九二二年（大正一一年）には、旅行回数は二〇〇回を数えるに至っていた。会員が旅行参加を希望する場合は、前日までに簡単な書類と会費を二六か所

図１　大阪旅行団聯盟会創立総会
『大阪旅行団年鑑　附記幹部名簿』（大正14年、第二版）（1925年）より

図２　第五回聯合大会鳴門観潮
『大阪旅行団年鑑　附記幹部名簿』（大正14年、第二版）（1925年）より

表2　京阪神の旅行団体（1925年〔大正14年〕10月調査）

大阪（和歌山を含む）	会員数	神戸（神戸愛山協会加盟団体）	京都
大阪探勝　青遊会	1284	神戸ヤジキタ会	エスエス会
山岳跋渉　ニコニコ会	90	神戸箕楓会	京都ワカバ会
登山探勝　堺道ずれ会	1528	日本サグロ会	京都鉄脚会
探勝旅行　大阪ヨタ〳〵会	180	探勝団日本マワロー会	ヒヤメシ会
探勝　大阪仙探会	320	神戸葺合同窓青年団	京都東箭健康団
社寺巡拝　大阪巡禮会	1200	神戸大平山岳会	京都健脚会
大阪登ロウ会	183	獨歩会	健錬同志
大阪探勝　マイロ会	300	日本モミヂ会	オハヨウ倶楽部
大阪探勝　勇行会	376	探勝団ユカウ会	三木会峠々部
質実剛健探勝旅行　大阪比彌芽志会	264	神戸エーデ徒歩会	京都山岳会
大阪探勝　登運歩会	825	神戸タドロウー会	京都ウロツコ会
大阪探勝　金剛会	920	神戸山登里徒歩会	京都旅行倶楽部
和歌山和楽路会	100	突破嶺会	京都信友会
登山探勝　浪花山岳会	196	神戸明輝徒歩会	京都山川会
浪花探勝　紀行会	375	神戸旭山岳会	Aピン倶楽部
宇宙観察　大阪スミレ会	280	神戸あゆむ会	鐘紡京都支店登山部
大阪探勝　紫里我瑠会	245	神戸海榮登山会	親友会山岳部
大阪探勝　竹馬会	520	神戸探勝会	日本テクロー会
浪花探勝　大阪アルコー会	500	北隈青年会登山部	京都旅行団体聯合会
大阪探勝　ヒサゴ会	756	神戸基督教育年会徒歩会	伏見山岳会
探勝登山　大阪青年登山会	50	神戸商業実修学校登山部	
大阪探勝　ミユキ会	89	神戸貿易青年会山岳部	
大阪探勝　あしなみ会	120	神戸登山会	
浪花探勝　あしべ会	180	長狭青年会登山部	
登山探勝　日本めぐり会	212	神戸勇行徒歩会	
山岳旅行　浪花共楽会	150	神戸三四登山部	
大阪探勝　一行会	250	神戸タカネ登山会	
大阪探勝　コーシヨ会	500	神戸山岳会	
浪花山岳　関西勇行会	90	神戸徒歩会	
浪花山岳　わらお会	160	神戸野歩路会	
探勝旅行　テクテク会	272	暁会	
大阪探勝　あゆみ会	380	神戸参行会	
大阪探勝　遊行会	213	KE登山会	
浪花探勝　天狗倶樂部	560	神戸テクロー会	
探勝旅行　和歌山マイロ会	160	扇湊探勝会	
徒歩趣味　ゲートル会	160	神戸アノヤマ会	
登山単勝　大阪鈴鳴会	85	神戸鶏鳴徒歩会	
大阪探勝　好加勞会	150	神戸ヒバリ登歩会	
大阪探勝　エガホ会	250	神戸兎亀巴会	
大阪探勝　むつみ会	160	神戸美登里山岳会	
山岳跋渉史蹟探勝　日本アルペン倶楽部	125	神戸山岳コエロー会	
大阪探勝　チョコ〳〵会	270	日本行脚会	
御津分会山岳部	182	神戸日の丸会	

大阪探勝	メツポー会	95	神戸扇友会	
大阪探勝	西大阪克遊会	80	六五徒歩会	
浪花探勝	岳進倶楽部	105	山岳同好会	
大阪探勝	行路歩会	215	神戸日曜登山会	
大阪探勝	暁会	55	神戸進踏会	
登山探勝	日本山岳倶楽部	60	兵実山岳会	
登山探勝	大阪天茶会	270	兵庫多加登会	
大阪探勝	蹴登走会	85	神戸デカケロ会	
探勝旅行	大阪阿湯美会	147	扇港若葉会	
浪花探勝	愛岳会	110	兵庫鐘紡登山会	
浪花探勝	遊美会	80	林田実業青年団山岳部	
登山探勝	日本岳遊会	180	日本アルコウ会	
浪花探勝	ユコー会	350		
大阪探勝	つばめ会	560		
大阪探勝	参晴会	60		
登山探勝	大阪登山会	75		

（出所）『大阪旅行団年鑑』より作成。

の参加申込所に持参するか本部に郵送するという手続きであった。今日の募集型企画旅行に近いものに発展していたと思われる。

槇有恒のアイガー東山稜初登攀

一九二一年（大正一〇年）九月一三日新聞各紙は日本の青年によるアルプスのアイガー登山成功の短い外電を報道した。

何人も遂行し得なかったエイガー登山　三名の案内者を連れて峻険を突破す　十一日　国際ベルン発　多数のアルプス登山者が企て、能はなかつたアルプス中のエイガー登山は今回東京より来れる日本青年横巻氏（槇《まき》氏の誤りならん）が遂に成功を収めた同氏は三名の案内人を伴つて東部登山口よりエイガーに登山し一行は険峻極まる登山を終へて元気旺盛であると[15]

旅行団の結成に見られるように、登山はすでに少しずつブームになり始めていた。例えば一八八〇年（明治一三年）夏の富士山登山者は二万人を超えており、うち四〇〇〇人が婦人であった[16]。一九二一年（大正一〇年）七月には、旧制高校・中学の登山会の動向、外国人の訪日登山の動向を踏まえて、日本アルプス各地で、栞作製、案内所設置、鉄道・馬車・バスの便宜を図る準備がされるまでになった[17]。

この年九月の槇有恒《まきゆうこう》(当時二七歳)によるアイガー東山稜初登攀のニュースは、登山のいっそうの広がりへの決定的な契機となった(18)。しかし、このような個人の顕著な成功のニュースが、多くの都市生活者の参加を呼び起こすには、そのあいだに少なくともさらに二つの要因、つまり団体相互の連携交流と外部への直接的な情報発信といった組織的な要因と、集合的な熱狂とも言うべき情緒的要因とが必要である。そして、これらを実現する媒体が「山岳講演会」というイベントであった。

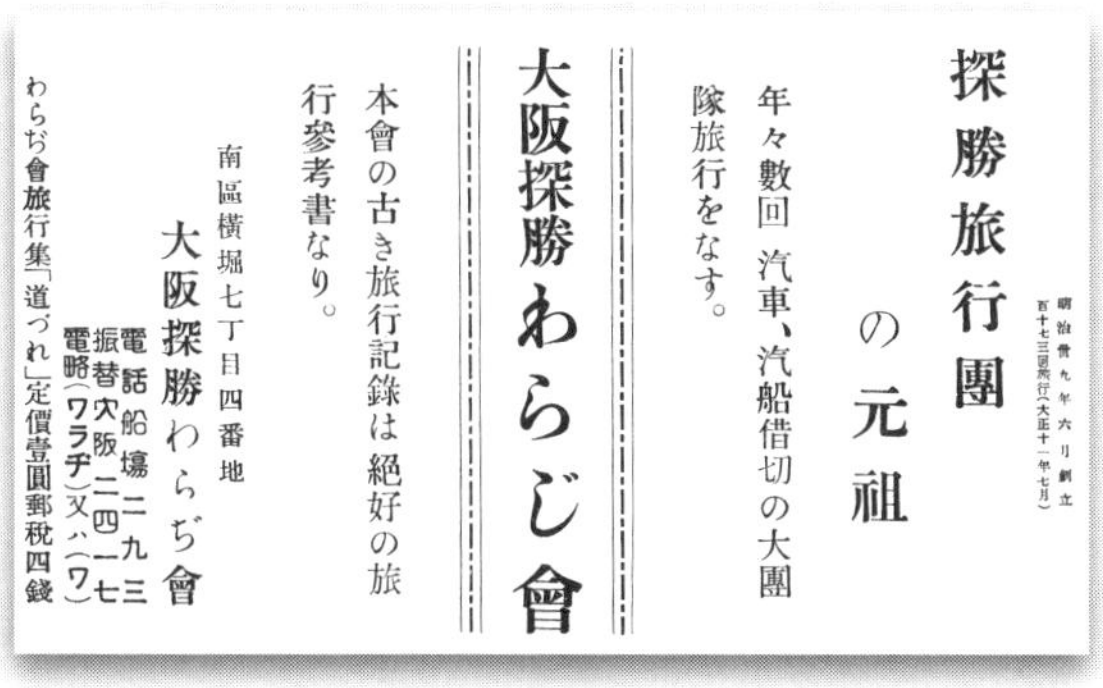

図3 「大阪探勝わらじ会」の案内
日本アルカウ会編『山岳美』1922年(大正11年)より

「山」に関する講演会

日本旅行協会の創立経過におけるこれら民間団体の実態と役割について、神戸鶏鳴徒歩会の城谷寅一は興味深い事実を『旅』創刊十周年記念号で記している。「三好先生(十幾年本職の絵を捨て、斯界に努力された偉大なる業蹟に対し、特に先生と敬称す)〔三好善一、美代司斗南のこと〕が其の筋の命を帯び、近畿地方の旅行登山団体を大阪の中央公会堂に集めてから、間も無く日本旅行協会が生れた(19)」。「間も無く」ということには注釈が必要で、日本旅行協会は一九二三年(大正一二年)に創立する予定であったが、九月一日の関東大震災によって一年延期されている。だが、この発言でもっとも注目すべきは、その前の二つの点である。「其の筋の命を帯び」とは、旅行協会そのものの発案者である当時の鉄道省旅客課長・種田虎雄《おひた》の意向のことであろうし、「近畿地方の旅行登山団体を大阪の中央公会堂に集めて」というのは、一九二一年(大正一〇年)六月二六日、日本アルカウ会と同婦人アルカウ会の主催で大阪中央公会堂において開催された

図4　「山に関する講演会」(1921年)
日本アルカウ会編『山岳美』1922年（大正11年）より

「山に関する講演会」を示している。この講演会が、すでに指摘した一九二二年（大正一一年）の大阪地域での団体数に見られる飛躍のもう一つの現実的な要因と思われる。

この正午から夜の一〇時まで行なわれた講演会の模様を『大阪朝日新聞』は次のように伝えた。

地上で『山の歓び』を　昼夜に亘る山岳講演

二十六日午後零時半から大阪中之島中央公会堂で日本アルカウ会、同婦人アルカウ会主催の「山」に関する講演会が開かれた、定刻日本山岳会員濱谷氏の開会の辞に次いで東久邇、朝香宮両殿下の白馬、槍ヶ嶽の御先導を申し上げた長野県高等女学校長河野齢藏氏登壇日本アルプスの地形を説き気温を詳述した、会員志村烏嶺氏は「日本アルプス針木越へ」の冒険談に若人の血をそゝり京都第二中学校長中山再次郎氏は巧妙な比喩と諧謔を以て「スキーの話」を試み、甲陽中学校榎谷徹蔵氏は欧州アルプス・アツターホーン談より壮観にして凄烈な雪崩の話に興を呼び山岳会幹事小暮理太郎氏は黒部峡谷の人跡未踏の大魔境探検談に数頭の熊を追ひ、蛇の襲撃を語り盗伐樵夫の生活を説いた、谷本富博士の「山と宗教」談あつて休憩

七時三十分からは夜の部で幻灯応用樟蔭高女朝輝記太留氏の「米国レニア登山談」志村烏嶺氏又「台湾新高山登攀談」があり京都石崎光瑤画伯実写「ヒマラヤ連峰」を榎谷徹蔵氏の親切な説明を聞き最後に先年皇太子殿下の台覧の栄を担つた幻灯「高山の動植物」につき河野齢藏氏の説明、山上の美観を地上に展開して十時散会した(20)

図6　日本婦人アルカウ会会員の「六甲山の山遊び」
日本アルカウ会編『山岳美』1922年（大正11年）より

図5　槍ヶ岳での婦人アルカウ会会員
日本アルカウ会編『山岳美』1922年（大正11年）より

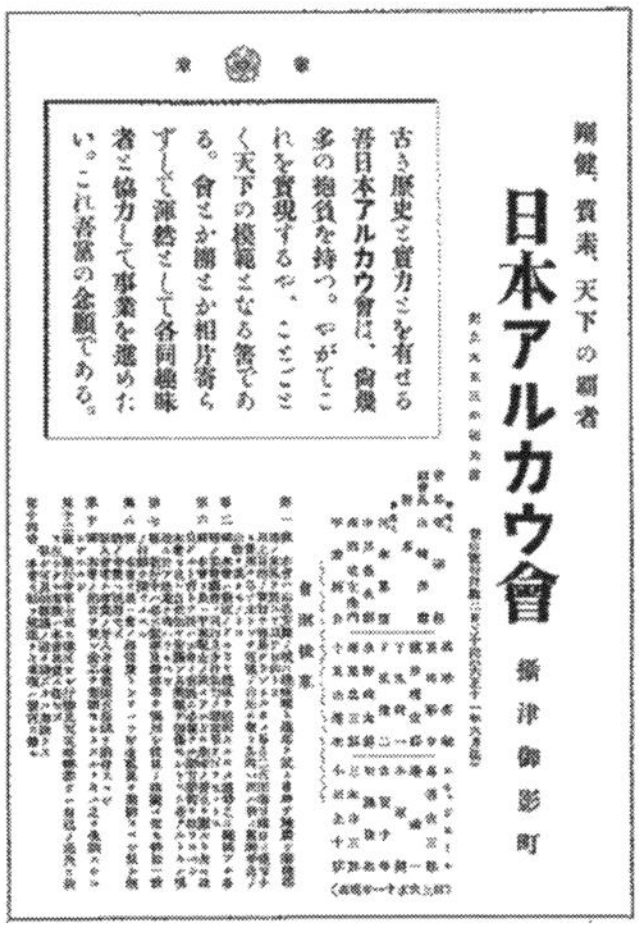

図7　諸団体の案内①
日本アルカウ会編『山岳美』1922年（大正11年）広告欄より

またこの講演会での講演記録は、多数の写真と資料、さらに一九二二年（大正一一年）六月に行なわれた大阪毎日新聞社主催の槇有恒の二回の講演記録を追加して、日本アルカウ会編『山岳美』（大正一一年）として出版された。**図4**は大阪中央公会堂の「山に関する講演会」の模様。**図5**は同書より槍ヶ岳での婦人アルカウ会会員、**図6**は同書より日本婦人アルカウ会会員の「六甲山の山遊び」、**図7、8、9**は同書巻末に掲載されている諸団体の案内の一部である。

今日では「登山」はスポーツの一つとして意識され、実態としても概念としても「旅行」とは重なるところが少ないように見えるし、まして「観光」としては特殊な部類に入るように見える。しかし、「日本旅行協会」の成立経過は、「登山」あるいは「山旅」が、今日に続く旅行文化と深い関係にあることを示している。とくに、近代の旅行の世俗的性格、つまり「信仰との結びつきの解除」と「共同体的結合からの分離」は、「近代登山」の文化的衝撃を抜きにしては考えられないのである。各地で結成された旅行団も、大阪での「山に

図８　諸団体の案内②
日本アルカウ会編『山岳美』1922年（大正11年）広告欄より

図９　諸団体の案内③
日本アルカウ会編『山岳美』1922年（大正11年）広告欄より

関する講演会」も、山岳と登山をテーマにした各地での講演会とそれが引き起こした登山ブームの延長上にあったのである。しかも、「山岳講演会」という形は、大正一〇年の時点には鉄道省の思惑がそこに働くまでに定着していたのとは異なって、その端緒である明治末期においては、まったく純粋な文化的プロジェクトであった。

3　明治末期から大正初期における日本山岳会による講演会活動の展開

日本山岳会と山岳講演会

一九二一年（大正一〇年）の「山に関する講演会」での講演者がほとんど日本山岳会の会員であったように、「日本山岳会」が、日本における近代登山の普及に決定的な役割を果たしたのは周知の通りである。イギリスの宣教師ウォルター・ウェストンの強い薦めと支持を受けて、一九〇五年（明治三八年）一〇月に結成された「山岳会」が、雑誌『山岳』の発行事業から一歩踏み出して、一般市民を対象とした啓蒙活動を開始するのは、一九〇八年（明治四一年）五月一七日「山岳会第一大会」においてであった。東京市日本橋区、東京地学協会会館で開催された大会は、写真、地図、標本、絵画、書籍、登山用具等の多数の展示と、講演からなり、講演者と演題は、小島烏水「ラスキンの山岳論」、志村烏嶺「日本アルプス雑観」（着色写真の幻灯使用）、山崎直方「欧州アルプス雑観」であり、参加者は会員七〇名、非会員二一名、合計九一名であった。「来会者の職業は新聞記者、陸地測量部員、天文臺員、商人、農業家、教員、学生、美術家、著作家、銀行員、工業家等の諸方面に亘り、〔…〕」[21]と記録されている。しかし、一九一二年（明治四五年）三月九日、神田区一ツ橋帝国教育会で開催された「ウエストン氏日本アルプス講演会」は、様相を大きく変え、「有志晩餐会」のようないわば身内の範囲を越えて、六〇〇名規模で開催される。この講演会でも幻灯が活用され、「鳳凰山のオベリスク状岩石登りの冒険談は大喝采[22]」を博すが、この講演会で通訳者の一人となった小島烏水は後に、アルプス岩壁登りの一枚は「観衆に受けなかった」とし、「まだ岩壁登攀と云うことは、日本の登山者の間では、行われていなかったし、むしろそういう仕事を、軽業か曲芸のように考えて、登山の邪道扱いにしていたため[23]」と分析している。

大正期に入ると映像資料や登山用具の展示会と幻灯を活用する講演を組み合わせた「山岳講演会」はいっそうの盛況を見ることになる。雑誌『山岳』で紹介された記事から、関西での「山岳講演会」の開催と登山熱の広がりを見てみたい。

一九一三年（大正二年）一〇月一八日、三高山岳会の結成を記念して、「三高山岳会主催講演会」が開催される。日本山岳会から、小島久太（烏水）、辻村伊助、高野鷹藏が派遣され、参加者は六〇〇名を越えた。主宰者となった学生側からの詳細が次のように記録されている。

> この機を外さずと、矢継早に手を廻して、只講演会のみでは初歩者には興味が薄い、奮発して幻灯を添え、ならうことなら、当地より大学教授、日本山岳会より幹事諸先覚の、御出演を乞へば、申し分がない〔…〕今回は三高生徒のみの、内輪にしないで、関西一般に、山岳趣味を普及したいから公開する事にした、会場はかゝる会合

に、最も適当な京大学生集会場を〔…〕借りた、〔…〕市中に散布するビラの絵は、燕岳より見たる鷲羽小鷲一帯のスケッチを、怪しくノタクツて、四色刷にした、印刷屋に毎日足を運ぶ、名士宛の招待状を刷らせる、ビラを鴨川京極三条通祇園辺に配る、市中の山岳会員を訪問して、出品を乞ふ、あらゆる方面に遊説する、〔…〕愈よ《いよい》当日になつた。〔…〕受附けへ行つて見ると、驚いた、今日の入場者は、二百人位と思つてゐたら、ゾロ〴〵際限なしに入つてくる、〔…〕さあ愈講演だ、幻灯だと、胸を躍らせながら、階上に行く、之は又何事ぞ、あの二百畳敷きの広濶な会場は、聴衆者でギツシリ詰つてゐる〔…〕、〔小川博士、小島烏水に続き〕、これから呼物の幻灯である。〔…〕高野鷹藏氏は、〔…〕登壇された、最初に立山登山路の草原を写せば、恰も実地に臨むが如く、詳細な説明があり、出る写真、変る映画、一として聴衆は賛嘆の声を惜しまなかつた、立山及槍ヶ岳より、有峰村に至る傑作三十余枚、早く取換へるのが惜しい位で、いつもながら、槍ヶ岳が諸山脈の上に、ピーンとハネ上がつてるのを見ると、フルへつきたくなる。〔…〕閉会の辞を述べた時、六百有余の聴衆は、残り惜しさうに起つた、かく大成功の裡に解散したのは、十時であつた。(24)

この講演会が、京阪神での登山ブームのきっかけとなったことについて、小島烏水の弟の小島榮は次のように述べている。

忘れもしない昨年の十月十八日、三高山岳会と京阪会員の努力とに依つて、未曾有の盛大な山岳幻灯講演会は実現された、(本誌第八年三号雑録参照)夫れ以来、京阪神地方に於いて、山岳熱は非常に弥漫《びまん》された、殊に京都では、手近の比叡山は登山者のために一層頭が禿げ出した、大阪朝日新聞等は、夏期に山岳欄を設けて、登山談を載せ、会員今村氏の如き、連日怪気焔を述べられた。(25)

第二回関西大会

次の年、一九一四年（大正三年）一一月、日本山岳会主催で日本山岳会第二回関西大会が京都で開催される。展覧会は一日から三日まで京都府立図書館で、一日の講演会は京都大学学生集会所で行なわれた。テント、日本アルプスの地図、登山用具、植物採集用器具、富士の写生図、日光・箱根などを描いた広重の錦絵、植物・鉱物の標本、多数の山岳写真、ヨーロッパ・アルプス関連の書籍、登山用具などが展示され、講演会には約五〇〇名が集まり大盛況であった。講演者と演題は、比企工科大学助教授「山岳と岩石」、小島烏水「飛騨山脈に於ける双六谷の探検」、岩村理学博士「ホインパー氏と欧州アルプスの雄峰マッターホーン」（幻灯使用）、高野鷹藏「日本アルプス」（幻灯使用）であった。講演会の模様を、『大阪朝日新聞』は次のように伝えている。日本における近代登山の歴史と双六谷水源への旅の報告を行なった小島烏水氏が「大喝采の裡に降壇し」、比企工科大学助教授の岩石の種類、近畿の構造線についての講演は「滑稽交りに面白く物語つて大向ふの喝采堂を動かし」た。また最後に幻灯を使った高野鷹藏氏の講演。

英国のウインパー氏がマツターホーンに登らうとして八回も失敗し九回目に漸く成功した危険なる物語は血湧き肉躍るの感があつた。殊にウインパー氏がマツターホーンの頂上に達した時の幻灯は聴衆に登山の愉快なる印證を与へ下山に際し三人迄変死した物語には哀れを催さしめた、此幻灯が済むと今度は日本アルプスの幻灯が初まった、説明者は高野鷹藏氏で如何に山嫌ひな男でも一度は日本アルプスに登りたい様な気分が湧いて来る、斯て午後九時過ぎ多大の成功を収めて散会した。(26)

このときの高野のスライドを小島榮はより専門的な見方をしている。

四十余枚の映写は、例に依り天然色に出で、痛快極まりない、殊に後立山々脈の、八ツ峰の嶮に至りては、日本唯一の縦走不可能の難所と、聞いて興奮した聴衆は、肩を聳かし膝を進めて、穴の明くほど見詰めた。(27)

関西大会など

一九一五年（大正四年）、大阪市でも山岳会の「関西大会」が開催され、引き続いて小規模の山岳講演会がより大衆的なレベルで拡大していくが、この様子は、『山岳』の「各地の山岳会彙報」の（一）（二）から知ることができる。「各地の山岳会彙報（一）」では、いずれも山岳会員・榎谷徹蔵を講師とする三つの山岳講演会が報告されている。第一に、一九一五年（大正四年）六月一六日大阪小間物商工組合の定例講演会、参加者は四〇〇名以上、第二は、六月二二日、東平野校での講演会、これは生徒を含めて聴衆一千名であった。第三は、七月一〇日、東区第二高等学校での講演会で、聴講した生徒は五〇〇名であった。つまり、大阪小間物商工組合の定例講演会のように、特別の山岳講演会ではなく、既存のシステムのなかに入り込み始めるのである。

大阪小間物商工組合では、自助会といふのを組織して、毎月一回知名の士を聘して修養本位の講演会を催ふしてゐるが、六月の会には丁度同地でアルピニズムの勃興しか丶つてゐるのを機として、榎谷徹蔵氏の日本アルプス実地探検談を頼んだ。〔…〕例月のときは多く硬いコンヴエンシヨナルな修養談ばかりなので、昼間激烈な業務に従事して、そして恒にフレツシユな思想に憧れてゐる人達は、聴講中随分欠伸や居眠りをやるのだが、今回はそれ等の人達に対して可なりストウライキングな材料であつたから、珍しくも四百有余といふ発会以来に無い多数の聴講者は、いづれも熱心に耳傾けた。(28)

こうして、これまでの山岳大会には参加しなかったより広範な層に新鮮な衝撃を与える新しい回路が拓かれていく。この年には大阪市教育会主催の「日本アルプス踏破団」が四つの班に分かれて北アルプスに、市内の六つの小学校も吉野に登っており、報知新聞社は本社に「安心所」を設け「山岳旅行顧問」活動を開始している(29)。

これ以後、奈良、名古屋など各地で山岳講演会が開催され、山岳・登山ブームはさらに周辺に拡大していく（以下、大正期の登山ブームの盛り上がりを伝える絵葉書**図10、12、13、14**を参考資料として挿入する）。山岳と登山への関心はエリート層と学生から一般市民に拡大していくのだが、その重要な媒体となったのが、日本山岳会の大規模講演会活動から始まり、小規模の講演会、各種の既存民間組織、公教育関連組織での講演会へと続く講演会の系列であり、さらにとくに、スライドの上映が講演会での「呼び物」として重要な、ときには決定的な役割を果たしていたことに注目したい。すでに見た各講演会での模様に加えて、一九一五年（大正四年）六月二三日に開催された京都での講演会についての次の記事は、スライドが聴衆の強い情動的な反応を呼び起こしていたことをよく示している。

図10　絵葉書「宇佐郡青年団及在郷軍人連合分会妙見登山記念大正十年九月三日」
1921年（大正10年）

高野氏、急霰の如き拍手の下に登壇、日本アルプスの幻灯数十枚につき懇篤なる説明を、丁度アルプス渓流の如く清く且滔々として述べられた、今夕は、アルプスと云ふものに接するのが初めてと云ふ人が多い丈けに、幻灯が一枚一枚代わる毎に、驚きと喜びと珍しさに「アツ」と云ふ感嘆詞が満堂に響き亘る、殊に槍の鋒尖や、山間の温泉や、五色ヶ原の植物や、その他雪に富む山々の影が表はる、毎にその感嘆詞と拍手とが永劫に止まないのか知らと怪しまれるばかりであつた。(30)

大正初期の市民・大衆レベルでの登山ブームの底にある心情は、まずもっては宗教的心情とは無関係な、純粋に視覚的な美的感動だったのである。

4　近代山岳登山の文化的特質

なぜ、「山岳講演会」が多数の一般市民を動員することができたのか、また継続的な拡大の螺旋を作り出すことができたのだろうか。この点について、大衆社会の成熟といった社会的条件の変化から説明することもできる。しかしここでは広義の「旅行文化」のなかで、山岳登山という新しい行動がもった意味について、第一に脱伝統性と、第二に都市中間層の文化という二つの点から検討したい。

脱伝統性

創立されたばかりの山岳会が取り組まざるを得なかった対外的な活動に、白馬山山麓にある北城村細野区民との協議があった。『山岳』第一年第一号（**図11**）所収の「白馬山と北城村細野区の将来」(31)によれば、昨年（一九〇五年、明治三八年）夏になって地元、長野県北安曇郡北城村細野区民は、「登山者に対して悪感情を抱き、彼等の及ぶ限り消極的妨害を試み、人夫の供給を拒むのみならず、若し之を諾したる者には少なからぬ過怠金を科すべき旨の申合を為す」に至った。日本山岳会は、「登山に対する故障を排除して同志者の為め便宜を計るは、本会創立に当て第一の事業なる可きを認め」、長野県に人脈のある会員城数馬氏に調停を依頼した。交渉の結果、悪感情が「誤解若くは行き違ひ」によるものであることが明らかとなり、最終的に細野区民とのあいだで、責任ある案内者を提供すること、その料金に規準を設けること、白馬山上に小屋を建設する計画を策定することについての合意を得たとなっている。しかし、この間の経過の原因が単純な「誤解若くは行き違ひ」でないことを、志村烏嶺は前田曙山との共著『やま』（一九〇七年）で明らかにしている。志村が植物採集の目的で第三回目の白馬山登山を計画し、北城に到着したときに村民の反対を受けるがその顛末を志村は次のように報告している。

古来白馬岳山下の村民は、岳（村民は白馬岳と言わず普通岳あるいは西岳と言う）を尊崇すること神の如く、恐れること悪魔の如し。もしそれ人のこの山に登り神威を冒涜するものあれば、山霊大いに怒り岳暴ありと称して、相戒めて登山することなからしむ。人智ようやく進みたる今日にありてもこれを迷信するもの少なからず。然るに近来登山熱の盛んなる、植物採集家の近年しきりに登山するを見て、彼等はすこぶる不快を感ぜしものの如し。八月初旬余等一行の登山するや近年稀なる暴風雨、彼等これを見て平素の迷信を深くせしならん。その後連日の降雨、渓流怒漲、河水氾濫、田畑その害を被るものはなはだし。かくのごとくして不良の天候回復せずんば、禾穀稔らず飢歳を見ること必然なりとし、山下の細野、四ツ屋、大出、蕨平、深沢新田、塩島なんどの字々皆各鎮守の社に集まり、天気祭（大旱には雨乞いと称して降雨を祈り、霧雨には天気祭と称して晴れを祈るは、この地方一般の習俗なり）をなし、天の晴れんことを祈る。時に白馬山上に数名採集家および細野人夫の滞留せるありしかば、これを聞きし村民等大いに怒り、各字より総代を出だし細野に至り、他地方人の山上に在るは如何ともすべからずと雖も、山下細野区民の山上にあるは不都合極まれり、我等

図11　『山岳』創刊号表紙
1906年（明治39年）４月

は日々幼を携え老を扶けて村社に祈ることここに日あり、然るに天の晴れざる所以の者は、彼等山上に滞留するものあるが故なり、速やかに下山せしむべし。また他に登山者あるも、細野区民の案内するものなくば登ること能はざる山なるが故に、今後は一切案内者の登山を禁ぜられたしと申込めり。細野区に於いても、これに同意し、人夫をして下山せしむべく、二名を派し、また一切登山せざる規約をなし、もしこれに背くものあらば、相当の制裁を加えることとなせり。山上に登りし二名の者は、命を伝えて人夫を下山せしむ、されば山上にありし人々は非常なる困難に遭遇せしと聞く。(32)

「村民余等の登山を見て喜ばず、田畑にあって鍬を執る者、路上相遇う者、皆一種不快の眼光を以て余等を目送す(33)」という雰囲気のなか、志村は他村から人夫を雇って登ることになる。また反発の程度はこれより軽いが、武田久吉は、明治三四年(一九〇一年)－明治三七年(一九〇四年)頃の話として、甲斐駒山中で講中登山の一行との出会いを描いている。

小屋に入れば、そこには一隊の行者が居たが、その先達と覚しきものが、行衣も着ず、しかも人夫に重そうな荷を負わせて来た私を、異端邪道の闖入者とでも見て取ってか、何のために来たのかと質問を浴びせた。植物採集だと答えたところが、にわかに信じかねてか、外に出て一本のクルマユリを背後に隠して持ち来たり、この草を知っているかとテストした。もちろん難なく答えたのに安心したらしいのは滑稽であった。その頃、信仰以外で高山に登る者のいかに少なかったかがよく判る。後で知ったことだが、この山に植物採集の目的で登ったのは、私が三人目で、以前に二人の一人は甲州から、一人は信州から登ったのであった。(34)

近代登山の開拓者たちは、変わり者扱いされる無理解、山麓村民の山に対する伝統的な観念、伝統的な講中登山団体との軋轢を経験せざるを得なかったのである[35]。

もちろん、講中登山に同伴することも少なくなかったと思われるが、その際でも、彼等が得たものはもちろん信仰のより深い確信でも、共同体への帰属意識の強化でもなく、その山頂でのみ得られる個性的な美的感動であった。志村は一九〇六年（明治三九年）の日本アルプス三大横断の際、立山に富山からの立山参詣集団とともに登っている。ここには講中登山と近代的登山の対比が鮮明に描き出されている。

図12　絵葉書「越中立山雄山神社」
1907年（明治40年）－1917年（大正６年）頃

八月十二日、午前三時。／板声を相図に三百有余の参拝者、皆室堂の庭前に出ず。神官が登山者の郷貫姓名を呼べば、皆応と答う。人員の点検終りて、白衣の神官玄冠浄鞋白幣を振って先登す、衆後に従う。四囲未だ黒暗々星斗闌干《らんかん》たり。余等また従う。〔…〕前日と同一の登路を取りて、再び立山の絶頂に向う。一ノ越、二ノ越を経て路険となるや、皆口々に六根清浄を唱う。前後呼応魚貫して進む。登山者の多くは越中の青年なり。越中の俗、男子は必ず一度この山に登らざるべからず。また同村より数名一団となりて登山するや、立山の絶頂を極め、直ちに下山し、先登第一郷社に賽するを以て栄となす。もし疾病疲労のため途中に倒れる者あるも、神罰となして顧みることなしと。今、これ等の青年を見るに、何れも元気の盛んなる意気衝天の概あり。五ノ越に達せるは午前四時、東天ようやく紅なり。絶頂は二十名内外を座せしむるに過ぎざれば、一同まず石室付近に集合し、順次社殿に参拝す。神官ために祓いをなす。神官が撃つ天鼓の響き鼕々《とうとう》として全山に響く。すでにして朝暾《ちょうとん》東方の横雲を破り、躍然として昇り、天地

図13　絵葉書「（御殿場口登山道）六合目登山者ト宝永山ヲ見タル実景」
1918年（大正７年）－1932年（昭和７年）頃

はじめて暗明なり。高山に於ける日出の光景、壮絶快絶、然れどもこの大観は富士に於いて、白馬に於いて、槍ヶ岳に於いて、御岳に於いて、皆これを見ることを得べし。独りこの立山の頂上にあらざれば見ること能はざる天下の偉観、宇内の壮観は何。／いわゆる日本アルプスの連嶺を眼前に拡げて、一目の下に達観せしむることを得るは、秀麗芙蓉峰の頂にありても、険絶槍ヶ岳の頂に於いても、雄大白馬の頂に於いても見ること能はず。嗚呼、一度立山の峰頭に立ちてこの大観を恣《ほしいまま》にすること能はずんば、口に日本アルプスを説く勿れ。山を愛するの士、願わくは必ず一度立山の絶頂を極めよ。この壮観偉観は筆にて伝える能はず、口にて説く能はず。(36)

近代登山、あるいは「楽しみとしての登山」「登山のための登山」(37)がその根底において非伝統的、ときには反伝統的であらざるを得ないという自覚は、その開拓者たちに共有されている。山岳会の発起人の一人であり財政支援者であった新潟の大地主・高頭仁兵衛（高頭式）は、日本は山岳国であり山に登る習慣は我が国の伝統に属する、例えば富士山を典型とする多くの山が信仰の対象となり登山も盛んである、という意見に対して、「是れ迷信のみ、信仰の厚きを知られんが為に巉岩《ざんがん》〔鋭く切り立った岩山〕を踏み絶壁を攀《よ》づるなり、神仏を祈るの深きにして山を愛するに非ざるなり、彼の愚夫愚婦の御百度を蹈み垢離を取るに異ならざるなり、故に某々若干の山岳を除きては、登路山容を詳記せるもの絶無に非ずや」(38)と厳しい拒否の姿勢を示している。(39)

山岳会の初期にその実質的な中心にいたのは小島烏水であるが、彼は多くの著作を通して何度も山岳登山の流行が一時的なものでなく、人間と自然の思想に関わる事柄であることを思想的に論証しようと試みているが、その際もつねに、伝統的な信仰との結びつきの否定は前提されており、「今日では、さすがに山岳を神聖視して、罪障の消滅を祈つたり、未来の冥福を願つたりする人々は、智識ある階級には絶無」[40]であるはずとの認識をもっていた。小島烏水が、そしてまた今日まで山岳登山に関心をもつほとんどすべての人びとが「なぜ山に登るのか」を問題にせざるを得ないのは、伝統的な意味を否定した結果にほかならない。

図14　絵葉書「富士山　荘厳極まりなき御来迎を道中の石室より拝す」
1920年（大正９年）

木暮理太郎は維新前の信仰登山と近代登山との連続性に関心を寄せて、「自然愛の思想」[41]にその根拠を見出している。しかしその場合でも、「維新後に於いて総ての文物が一変したのと同じ様に、登山の形式内容共に亦一変した」のであり、「現代の登山は維新前に於ける登山の延長であるとは言えない」[42]ということは自明であった。維新前の登山では「其型式は固定し、年々歳々同じ登山が繰り返されるのみで、内容には少しも変化を起さなかった。量は増しても質に於ては依然たる宗教登山で、一歩、唯一歩を踏み出した宗教を離れての登山が遂に行われるに至らなかったのである」[43]のである。これに対して、「明治の初期に於ける近代式文化登山は、維新前に取り残されていた日本アルプスに於て生育し発達した。此地域は何といっても面白い山登りを提供する舞台として、内地では他の追従を許さぬものがある。宗教的登山の残骸に慊《あきた》らない明治中期後期の登山家が競うて活躍したのは此処であった。大正から昭和にかけて少壮登山家が岩登りや冬期登山に必要なる登山技術を練磨したのも此処であった。此処こそ明治以後に於ける近代登山の発祥地であり、登山を現に見る如く隆盛ならしめた揺籃の地である」[44]。彼は、伝統的な宗教登山と近代的な登山との決定的な差異を「形式と内容」の固定性・画一性と発展性・多様性に求めている。

都市中間層の文化

伝統的信仰登山との断絶の意識とともに、第二に、都市中間層としてのアイデンティティもまた近代登山の開拓者たちに共通して見られる。日本人による近代登山の嚆矢の意味をもつ一九〇二年（明治三五年）八月の「槍ヶ嶽探検」は横浜正金銀行行員であった小島烏水とスタンダード石油社員であった岡野金次郎によって敢行されるが、「一日を吝《おし》むこと、万金なほ換へがたき」[45]というほど、制限された夏期休暇のもとで行なわれている。さらに小島は、「近来邦人が、いたづらなる夏期講習会、もしくは無意義なるいはゆる「湯治」「海水浴」以外に、種々なる登山の集会を計画し、これに附和するもの漸く多きを致す傾向あるは頗る吾人の意を獲たり」とし、「夏の休暇《サムマア・ヴアケーシヨン》は、衆庶に与へられたる安息日なり、飽食と甘睡とを以て、空耗すべきにあらず」[46]とまで言う。

烏水はさらに進んで、山岳への憧憬を都市化する「近代」のなかに位置づける。これは、現代の都市的生活条件についての社会心理的な分析にほかならず、少なくとも可能性の点では、近代登山が都市的近代の生活者と深く結びつく可能性をもっていることを示している。「我等現代の人間は、今や生活の欲求に根ざせる喧噪と、騒擾と、煩悶と、労苦のため、何の刺戟も利かず、何物にも驚異する力を失っている、剰すところは、只だ肉体の倦怠である。避遁的と言はゞ言へ、石の兀々《こつこつ》たるところに、天国の幸福を見やうとしてゐる、さうしてそこに到るには、今でも、やはり難行と禁欲の自己犠牲を要さないわけにはゆかぬ、そこに伴なふ一種の苦痛感を甘しとする山岳崇拝宗徒を出だしたのも、頽廃的傾向が生じた近代の一現象で、只だそこに剛健に似た皮を被せてあるまでゞある、ゲエテも言つたやうに「凡べての絶頂には静止がある」せめて生涯に幾日かの静止を――」[47]。

さらに、都市との関係という点では、田部重治と木暮理太郎の秩父への山旅も、新しい美の発見という意味以外に、東京に近いという地理的条件かつ鉄道の便がよいという条件が重要な要素になっていたことを付け加えることができる。[49]また、この方向を推し進めた菅沼達太郎は、「私は山へ登る事は二の次ぎであつて、唯だ東京を離れて山国へ這入れば、其れで十分に満足出来る」[50]とさえ言い、山旅における山との肯定的関係の形成よりも、東京との否定的関係の形成をより重視している。

大正から昭和にかけて、伝統的な宗教性からの分離が、登山と山旅の多様な指向性を解放し、形式と内容、どの山をどのように登るか、山か渓谷か高原か峠か、絶頂を目指すのか目指さないのか、スポーツ性と精神性との関係……、山に対するアプローチが、多彩に展開されていく。他方では、都市を基盤にした自発的な「旅行団」の結成が継続する。

5　社会人旅行団体の志向性

社会人登山への批判

柳田國男から「自分の空想は一つ峠会というものを組織し、山岳会の向こうを張り、夏期休暇には徽章か何かをつけて珍しい峠を越え、その報告をしゃれた文章で発表させることである」[51]などと揶揄されながら、日本の近代登山は、日本アルプスを舞台とした初期の探検時代を終えて、大正期に普及と多様性の時期に入る。大正期に叢生した市民的「旅行団」「登山団体」に対するもっとも辛辣な批判は、『R.C.C. 報告　Ⅲ』（一九二九年〔昭和四年〕）に掲載された水野祥太郎の「午後三時の山」であろう。

徒歩会、アルカウ会以下の「登山団体」を形成してゐる多数の登山者は、然し、大多数は事実、唯の静観的低徊者か、微温的健康留意者であり、スポーツ的アルピニズムの洗礼を受けてゐない人々であり、軽い信心家として、又、古物観賞家としてお寺に「山登り」もするし、静観的自然観賞家として琵琶湖に「登山」し、破壊的自然観賞家として吉野山の花に「登山」もするのである。然し乍ら矢張り彼等も亦、「登山家」の名を僭称せんとし、何人も敢て怪しまうとはしない。アルカウ趣味に云ふ如く、「山登りを楽しむ人々は登山家」であるとしても、果して其人の関心を持つのは山登りであるのか、自身の健康なのであるか、風景なのであるか、地形なのであるか、植物なのであるか。鋨柏取りが生命を賭して行ふ楽しい山登りも、決して彼等に登山家の名を許すべきものでないことは余りにも明白である。徒歩会、アルカウ会以下の会の大多数の人々は、「登山家」にかくの如き定義を与へて澄ました顔で居られる程に、「山」といふものに就て、山登り（アルピニズム）と云ふものに就て、曖昧な、無関心なモダーン・アルピニスト以下の、素朴極まる「登山家」なのである。[52]

趣旨の多様性と社会人アイデンティティー

水野はここでアルピニズムの純化を目指して、民間大衆団体からの分離を主張するのだが、それはこれらがあまりに雑多な指向性をもっているからであった。たしかに、健康増進、体力増強、親睦、趣味の涵養から愛国的な敬神崇祖に至るまで、これら団体の趣旨にはあらゆる目標が書き込まれている。

例えば、「日本アルカウ会」は、一九一三年（大正二年）二月二五日、草薙、河本という二人の人物が、御影から六甲を経て有馬までを往復したことに始まる。「会員の多くは京阪神に亘り。在郷軍人、商工業界其他、職業如何に拘らず、相携えて和気藹々、自然の美妙に親み崇高の山霊に接して身体を錬磨し精神を鼓舞し、以て平日の誠実質素より各自の業務に精励するの資たるべき所謂アルカウの趣味を以て集まれるを以て特色とするなり」。「日本アルカウ会会則」には、「第一条　本会ハ山岳秀麗ノ境ニ趣味深キ遠足ヲ試ミ身神ヲ錬磨シ剛健濶達ノ気風ヲ興スヲ以テ目的トス。以上目的ノ実行ヲ容易ナラシムルタメ毎月二三回各日曜日ニ僅少ナル費用ヲ以テ主トシテ近畿ノ山岳ニ登リ其内一回ハ特ニ阪神手近ノ山野ヲ選ムモノトス[53]」とあり、趣旨が雑多であるとしても、職業をもつ都市社会人として手堅い活動を志向していたことがわかる。

　東京の社会人団体の主宰者には「裕福な商家の旦那衆」が多く、東京でのこの種の団体の最古参である「東京野歩路会」の「主宰者は本田月光さんという柳橋の瀬戸物店のご主人であった[54]」とされる。「東京野歩路会」は「月に二度位の休みしかとれない実業に就く人々が自然に親しむ上から云つても仲々力強いもので」、「山に登れ、山に親しめ」という主張が、「近頃やかましくいわれるアルピニズムの本質問題にふれてゐやうが、ゐまいが月に一度か二度の休みしかとれない実業登山者群の関知した処ではない[55]」のである。

　会社員を中心とした東京の社会人団体「霧の旅会[56]」は松井幹生による「趣意書に代へて」で自分たちの日常生活を次のように述べている。

> 我々の大部分は電動機の間断ない唸り声を聞いたり、マイクロメーターで一万分ノ一時を争ふ人達である。或ひは何千万の金額を誤らずに、算盤でハジキ上げる人達である。／終日歯車のうめき声や、往来を歩いても自動車のタイヤの方向を見たり、電車の飛乗りに腐心したりしてゐるやうな寸分隙のない、浅ましい日常生活、其処には必ず或る慰安を見出さなければならない[57]。

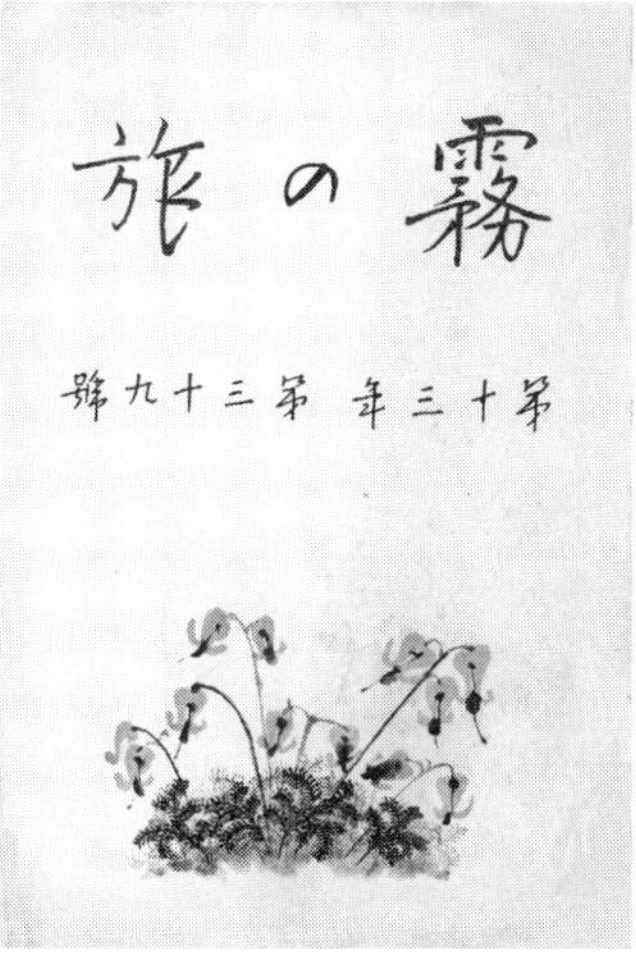

図15　『霧の旅』1932年（昭和７年）６月号表紙

　霧の旅会は「無理をしない山登り」を標榜し、経済的、日程的かつ難度に配慮した活動を行なっていた。例えば田部重治は機関誌『霧の旅』（図15）で、登山は山に対する美的精神の活動と充分な肉体的行動との調和こそその本来のあり方であり、「山を観賞することなく、唯、絶頂のみに達することを全目的とする登山」を「誤れるものである[58]」と断じている。

また京阪神の団体も同じような傾向にあり、『大阪旅行団年鑑』（大正一四年、第二版）に掲載された諸団体のほとんどが例会を月一回の休日を利用するとしている。

大正後期に紹介され輸入されたアルプス技術に学生や専門性を追求する登山家が魅了されたのに対して、これらの団体は社会人としての自己制限あるいは手堅さを保っていたのである。そしてこの堅実さのうえに雑多な目標の同居があったのだとすれば、都市中間層のアイデンティティが「旅行」を多彩な目的を受け入れることのできるまでに抽象化したのだと言えるだろう。もはや「信仰」は多様な動機と目標の一つにまで相対化されている。こうした社会人団体がもった目標の総合性は、やがて木暮や田部が切り拓いた新しい登山スタイルとしての「低山趣味」につながっていく。

旅行の自律化と多様化

冒頭で紹介した柳田國男の「総国民の生活幸福の増進」という視点は、旅行が「今までは籠居を甘んじていた人々が、〔…〕世間を知ったために損をしてもいないとすれば」、という見通しに基づいている。明治の近代化以降に日本人が旅行に出かけるようになるプロセスは、江戸時代の旅の単純な延長として進行したわけでもないし、鉄道敷設によって自動的に進行したわけでもない。大都市に自発的に形成された数多くの「旅行団」・「登山団体」がまわりの人びとを、新しい旅行に誘い出したのである。湯治でもなく、季節ごとの定型的な行楽でもなく、山や高原に、たとえ「遊覧本位」と皮肉られようとも、である。これは登山と信仰・村的共同体との伝統的なつながりを解体することなしにはありえなかったであろう。もしも、日本山岳会－山岳講演会－旅行団、という連続的なつながりと広がりが形成されなかったとすれば、山に登るのは信仰篤き人か変わり者であり続け、一般人の旅行と言えば、温泉地で芸者をあげて宴会する、季節ごとに桜・紅葉・滝を楽しみ、名所旧跡として定評のある場所を訪れるという、決まりきった内容にとどまっていたのではないだろうか。新たな風景美の発見も、都市を美的に再発見することも、旅行の新たな形を探求することも、まして異質な他者との出会いもなかったであろう。「旅行の形式内容」は旧態依然たるものにとどまっていただろう。

現代の旅行がどのような内容をも盛り込むことのできる形式として発展してきたのだとしたら、その発展の端緒を拓いたのは、伝統的信仰を排除して不断の基礎づけを必要としつつ発展した近代登山なのである。

第三章　都市美の発見と「都会趣味」

——木下杢太郎の小林清親論——

1　はじめに

山岳美と並んで、近代と伝統が並存しつつ不断に変貌する大都市の情景もまた新しく発見された美と感動である。幕末から明治初期に製作された数多くの錦絵をはじめとして、小説家たちの都市描写、新版画と洋画などにその展開を追うことができるだろう。[1]それらのなかでも永井荷風の矛盾をはらんだ視線が一つの典型であろうが、第三章では、もう一世代若い木下杢《きのしたもく》太郎《たろう》（本名：太田正雄、一八八五－一九四五）による明治前期に活躍した版画家小林清親再発見のなかに、都市美発見の一つの典型を見ることとしたい。

小林清親（一八四七－一九一五）[2]が、最初期の数点に続いて、後年「東京名所図」と称されるようになる連作によって版画家としての活動を開始したのは一八七六年（明治九年）、初代広重が「名所江戸百景」の制作を開始した安政三年から二〇年目であった。この「東京名所図」は一八八一年（明治一四年）夏まで出版され、その後は「武蔵百景」（一八八四年〔明治一七年〕－一八八五年〔明治一八年〕）などいくつかの版画シリーズに着手しながらも、しだいに作品は新聞雑誌などの挿絵や風刺漫画、肉筆画に移っていった。三〇数年後の明治末頃には小林清親の「東京名所図」は忘れられていた。

忘れられていた清親の「東京名所図」を大正初期に再発見して評論したのが木下杢太郎であった。①雑誌『藝術』第二号（一九一三年〔大正二年〕五月）に「小林清親が東京名所図会」を発表し、続いて②雑誌『中央美術』第二巻第二号（一九一六年〔大正五年〕二月）に「故小林清親翁の事」を、さらに関東大震災と帝都復興事業をはさんで、③孚《ふ》水《すい》書房で行なわれた展覧会の案内状（一九二五年〔大正一四年〕四月）に「小林清親の板画」という短文を掲載し、④一九二八年（昭和三年）九月平凡社発行の『世界美術全集』第三一巻に「今戸橋」の解説を掲載している。

永井荷風は『日和下駄』（一九一五年〔大正四年〕）のなかで清親の版画に言及した際に、「既に去歳木下杢太郎氏は『芸術』第二号において小林翁の風景版画に関する新研究の一端を漏らされたが、氏は進んで翁の経歴をたずねその芸術について更に詳細なる研究を試みられるとの事である」として、杢太郎の清親論を期待を込めて紹介している[3]。清親再発見における杢太郎の先駆的位置は今日でも認められているが、それにとどまらず、杢太郎の清親論の内容が清親研究の準拠点とされる場合も少なくない[4]。

本章の目的は、杢太郎の清親再発見を、初期清親の版画を介した都市美の発見として捉えて、その特徴を探ることであり、杢太郎における「都会情調」「都会趣味」の内容を彼の清親論から汲み出すことである。一つの端緒は「下町」的なものの内容である。野田宇太郎は「山ノ手に自然主義が興り、下町に芸術至上主義が興った[5]」と述べたことがある。若き木下杢太郎たち「パンの会」に集った芸術至上主義・耽美派的潮流の文化史的な意義の一つが、都市美の発見にあったと言えるのだとすれば、「下町」がその発見の舞台となったのはなぜだったのだろうか。

都市美を巡るこのような問題意識に基づいて、第一に小林清親に関する四つの評論の特徴をまとめ（2）、第二に「都会情調」に関する先行する随筆と小説の特徴を考え（3）、第三に杢太郎たちの美意識を涵養した日本橋東部地域の景観の変遷に関する資料を概観する（4）。第四に以上の考察を踏まえて、杢太郎の「都会趣味」ないし「都会情調」の思想的特徴と中期・後期の研究へとつながるその変容を分析することとしたい(5)。

2 清親再発見と四つの清親論

荷風の清親論

永井荷風が『三田文学』に『日和下駄』の連載を開始したのは一九一四年(大正三年)八月であるが、荷風はそのなかで小林清親の版画に三度言及している。一度目は「元柳橋」の柳がいつ頃まであったかを確かめる資料として、二度目は「柳北の随筆」「芳幾の綿絵」と並んで「清親の名所絵」をあげ、これらと「東京絵図」を照らし合わせて「明治初年の渾沌たる新時代の感覚」に触れるという都市散策の楽しみ方の説明において、三度目は「外桜田遠景」と題された絵をきっかけとして、清親の風景版画に文化史的な価値を見出すという文脈においてである。荷風の清親評価が集約されているのはこの第三の言及である。

明治十年頃小林清親翁が新しい東京の風景を写生した水彩画をば、そのまま木板摺にした東京名所の図の中に外桜田遠景と題して、遠く樹木の間にこの兵営の正面を望んだ処が描かれている。当時都下の平民が新に皇城の門外に建てられたこの西洋造を仰ぎ見て、いかなる新奇の念とまた崇拝の情に打れたか。それらの感情は新しい画工のいわば稚気を帯びた新画風と古めかしい木板摺の技術と相俟って遺憾なく紙面に躍如としている。一時代の感情を表現し得たる点において小林翁の風景版画は甚だ価値ある美術といわねばならぬ(6)。

「稚気を帯びた新画風」の紙面に表現されたのは、清親個人の感情にとどまらず、当時の人びとに広く共有された「一時代の感情」であり、その内実は次々に視界に入ってくる西洋的な建築物などに対する「新奇の念」と「崇拝の情」にほかならない。時代の普遍的な感情を表現することに成功したというこの点にこそ、清親の版画の意義と価値があるというのである。

先にあげた、清親再発見の功を木下杢太郎に留保したのは、清親の版画の社会文化史上の意義を指摘するこの文脈においてである。以下ここでは、杢太郎の四つの論考をたどりながら、清親再発見における杢太郎の観点の特徴を整理したい。

「小林清親が東京名所図会」

荷風も言及した杢太郎の第一の論考は、『日和下駄』連載が開始される前年、一九一三年（大正二年）五月一日発行の『藝術』第二号に掲載され、後に単行本『地下一尺集』に収録された「小林清親が東京名所図会」である。この評論は、小論であるがそれだからこそ、杢太郎の清親論における最初の焦点がどこにあるかがよく現われている。彼が所持している一八八〇年（明治一三年）発行の「一巻の東京名所図会」（8, 144）所収の絵の紹介から始まり、「東京市街の美観は雪宵雪旦に於て最もよく現はる」（8, 144）という特徴を見出す。江戸時代の浮世絵にすでに「雪中の市街」（8, 144）は多く描かれてきており、「東京雪景の美」（8, 144）は清親にも共通する美意識であるが、杢太郎にとってそれは下町的な美である。

思ふに雪の日万象新に洗はれたるが如く新鮮なるとき、商店の軒先に紺の色にほふ屋号の暖簾を見るの快は、東京下町の情緒を熱愛する人の等しく感ずるところならむ。（8, 145）

「東京下町の情緒」こそ杢太郎が清親に注目するものであり、数多くの作品のうちでもこの情緒を端的に表現した「都会趣味の絵」（8, 145）こそより高く評価されるべきものである。両国大火の景、二つ又永代橋遠景、浅草橋夕景、百本杭の暁、隅田川枕橋、本所御蔵橋、両国花火、今戸有明楼の夜宴、今戸夏月、これらの作品である。しかしこれらを深く理解するためには江戸自体からの伝説や物語についての予備知識と感情が必要となる。清親の作品が同時期の都会を描いた三代広重、芳年、芳虎、国政などと違うのは、「江戸時代より伝承せる一種の叙情詩的情緒」（8, 145）を保ち続けていたからである。

しかしだからといってこのような「江戸時代より伝承せる一種の叙情詩的情緒」は、心情を拘束する因習というような伝統では決してない。清親において表現されている「平民の詩境」（8, 146）は、「自由寛闊なりし一平民が追慕驚嘆の時代に対せし心境」（8, 146）であり、このような自由でおおらかであると同時に伝統的であるような「平民の詩境」を読み取ることにこそ、清親の絵を理解することの真の喜びなのである。清親の時代は「一太平時代」であった「明治十幾年前後の社会情緒」（8, 146）の表現である。

「故小林清親翁の事」

第二に、杢太郎の清親論のなかではもっともまとまった論究となっているのが、一九一六年（大正五年）二月一日発行の『中央美術』第二巻第二号に掲載され、後に単行本『藝林閒歩』に収録された「故小林清親翁の事」である。この評論は、第一に、清親と明治初年という時代との関連について述べ、第二に杢太郎が一九一三年（大正二年）に清親を訪ねたことの経過とそれ以後のこと、第三に清親の経歴と業績の概観、第四に清親の業績のなかでもとくに初期の版画と写生帖のもつ「東京開明史」上の重要記録」としての意義を確認するという構成である。さらに参考資料として、小林源太郎の「小林清親と東京風景版画」の経歴についての記述し独自に作成した東京風景版画の目録を掲載している。

杢太郎は清親が活躍した時代、とくに後に「東京名所図会」としてまとめられる諸作品を発表した一八七六年（明治九年）から一八八一年（明治一四年）のあいだを、日本文化史に幾度かあった「醗酵の時代」として特徴づける。日本の文化史には漸進的でなく飛躍的な時期があった。仏教伝来の天平期、中国文化が大量に移入された室町期、キリスト教が伝来した徳川初期、そして西洋文明が一挙に押し寄せた明治初期である。こうして不調和が引き起こされた後に新たなものを生み出す「醗酵の時代」が出現する。そして注目すべきは、「一般平民の内部に於ける醗酵の模様」(9, 70) である。

江戸時代からの伝統の文化感情がなほ残つてゐて、それが建築なり市街風景などの客観物に看られる。また人々の生活様式に存してゐる。それへ外国主義を雑ぜた文化感情が浸透して来る。上汐の川に海の水が逆巻くやうに、また黎明の雲に東天の紅が映ずるやうに。(9, 70)

新しい文化状況のなかでの「醗酵」に注目すれば、明治初年は発酵が静かに進む「夢の時代」「予覚の時」(9, 71) であった。

この時代は夢の時代と謂つて可い。曙の薄明時に、まだ点つてゐる伝統の灯光と、ほのぼの白みかける日の色と、光相争ふ所の光景を想像すると、一種のぼんやりした夢の快感が湧くのである。予覚の時の楽しさである。(9, 71)

清親の初期の東京風景版画は「光線画」として評判をとったと伝えられているが、この「光線」は江戸期の伝統的な灯火と新時代の暁の光とがないまぜになった光なのである。

続いて、清親を訪ねたことの経過と訃報に接したという事実だけ簡潔に述べられる。後に別の場所で、杢太郎が清親を直接訪ねた際の様子の詳細を、清親の娘小林哥津は次のように回想している。

木下杢太郎さんが清親を訪ねてみえたのもその頃〔清親の妻芳の没後〕であった。黒いソフトに黒い服。同じ服装の長田秀雄さんと二人連れであった。／この訪問は三度あって、いつも清親のスケッチや描きためた絵など反古に至るまで全部見て行った。杢太郎さんは又幼い時その父上が東京土産に買って来たといふ清親の明治初年の版画をたくさん抱へてもって来られた。／これはいくら位ひで売ってゐたのでせう。――多分五銭の定価かと思ひました。――といふ会話で、その時昔の値をはじめて私も知った。／スケッチ帳の中にあった銀座の、舶来の食品を売る店の図は、二人がくりかへしくりかへし、白秋に見せたいなあと、云った。大きなランプからの光で商品をかぼそく照し、売手買手の顔かたちもさだかではない。しかし妙な活気があふれてゐる。／古いスケッチ帳の中の女のやや横むきの一枚をやがて清親はぺりっとはがして杢太郎さんに上げた。後年同氏が「和泉屋染物店」といふ小説集の中に伊上凡骨さんの手で版になり挿し入れられた先代大平のお内儀さんの像である。／このときのお二人の会話は多くドイツ語であった。何のために、そういふ外国語を使はれるのか、これは多年私の疑問であった。一度おききしたいと思ひ乍ら、つひ時を過してしまった。(7)

さらに、直接尋ねることのできた清親の経歴について述べられるが省略する。絵入雑誌『團々珍聞』に掲載した新風の滑稽画や花鳥図、一八八四年（明治一七年）頃の「武蔵百景」などの業績にも触れながらも、杢太郎がもっとも高く評価するのは「「古東京」の伝説的美観」（9, 76）を表現した初期の版画である。

予の所謂「古東京」の情趣を写したものとして、清親翁を第一人者と見倣して可いのである。其「東京名所図会」の如き、以て東京史編纂上の重要なるドキュメントであると思ふ。（9, 77）

こうして、この評論における杢太郎の清親評価は、第一に「「東京開明史」上の重要記録」(9, 79)であること、第二に「一平民詩人の芸術品」(9, 79)に向けられる。

「小林清親の板画」

第三に、震災後という新しい状況のもとでの論究が、一九二五年(大正一四年)四月某日との日付が文末に記され、後に単行本『藝林閒歩』に収録された「小林清親の板画」(12, 200)である。これは孚水書房が開催した小林清親の遺作展覧会用の案内状に掲載されたものである。

震災後の復興に向けて「文化」が街づくりのキーワードとなっていた時期に、杢太郎は三度「前期東京」への思いを清親に寄せて語る。ここでは彼は日露戦争の頃までの東京を「前期東京」と呼び、それ以後を「震災前東京」と呼ぶ。そして現在が「震災後東京」ということになる。

「「前期東京」はその市街、その生活、並にその遊楽の方面に於て記録に残して置きたいものが沢山あつた」(12, 201)。具体的に言えば、「深川の羽織の風俗」、「小紋の羽織袴の鳥差の闊達ないで立ち」、「四日市河岸の並倉」、「向島の古刹」などである。「四日市河岸の並倉」とは、一八八〇年(明治一三年)竣工した七棟のレンガ造りの倉庫群、いわゆる「三菱の七ツ蔵」のことである。震災後当時の復興事業さなかの東京に比べて、前期東京ないし「前期の文明開化時代の方が、それは滑稽なこともグロテスクなこともたんとあつたには相違ないが、其情趣に於て、もつと深く且細かなるものがあつた」(12, 200 – 201)。

杢太郎がもっとも好んだ作品は「駿河町雪」と題されたもので、中央通りから紺色の暖簾を懸けた「ゑちごや」の角を西側方向に望んだ景色で手前に「ゑちごや」の建物、中央奥に一八七四年(明治七年)二月に竣工した和洋折衷様式の三井組ハウスが描かれている(**図1**)。建物の屋根と地面、行き交う人びとの傘など全体に雪が降り積もっている。この作品を「恐らく旧の東京下町の、殊に濃艶な雪且の光景が、これほど好く再現せられたるは他に有るま

図1　小林清親「駿河町雪」
『清親畫帖　全』（杢太郎は自著『地下一尺集』〔大正10年〕にこの絵を掲載している）

い」（12, 201－202）と評価して、彼はこの絵を自著に掲載している。「なつかしい寂しさ」といった言葉が、また「あゝ昔の東京は遊惰であつた」といった思い入れが、ここでの杢太郎の清親評価を表現している。

「なつかしい寂しさ」

第二の論考が日本文化史における幾度かの「発酵の時代」の表現という客観的な位置づけを基礎にしているのに対して、第三の論考では、「なつかしい寂しさ」「遊惰」といった情緒的な理解が押し出されている。論考そのものの性格が異なる点を別としても、第二の論考と第三の論考とのあいだに、一九二三年（大正一二年）の関東大震災という断絶があることを勘案すれば、このような内容的な差異もまた偶然ではないと言えるだろう。「発酵の時代」や「予覚の時の楽しさ」への共感は、「前期東京」と「震災後東京」との落差の大きさによって薄められてしまった。断絶の意識が、清親理解における「旧懐（ノスタルジア）」の契機を浮かび上がらせることになったと言える。しかし、このことと清親自身が「旧懐」を表現しようとしていたという理解とは、当然のことではあるが、異なっていることに注意しておきたい。

清親は江戸本所御蔵屋敷総頭取の家督を一五歳で継承し、幕臣として幕末幕府崩壊を体験したという経歴がある。このことに注目し、彼の名所図に濃厚に現われている情調を、後の時代の鑑賞者が見出す何らかの「懐かしさ」とは異なって、作品が本来的に表現している「旧懐（ノスタルジア）」として理解し、そこに「激変していく社会にあって、過去の価値あるものを記録し記憶させる力」(8)を見出す試みもある。

しかし、当然のことであるが、後の時代の鑑賞者が描かれた時代にノスタルジーを感じるということと、作者が意図して旧懐を表現したということとは根本的に異なる。清親の描く東京風景はほとんどが何らかの意味での「近代」を要素として含んでいる。人力車、馬車、ガス灯、イルミネーション、電柱、電線、石造りやレンガ造りの建築物、蒸気機関車、溶鉱炉、外輪船、などは容易に理解できるが、さらに現代の視点からは見落としがちな要素もある。

例えば「元柳橋両国遠景」という作品がある（**図2**）。前景中央からやや左側に太い枝垂れ柳の老木、右手に隅田川、遠景に霞んでいる両国橋が中央奥横に薄く描かれている。前景柳の右には川上に向かっている着物の男、柳の左には、その男に目をやる着物の女性が描かれている。

図2　小林清親「元柳橋両国遠景」
『清親畫帖　全』

この絵について、荷風は『日和下駄』において次のように描いている。「図を見るに川面籠る朝霧に両国橋薄墨にかすみ渡りたる此方の岸に、幹太き一樹の柳少しく斜になりて立つ。その木蔭に縞の着流の男一人手拭を肩にし後向きに水の流れを眺めている。閑雅の趣自ら画面に溢れ何となく猪牙舟の艪声と鷗の鳴く音さえ聞き得るような心地がする」(9)。

たしかに下町的な物語性を秘めている暗示的な図柄であるが、ここで注目したいのは、遠景に霞んでいる両国橋である。このシルエットで注目すべきは、補強トラス組が施されたY字形の橋脚である。日本の江戸時代の伝統的な木造橋の橋脚は主桁と直角に組まれるのみで、主桁方向の補強トラス組を施されることはなかった。Y字形のシルエットの橋脚は、フラットな橋面とともに、明治初年の西洋式木造橋の最大の特質であり、方杖橋という名称もある。両国橋が西洋式木造橋に架け替えられるのは一八七五年（明治八年）一二月であり、日本橋は、それより早く、一八七三年（明治

図3　小林清親「今戸橋夕景」

六年）五月に、擬宝珠つきの和式反り橋から、人力車や馬車などの通行に適したフラットな橋面の西洋式木造橋に架け替えられている(10)。つまり江戸下町情緒豊かに見えるこの絵も、実は架け替えられたばかりの先進的な西洋式橋梁を背景としたもっとも近代的な風景なのである。清親が描いたのは、ほとんど伝統的な背景に近代的なものが入り込んだ情景であり、前期東京の最先端であった。

「今戸橋」

第四の論考は、一九二八年（昭和三年）九月平凡社発行の『世界美術全集』第三一巻の「図版解説」欄に掲載された「今戸橋（小林清親筆）」（13, 392–393）である（図3）。昭和の初めには清親の版画は高く評価されるようになっていた。その絵には詩があること、一方での「文明開化」に対する「素朴な好奇心と驚嘆」、他方での江戸時代からの伝統的情趣の浮動、こうした深さが清親の魅力であることを再確認する。

下町庶民の内部での発酵

これらの杢太郎による清親論の主題を端的に示しているのは「一般平民の内部に於ける醗酵の模様」（9, 70）との指摘であろう。ここには二つの軸、つまり第一に下町の平民・庶民の感性という軸と、第二にこの感性が可能にした伝統的なものと近代的なものの共存という軸が結びついている。

第一は下町を舞台に描き出された「平民」の美的感性、伝統を保持したまま近代を仰ぎ見る「新奇の念と崇拝の情」（荷風）を表現する美的感性である。下町に生きる庶民こそ江戸時代から伝承した感性あるいは「叙情詩的情緒」の担い手だった。

第二に下町庶民の生活と感性のなかには近代に対する恐れや反発はない。江戸的伝統と西洋的近代との幸福な共存、新たなものを生み出す静かな「発酵」こそが清親から杢太郎が読みとった「都会趣味」の内実だった。この幸福な共存を「平民」の日常の仕事と生活の場としての「下町」を舞台として表現することができたのは、下町こそが伝統をそのまま継承している場所だからである。

3　「河岸」の発見

木下杢太郎の大正期の小林清親論は、明治末期の日本橋川周辺の河岸を舞台にしたいくつかの随筆と短編小説の延長上にある。「下町の平民的情緒」「発酵の時代」これらの含意を若き日々の作品から理解したい。それらの随筆や短編は、杢太郎自身の都市散策と思索の成果であった。友人長田秀雄は若き日の杢太郎の文学的嗜好とそれに密接に結びついている日本橋界隈の彷徨を次のように回想している。

杢太郎君は高等学校にゐる間、非常にツルゲニエフに傾倒してゐた。大学に入つた頃はゲーテを読んでゐたが、殊にそのイタリヤ紀行は余程好きだつたと見えてよく話に出た。〔…〕その時分の杢太郎君は古い大学の制服に破れ靴をはいて蓬髪のまゝ日本橋の裏通りあたりの問屋街を歩くのが好きだつた。同君の初期の小説に現はれてくる荒布橋附近など暇さへあればよく歩きまわつてゐた。(11)

杢太郎自身後年に高等学校時期の河岸への思いを回想して次のように述べている。

あすこ〔小網町河岸〕には辰野隆君のおとう様がまだわかい頃、多分ヱニスのヰジオンを原にして、渋沢事務所を建てられ、遠くから之を望むと、あの一角は江戸的伊太利亜的の不思議な印象を与へたものだ。僕は高等学校の時に岩元禎先生に、ゲエテの伊太利亜紀行を教はり、小網町をヱニスに見立てて空想に耽つたものである。(16, 259)

だが日本橋付近を集中的に散策した正確な時期について、「東京の川岸」という随筆に次のような記述がある。

東京の川岸は――川岸といふ唯の言葉ですら――一頃は自分を猛烈に刺戟したものだつた。といふと老人の追懐めくが、実際自分が川岸に酔つたのは、一昨年から昨年の秋に掛けての一年間であつた。(5, 17)

この随筆が発表されたのは、一九〇七年（明治四〇年）一〇月二三日発行の『方寸』第一巻第五号だから、「一昨年から昨年の秋に掛けての一年間」というのは、一九〇五年後半から一九〇六年の後半を意味することになる。杢太郎の川岸発見の時期は、杢太郎二一歳から二二歳にかけて、第一高等学校最終学年から東京帝国大学医科大学に入学するに至る進路選択の時期だった。

「蒸気のにほひ」

随筆「蒸気のにほひ」は杢太郎の『明星』一九〇七年（明治四〇年）三月号に掲載した処女作と言える作品だが、日本橋の小網町に絵を描きに行ったことをテーマにしており、すでに彼の視点がどこに向けられ、またどのように構造化されているかを明確に表わしている。全体を通して二つの対照が語られていることに注目したい。第一は、生活の場所と旅行先の場所との対照、あるいは生活者視点と旅行者視点との対照、第二に、伝統的な風景や生活と近代的な活動との対照である。
まず彼の川岸への関心は一種の「旅行者」的関心であり、偶然にそこの人びとと交わることがあってもそれは彼のこの位置どりを変更させることはない。

復《また》小網町を画きに往つた。日本橋が近頃大好になつた。それには訳もあるさ。第一日本橋へ往くと旅人の気になれる。本郷辺にぶらついて居ると、どの人もこの人も皆自分に似た手間許り、「見給へ君、今凡てのものは崩されてるんぢやないか、言はば焼跡さ、お互に好い時に生れ合はした勞働者さね」なんて話し掛けられると、此方も平気では居られなくなる。処が日本橋へ来るともう此処は他人の縄張りだ、雲烟過眼《うんえんかがん》で済まされる。固より人は誰を見ても忙しさうだが、その忙はしい内にも自ら纏まつた人生観があつて、そいつを傍から見て居れば、丁度凡ての線が焦点へ集まる画の様に、ちやあんと額縁の中へ填り込んで呉れる。(5, 1)

第二に、回想される過去ばかりでなく現在にも色濃く残っている伝統的な風景や生活世界と、路面電車に象徴される近代の産業社会との対照である。九歳のときに父親に連れられてこの地域の問屋周りをした際の回想など、この地域は彼にとって幼き日々の幸福な記憶と結びついた懐かしい場所なのだが、現在のこの地域は、広重の江戸百景以来の伝統的な世界と、すぐそばの日本橋を渡る路面電車の響きに象徴されるように現代の先端的な世界とが接し合う場所になっている。この対照は同時に、水上空間と陸上空間との対照でもある。

小網町――此時分から僕の馴染だ。／そのうち、又賑になつた。電車の響がどこかで急に騒ぎ始める。静な――江戸百景頃の水を通はしてゐる此溝の後ろには、陸の東京の現代の活動があるなんて考へ出す。(5, 3)

図4　井上安治「浅草橋夕景」
『清親畫帖　第三帙』

「東京の川岸」

随筆「東京の川岸」は、一九〇七年（明治四〇年）一〇月二三日発行『方寸』第一巻第五号（河岸の巻）に掲載された作品である。「川岸」は小林清親やその弟子の井上安治において重要なモチーフになっていた（**図4**）が、それはこの時期の『方寸』同人の石井《いしい》柏亭《はくてい》などにおいても共通する美意識になっていた。

この随筆で、杢太郎は「河岸の与ふる美感」（7, 19）を列挙していく。第一は、小網町あたりの河岸倉の内からの眺め、「暗黒の中に劃然と切り取られた陸揚の口」（7, 18）からの外の眺めである。額縁のなかの絵のように、「河を舟がゆく、左の黒縁から右の黒縁に抜ける。又一つゆく。湖の面は静寂として死の如くであるが、こゝの水の流れは古き伝奇の様に動いてゐる。水は今も昔の如き「河の生活」を載せて、其響には古き世の解け難き怨みが残る」（7, 18）。

第二は、「秋の日の午後」の光を受けて輝く景観であるが、その眼は色彩の豊かさに向けられている。

> 斜日に照された煉瓦、白壁の家、代赭《たいしゃ》の色に乱れ立つ煙突、電信柱、それから小網一丁目の辺りに見るやうな瀬戸物屋の赤い土管の群、柳の木、河岸の石垣、河岸倉の窓と印と荷を入れる口、物干場、往々に又船の家、〔…〕是等の形像が入日に煙つて、外光派の調色板の上なるヴエルミリオン、コーバルト等の諸々の色に浮び出す。

(7, 18–19)

こういう色彩の豊かさは印象派、外光派が描こうとした色彩世界を連想させるのだが、この連想の背後ないし基底に、ゾラが描く「巴里市街、其河岸等の精細なる、且躍如たる描写を喜んで、此の如きを又己が本国に求めやうといふ欲求」があり、この欲求が「暗々に此比較的繁錯せる下町の裏面を讃美せしむる」(7, 19) というつながりが見出される。さらにこの欲求の背景に、「物質的文明の熾《おき》盛なる今日に於て――彼の淋しい淋しい故国の追憶や、新星の憧憬や、雑木林の冥想では満足することが出来なくつて、もつと近世的な、都会的な、もつと複雑なる人生の需要、活動から何物をか捜し出さうとする傾向」(7, 19) が指摘される。

しかし第三に、もっと全体として見れば、「河岸の与ふる美感」(7, 19) の本質は、「東京に於ける旧文明と新文明との過渡《ニユアンス》を、下町、殊に河岸の辺に於て絵画的に見る」(7, 20–21) ことにある。一方では徳川時代の江戸や電車がまだ通っていない東京への連想を川岸は呼び起こし、それが「電車や汽車のはためきに覚醒せしめられた陸の東京」(7, 20) に溝渠・運河を通して昔のにおいを運び入れている、こういった新旧の入り交じりが琴線に触れるのである。「現代の人も亦「前代」の子である。自分等が戦つて而して倒した前代の故址をみる時の悲哀は尤も甘美に自分を刺戟する」(7, 21)。そして、「自分等、河岸崇拝のヂレタンテンは、新しい色彩と、新しい筆とで一刻も早くこの面白い河岸が美術品として現はれて来るのを望むや切である」(7, 22) と言う。

「荒布橋」

小説「荒布橋」は一九〇八年(明治四一年)秋に執筆され、一九〇九年(明治四二年)『昴』第一号に掲載された。荒布橋[12]は、震災以前の江戸橋の北詰から東方向に西掘留川に架けられた橋である。この橋の付近を舞台にしたのが小説「荒布橋」である。家族・親族からの自立に向かう青年の煩悶をテーマにした短編であるが、秋の午後の荒布橋から南西方向の描写から始まる。

> 江戸橋の向ふに一列の赤い倉庫が火のやうに燃えて居る。其前を、熔けたやうな柳の一叢の前を、黄ろく反照された瓦斯灯の玻璃の下を、真赤な、真四角な郵便馬車が続けざまに幾輌となく駆り抜く。横浜から三菱の倉庫へ石油と砂糖とを運ぶ船がごちやごちやと、また一杯、橋の下に輻輳する。（5, 47）

フランス人建築家ジュール・レスカスの設計で、レンガ造り七棟続きのいわゆる「三菱の七ツ蔵」が震災以前の旧江戸橋の南詰め西側、四日市に建設されたのは、一八八〇年（明治一三年）のことである。また、その南側道路向かいの地に駅逓司と東京郵便役所が一八七一年（明治四年）に誕生し、一八七四年（明治七年）に駅逓寮となり、一八九二年（明治二五年）には日本橋郵便局が駅逓寮跡地に竣工し、多数の郵便馬車が行き交う場所となっていた。まなざしは続けて、この荒布橋南側付近の川の上を自由に飛び交う燕の群れに向けられる。

> 総ての本能、総ての欲望を悉く其運動に向けたかの如く、あらゆる筋肉、あらゆる腱束、将《は》た(13)あらゆる脈管に力を罩《こ》めて、昂然と、黒曜石のやうに光る其胸を反らし乍ら、燕の群は日に煙る河の面を翔つてゐる。／高い郵便局の時計台の遙か上の方から〔…〕黒点のやうに舞ひ下つて、橋の穹窿《きゆうりゆう》(14)に少時その影を隠したかと思ふと、もう既に落つるが如く小網町の水の面に衝き当つた。長い尾を水の上に滑らして、更にまた反跳んだやうに空高く、空高く昇つて行くときは、今嗅いだ故郷の潮の香を楽しむかの如く、暫くは身を渾沌たる気零《きれい》(15)の内にかくして、容易には再び下つて来なかつた。（5, 47–48）

この燕の自由な飛翔に触発されて、主人公「予」は人生の選択を束縛する家族・親族からの解放感に満たされ、

「此激烈なる自然と都会との活動を眺めて居ると、予の心も亦非常に軽快になつた」(5, 48)。そして、真の自由は、曠野の中にあるのではなく、「都会の中央に、小網町の何丁目かに却つて縦恣《じゆうし》なる境地はある」(5, 50) として、荒布橋附近が「予」にとっての真に自由な空間として発見される。荒布橋付近は、こうして、杢太郎の解放された想像力を広げる大きな器の機能を果たすことになる。

「河岸の夜」

小説「河岸の夜」は、一九一一年（明治四四年）三月一日発行の『三田文学』第三巻第三号に掲載され、小説集『唐紙表紙』に収録されている。「河岸の夜」は、冬の夜、年長の洋画家を訪ねた三人の青年が、日本橋付近の店々で、洋画家から借り受けた数枚のスケッチを語り合いながら、自らの芸術的感性の基盤に流れる江戸的なものの覚醒に至る物語である。

尊敬する洋画家を訪ねた彼らの高ぶった感動は、日本橋付近の情景とそこを徘徊することと重ね合わされて描き出される。彼らは、京橋から日本橋の魚河岸付近の路地の西洋料理店を経て、小網町付近を歩く。一人が言う。「どうだ、好い気持ぢやないか。魚河岸の真中にゐると思ふと、僕は東京にゐる気持がしない。丸で知らない外国へ行つたやうに思ふ。旅人の気特になれる。今夜もどつか歩るいてあるいて歩きぬきたいやうな気になつた」(5, 190)。このような旅人気分を土台にして、魚河岸から江戸橋、小網町付近の情景が、彼らを視覚と聴覚の感性に表われる「江戸的なもの」に誘う。

　またぽつぽつと魚河岸の方へ引き返して、赤い交番の灯の見える所から河縁へと出た。河と河岸倉との間に細い横橋の道がある。昼間はここに向つて荒物を売る店などが開かれる。また壮い主人が始終古い長靴を修繕つてゐる靴屋がある。小さい店には時々軽子などが集つて象棋を指してゐることがある。また開いた木戸から人の家の台所が見えて、綺麗に磨かれた竈などが行人の眼に触れる事もある。向ひは江戸橋である。小網町通りの商家の灯が見えて、それが長くきらきらと水に写つてゐる。／二人がこの道の所へ出た時には、もう人影などは見る事が出来なかつた。黄ろいといふより寧ろ青い月が、いかにも冬の夜らしい光で家々の屋根を鍍金してゐた。／時々水の相撳つ音が聞えて、やがて江戸橋の下から静かに動く舟の灯が見えて来た。さも心ある生物の如く――中央にま赤な炭の火を燃やした舟が、水の銀鍍金の上を滑つて行つた。（5, 195 – 196）

このような美的感動について主人公は次のような思索を巡らせる。「日本の俳句乃至狂句といふ詩の形式はかう云ふ情趣を美しいと見る術を教へた」（5, 196）のであり、「兎に角かういふ情趣の戯曲乃至其他の芸術は、確かにこの都会の昔の文明が生んだ一種の「真」には相違ない」（5, 196 – 197）のである。「個人主義」を追求しながら専制的な徳川時代の芸術を賛美する永井荷風の「論理上の矛盾」（5, 197）をいかに指摘したとしても、「とに角ああ云ふ情調が僕等の心の中に隠れて居る」（5, 198）こと、「感情は保守的なもの」（5, 198）であることは否定できない。こうして、論理的には、「趣味と云ふものも亦独立の存在権がある」（5, 197）ことを認めざるを得ない。

「河岸の夜」に描かれた日本橋の河岸付近は、江戸時代末期の平民的生活の情調が色濃く生きる場所であった。「河岸の夜」の発表された一九一一年（明治四四年）三月にはまさに、日本橋が石造りのルネッサンス式の近代的な橋として完成し、この界隈の近代化が進められていたにもかかわらず、杢太郎にとってのこの地域はもっぱら江戸趣味を視覚と聴覚において具現化する場所であったのである。現在に続く日本橋の建設が着工されたのは一九〇八年（明治四一年）であり、「河岸の夜」の次の描写は工事中の日本橋と並行して仮設された幅の狭い橋を示していると思われる。

旧い日本橋は材木で人目を堰かれて、可憐な小さい方の橋の上を定かに顔の見えないいろいろの人がゆく。殊に空車を牽いた車屋の提灯はひよつくりと青い水を後ろに浮び出して、その黄色い光が何とも云へず懐しい。キスラアと広重との交錯である。（5, 185－186）

日露戦争後の帝国の威信を具現する日本橋の大工事も、杢太郎にとっては広重のモチーフを援用したホイッスラーの「ノクターン－青と金、オールド・バターシー橋」と当の広重の浮世絵を想起させる美のなかにある。

次に、杢太郎が明治末の激しく変容する都会のなかから選択したものをより鮮明にするために、都会、とくに日本橋河岸付近の実際の変遷と他の論者の批評とを検討したい。

4　江戸橋・荒布橋付近
――描かれたもの・描かれなかったもの――

開化名所

杢太郎が初期の作品でその情調を描き出した場所は、日本橋から日本橋川の東側、江戸橋、荒布橋、小舟町、小網町付近である。日本橋川のこの付近は一九六四年（昭和三九年）以後首都高速道路に覆われ、また高潮護岸によって道路から川への視線も遮られてしまっている。しかし明治末期に杢太郎を魅了したこの地域は、さらに遡って明治の初期には、銀座煉瓦街などと並んで三代広重、二代国輝、芳虎、四代国政らによって、それに加えて中期には清親、安治などによって、数多くの錦絵や版画に描かれてきた「開化名所」や「東京名所」であった。

建築・橋梁の変遷

日本橋付近とその東側の日本橋川流域の景観を構成するおもな近代的な建築物や橋梁の建設を年表風にまとめると

次のようになる。

・一八七一年（明治四年）　郵便事業創設に伴い、四日市町（現中央区日本橋一丁目）に駅逓司と東京郵便役所設置。
・一八七二年（明治五年）　二代目清水喜助の設計により和洋折衷の三井組ハウスが竣工。翌一八七三年（明治六年）第一国立銀行に譲渡。
・一八七三年（明治六年）　日本橋、橋面が平坦な西洋式木造橋に架け替え。
・一八七四年（明治七年）　四日市町に駅逓寮完成。
・一八七五年（明治八年）　江戸橋、石造り橋に改架。
・一八七五年（明治八年）　海運橋（別名海賊橋）、石造り橋に改架。
・一八七六年（明治九年）－明治一四年（一八八一年）　清親「東京名所図」。
・一八七八年（明治一一年）　東京株式取引所（初代）、竣工。
・一八八〇年（明治一三年）　四日市町にレンガ造りの倉庫群（「三菱の七ツ蔵」）竣工。
・一八八五年（明治一八年）　楓川に兜橋竣工。
・一八八八年（明治二一年）　辰野金吾設計の渋沢栄一邸、第一国立銀行北側に完成。
・一八八八年（明治二一年）　鎧橋、鉄骨製トラス橋に改架。
・一八九一年（明治二四年）　西河岸橋（初代）完成、弓弦形ボウストリングトラス式鉄橋。
・一八九二年（明治二五年）　東京郵便電信局、駅逓寮跡地に竣工。
・一八九八年（明治三一年）　東京株式取引所（二代目）竣工。
・一九〇一年（明治三四年）　江戸橋、鉄橋へ改架。
・一九〇二年（明治三五年）　第一国立銀行（二代目）竣工。辰野金吾設計。

図5　東京逓信管理局編纂「東京市日本橋区全図」（部分）
1911年（明治44）10月発行

・一九一〇年（明治四三年）　西洋料理店「メイゾン鴻の巣」開店、鎧橋の小網町側橋詰付近。
・一九一一年（明治四四年）　日本橋、現在の石造二連アーチ橋に改架。
・一九一三年（大正二年）五月　杢太郎「小林清親が東京名所図会」。

図像資料

明治中期に「開化名所」として描かれたのは、石造りの江戸橋や荒布橋、四日市町の駅逓寮、三菱の七ツ蔵、渋沢邸、第一国立銀行、海運橋、鎧橋などであった。以下、図像資料から「開化名所」や「東京名所」として評価されたものがどのような景観であったかを確認しておきたい。

第一は、一九一一年（明治四四年）一〇月発行の東京逓信管理局編纂「東京市日本橋区全図」のうち当該地域を示すものである（**図5**）。西河岸橋、日本橋、江戸橋、鎧橋、兜橋、海運橋、荒布橋、思案橋などの位置がわかる。

第二は、一八九一年（明治二四年）に出版された勝山英三郎作の「東京　大日本名勝内　自荒布橋鎧橋之遠景」である

（図6）。荒布橋から南方向の眺望は、この地域を描く代表的な視角であり、右手の洋館が渋沢栄一邸、奥に鉄骨トラス橋の鎧橋、左手に小網町の白壁倉庫群が描かれている。

第三は、一九〇〇年（明治三三年）発行の『臨時増刊風俗画報第二百九号日本橋区之部巻之一　新撰東京名所図会』のうち「江戸橋附近の図」であり、荒布橋からやや南西方向の俯瞰的眺望である（図7）。江戸橋、荒布橋、兜橋、第一国立銀行、駅逓寮、三菱の七ツ蔵などが描かれている。

第四は、小林清親の『写生帖』に収録されている、第一国立銀行、石造りの江戸橋、駅逓寮のスケッチである（図8）。第三の「江戸橋附近の図」と比較して、清親の視点がリアルな高さにあることがわかる。この他「東京名所図絵」には、江戸橋から西方向の絵、鎧橋から北方向の絵が描かれている。

図6　勝山英三郎「東京　大日本名勝内　自荒布橋鎧橋之遠景」第十四号
1891年（明治24年）

図7　「江戸橋附近の図」
『新撰東京名所図会』（臨時増刊風俗画報第二百九号日本橋区之部巻之一）春陽堂、1900年（明治33年）

図8　小林清親による江戸橋南側のスケッチ
工芸学会麻布美術工芸館学芸課編『小林清親写生帖』工芸学会、1991年より

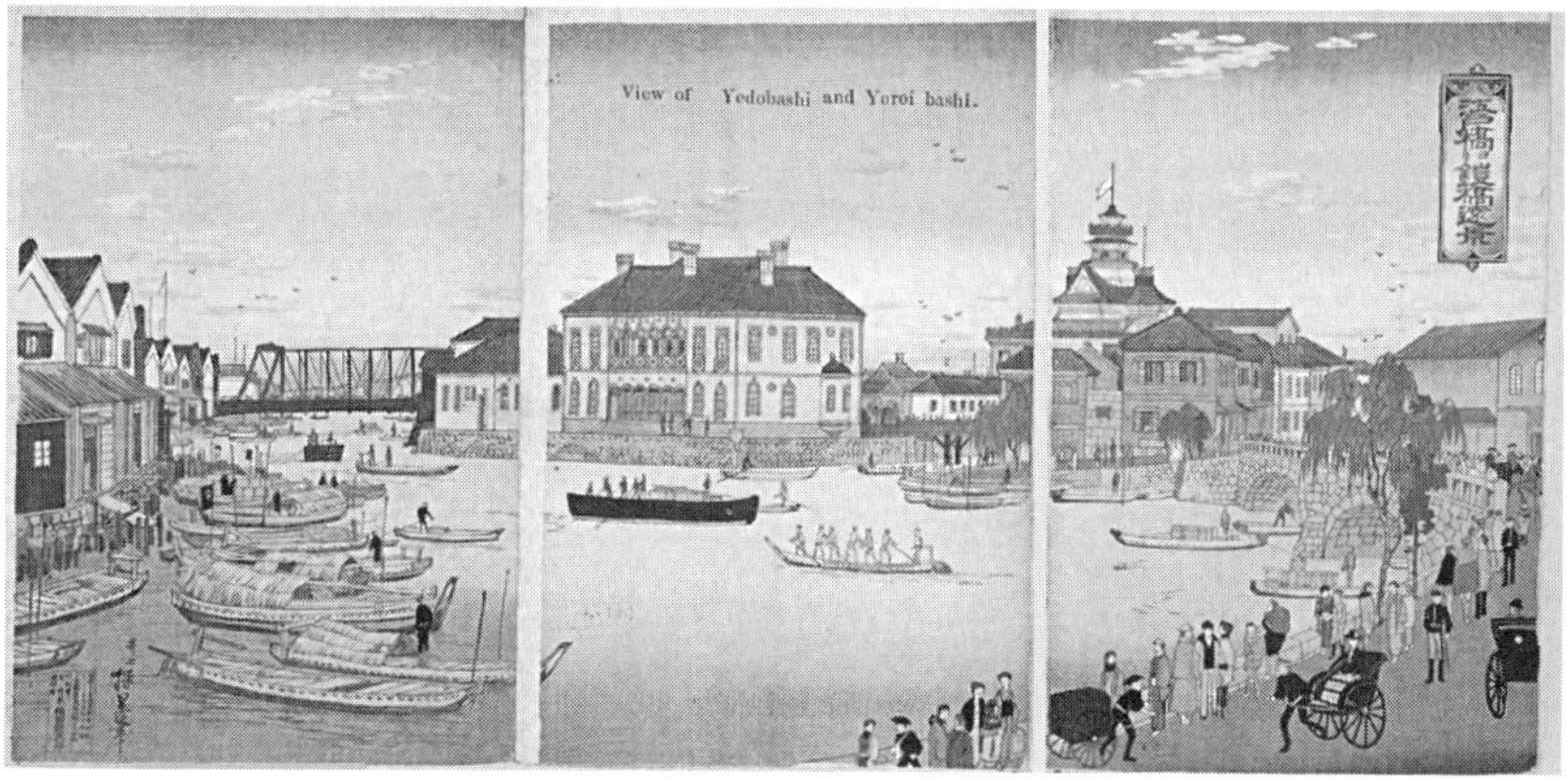

図9　井上探景「江戸橋ヨリ鎧橋遠景」
郵政博物館所蔵

図10　荒布橋側から鎧橋方向を臨む
小川一真撮影印刷『東京風景』小川写真製版所、1911年（明治44年）より

第五は、清親の弟子の井上安治（探景）による「江戸橋ヨリ鎧橋遠景」（制作年代不詳）である（図9）。荒布橋から南西・南・南東方向の眺望で、渋沢邸を中心として、この地域の特徴的な建築物すべてと、和船の繁華な往来が描き込まれている。

第六は、一九一一年（明治四四年）発行の小川一真撮影印刷『東京風景』に掲載されている写真である（図10）。本書では「両国の烟火」のタイトルで紹介されている二枚のうちの一枚なのだが、明らかに荒布橋付近から南方向の鎧橋を望んだ風景である。右手が渋沢邸、左手が小網町である。

この地域の景観の中心にあるのが一八八八年（明治二一年）末の完成した辰野金吾設計の渋沢栄一邸であるが、その外観と内部からの眺望は次のようなものであった。

まず外観について。

図11　西河岸橋を描いた未完成の絵
木下杢太郎画　伊東市立杢太郎記念館所蔵

此建築たるや、総て工学博士辰野金吾氏の計画にして、工事は一切清水満之助氏の受負なり、茲に其内外形容の概略を述んに、家屋の位置は兜橋畔に接して南に面し、総体煉化造の二層楼なり、先つ其外囲の有様を記さんに、稜角窓檐《りようかくそうたん》等は総て青石もて螺条花様抔の彫刻をなし、壁は淡黄色に塗り、正堂玄関は南に向て門に対し、西北は直ちに河水に臨み、西に半円形のベーウヰンドー突出し、北に七間余の釣場あり、此岸には石階を設けて舟を繋き昇降すへし、東の方は庖厨《ほうちゅう》にして、東南には厩及ひ奴僕の部屋、供待等迄備れり、又石柱鉄扉の表門は南の方道路に臨み此両柱に銅製異鳥の洋灯を掲け、鉄柵は西南に繞《しま》りて庭園を囲み、園中には奇石蟠《わだか》まり喬松《きょうしょう》聳へ、百日紅・鴨脚樹《いちょう》・柘榴・芭蕉・脩竹其他の草木位置面白く栽へ列ねたり(16)

次に内部から日本橋川方面の眺望

屋後は江戸橋・鎧橋の間を流るゝ川筋にして、荒布橋《あらめばし》・思案橋をも一目に望み、前岸には小網町の河岸蔵連らなり、近海に出入する高瀬・天間船は舳艫《じくろ》相銜《あいくくみ》て爰《ここ》に湊《あつ》まり、房総の地より魚河岸の問屋に向て溌剌たる新鮮を運搬する押切は朝暮競ふて窓下を過く、実に都下の目貫たる商業地は四囲を連続して一望の裡にあり(17)。

最後に、第七の図像資料として、木下杢太郎の未完成の絵を紹介しておく（**図11**）。日本橋南詰め西側からさらに西方向の「西河岸橋」を描いたものである。この橋は建設当時最新式の弓弦形ボウストリングトラス式の鉄橋であり、橋上を人力車が走っている。橋の奥には、帝国海上運送保険会社のビルが描かれている。

日本橋・江戸橋周辺の変容

この地域は、明治二〇年代にようやく開発が始まった丸ノ内地域に先行する近代ビジネスセンターだった。江戸期の伝統を引き継ぐ明治初期からの金融と流通の中枢であり、日本橋に象徴される陸上交通の要衝であるとともに、川と堀割とによって結ばれた水運ネットワークの中心地でもあった。そしてまたこのような重要な社会的機能をもったこのようなネットワークは、同時に、美的な感動をもたらす景観をも作り出していた。

例えば、大正初期の外国人向けの日本ガイドブックであった『テリーの日本帝国案内』の初版（一九一四年〔大正三年〕）では東京の運河は次のように紹介されている。

首都での多くの絵のように美しい場所のひとつに、運河のネットワークに沿った区域がある。古風で人形の家のような家々が立て込み、お互いが押し合っている。家々の中には、出窓の形をして張り出している後部のバルコニーを持っているものもある。バルコニーは木の杭の上に建てられ、腕木か受け材によって支えられ、飾り立てられ、花々やさえずる小鳥のカゴで満たされるときには、イタリアと南スペインの光景が明瞭に想起される。ほとんど絶え間なくこれらの潮の道に沿って行き来するてんま船、帆船と渡し船の動き、古い様式の太鼓橋が作り出す優美な影がより一層の魅力を加える(18)。

しかしながら、明治中期までの近代化の先端としての「開化名所」は、明治末期には丸ノ内との競合によって相対化されていた。一八九四年（明治二七年）三菱一号館の竣工に始まる丸ノ内の変容は、一九一一年（明治四四年）にはいわゆる「一丁ロンドン」と称されるビジネス街にまで充実したものになった（**図12**）。このような時期に、李太郎がこの日本橋地域に見出した価値は、近代化のダイナミズムの先進地域としてのものではなかった。すでに見たように「東京に於ける旧文明と新文明との過渡」を美的な幸福感のうちに感得することのできるまれな空間なのであった。

永井荷風もまたこの地域に高い美的価値を見出しているが、それも単純に近代化の先進地域としてではなかった。

> 運河の眺望は深川の小名木川辺に限らず、いずこにおいても隅田川の両岸に対するよりも一体にまとまった感興を起させる。〔…〕私はかかる風景の中日本橋を背にして江戸橋の上より菱形をなした広い水の片側には荒布橋つづいて思案橋、片側には鎧橋を見る眺望をば、その沿岸の商家倉庫及び街上橋頭の繁華雑沓と合せて、東京市内の堀割の中にて最も偉大なる壮観を呈する処となす。殊に歳暮の夜景の如き橋上を往来する車の灯は沿岸の灯火と相乱れて徹宵水の上に揺き動く有様銀座街頭の灯火より遥に美麗である。(19)

図12　馬場先門通り
小川一真撮影印刷『東京風景』小川写真製版所、1911年（明治44年）より

日本橋の意匠との対比

これらの図像資料と荷風に見られるような評価、「最も偉大なる壮観」という評価が思想として意味しているものを明確にするために、同時期に架け替えられた石造二連アーチ日本橋の意匠と比較してみたい（**図13**）。日本橋建設

図13　完成直後の現日本橋付近
小川一真撮影印刷『東京風景』小川写真製版所、1911年（明治44年）より

計画において橋の意匠を担当した妻木頼黄《つまきよりなか》（一八五九－一九一六）のデザイン提案は次のようなものであった。

> 今や東京市は着々市区改正の歩武を進め、家屋の形式も漸次洋風となり、若しくは和洋折衷となり、将に旧時の面白を一新せんとす。比時にあたり、ひとり橋梁のみ古撲の形態を存すべけんや。宜しくその規模を宏壮にし、その装飾を華麗にし、これを帝都の偉観となすべきと共に、江戸名所の一つとして、三百年来の歴史を有する古蹟を回顧せしむるの必要あり。此目的を達せんには、土木家と建築家と左提右携し、其強力の結果にまたざるべからざるなり。[20]

規模宏壮、装飾華麗とするとともに「江戸名所の一つ」とするとの趣旨もまた含まれているとはいえ、それは「三百年来の歴史を有する古蹟を回顧せしむるの必要」からという位置づけであり、決して民衆的な生活の記憶ではなかった。麒麟や獅子の像は「日本趣味」の表現ではあったとしても、それは権威の象徴としてであった。J・ハーバーマスの用語を使えば、新たな日本橋は帝国と東京市の威厳を具現化する「表象的公共性」（repräsentative Öffentlichkeit）[21]の一環として構想され、そこにおいては歴史性もまた「帝都の偉観」の現在性の一つの構成要素だったのである。

これに対して、荷風の場合、そしてまた杢太郎においても、この地域に対する美的な「感興」や「情調」は、一つひとつの建物や橋にではなく、菱形の水面を回る景観の一種の「まとまり」に由来している。江戸時代から並び立つ白壁土蔵倉、鉄製の橋、ベネチィア風の豪壮な洋館、石造りの橋、和洋折衷の建築物、赤レンガの倉庫群、一つひとつばらばらの様式と時代性をもったこれらの建築物が、和船と小型蒸気船が浮動する水面を囲んでいる、このような凝縮された不思議な空間、そしてその周囲の界隈もまた多かれ少なかれ、このような雑多な時代的要素の集積であった。このような雑居性が表象するものは、少なくとも何らかの大きな権威や権力ではあり得ず、水の上に映し出される平民的な日常生活世界の脈動であった。荷物を満載した小舟、荷揚げ労働者、郵便馬車の疾走、そして水面を飛び交う燕の群れなどなど、消費生活というよりもまずもって勤労の場であるような自然豊かな生活空間なのである。

5 「都会趣味・都会情調」の思想とその変容

「都会情調」

一九〇五年後半から一九〇六年の後半の河岸への強い関心は、一九一〇年前後の「都会情調・都会趣味」という芸術的な指向性へと組み上げられていく。平民的な日常生活への関心は都会趣味の他方の極、否応なく拡大するもう一つの極、つまり近代的なビジネスや消費生活・娯楽生活の拡大への関心ともつながり、伝統を色濃く残した静穏な日常と躍動する近代の領分との感覚的な対照はますます増大する強度を伴って捉えられていく。雑多な要素からなりつつも一つのまとまりを表現している河岸の景観は、いわば時代の全体像にまで広げられる。一九〇九年雑誌『屋上庭園』骨牌欄の次の言葉はこうした捉え方を表わしている。

僕等は官能に始終新鮮な刺戟を輿へて置きたい。とりわけ眼や耳や鼻ではさうだ。よく人は江戸が東京になり、東京が更に又日に増し俗悪蕪雑《ぶざつ》になると云ふが、電車、街灯、公園の噴水、市人の遊楽、其他いろいろ、東京でも極めて繁華な所で見られる諸々の形象は僕等には非常に面白い。（尚官能の方面許《ばか》りでなく、悟性にも、舶来の文明に反応する日本人の態度が面白い。）僕等の内的存在は、さういふものに対して一々反応する。さうして又心の反応を形に出して見たくも思ふ。或は僕等のさはがしい官能は僕等の当然なすべき真摯なる考察を妨げてゐるのかも知れん。兎に角然し、どこまでゆけるか、往ける所までやつて見よう。僕等はまだ若いんだから。
（7, 155）

図14　絵葉書「銀座通りの夜景」
1918年（大正７年）－1932年（昭和７年）頃

図15　絵葉書「隅田川竹屋ノ渡シ」
1907年（明治40年）－1917年（大正６年）頃

「不可思議国」

この頃の杢太郎の現代社会を捉えるキーワードは「不可思議国」であった。伝統的なものと近代的なものが、例えば過渡期といった継起的関係で捉えるのでなく、あえて並存関係、対照関係において捉えているところに特徴がある（図14、15）。一九一九年（大正八年）に一九一〇年頃を次のように回想している。

まだ日のあるうちから、まるで

八月の雑草の中の落花生の花のやうに、青い夕方の雰囲気の中にほのぼのと黄ろく光り出す永代橋の瓦斯灯にしても、また赤い斜日を浴びながら河岸通りを流して通る薬屋の歌にしても、凡て東京の――下町の色、音、響は、孰《いず》れも不可思議の情緒に染まつて居る。写生帖を携へて、中野の原や田端になんぞには向はずに、小網町、深川の河岸河岸を歩き廻つた、まだうら若かつた頃の作者には、紅い煉瓦の官庁や、ぴかぴか真鍮の光る銀行のかげに、歌沢や、新内の「悪の華」が、そんなにも萎れないで咲いてゐるのを見るのが、この上もない興味であつた。大学の教授たちが、黒のフロツクコオトで孔子誕生祭をする。紋付袴に山高しやつぽを被つたもある。そして戸の外は新内が流してゆく。予はこんな変てこな対照で混雑してゐる時代を、仮に「不可思議国」とは名付けた。無論軽蔑の意味なんぞは少しもないのである。（1, 9–10）

「市街を散歩する人の心持」（一九一〇年〔明治四三年〕一月）という随筆は、対照や矛盾、時代錯誤に満ちた現代都市東京を描いている。だが同時代の作家たち例えば永井荷風とさえ異なって、杢太郎はそうした混乱をまさに肯定的・楽観的に受容しようとしている。

「どうしたら今の日本に於て、自分等の一生のうちに、心から満足するやうな趣味の調和に会する事が出来るだらうか」との自問に、「自分はもう雲舟や、芭蕉や、寒林枯木や、寒山拾得で満足する事は出来ない。それかといつて西洋風の芸術はどうしても他人がましい。中村不折氏、橋本邦助氏等が新芸術、綱島梁川氏海老名弾正氏等が新宗教でもまだまだ満足は出来ぬ。して見ると今の世は渾然たる調和を望む事は到底不可能の時世である」（7, 178）と答えるなかに矛盾に耐えるとともに楽しむ感性が示されている。

調和せざる事象に、時代錯誤に、溝渠の上なる帆を張りたる軍艦に、洋館の側に起る納曾利の古曲に、煉瓦の壁の隣りなる格子戸の御神灯に、孔子の尊像の前に額づくフロツクコオトの博士等に――是等の不可思議なる光景に吾等の脳髄が感ずる驚駭《きょうがい》を以て自分等の趣味を満足して置かねばならぬ。／かう云ふ粗い対照なら東京の市街にいくらでも転つてゐる。(7, 179)

銀座通り、地蔵の縁日、自分の足場を一所懸命で探している「盲目の三味線弾」、銀碧の色に輝いている「煙草製造工場の屋根」、「高等女学校のスチユデント」の合唱、「河岸縁には鍋焼饂飩がぱたぱたやつてる」、レンガの壁の側の瓦斯灯には松葉の輪に「歌沢」とちゃんと書いてある、このようなばらばらの印象に面して、「自分は、一般どこの国へ来たんだい！　と怒号ってつてやりたくなつた」(7, 179)。こういう苛立ちも、しかし、「もつと世の中や自然から、美しい、面白いものを捜してきて楽しみたい」(7, 154–155) という方向へと回収されるのである[22]。

河岸を巡る庶民的な日常生活のまとまりを多層的に拡大した「不可思議国」という現代社会の捉え方は、伝統的なものと近代的なもの、日本的なものと西欧的なものとの矛盾と不調和に満ちた近代社会に対する驚愕と前向きの好奇心を表わしている。矛盾や不調和であったとしても忌避すべきものではなく、むしろ楽しむべきものなのである。近代社会は、平面的で一様で自明な社会ではありえない。非同時性、多層性、立体的な陰影に富んだ社会であるしかない。このような矛盾と不調和の感覚が歴史的時間に投影されたときに、特定の時代が「醗酵の時代」として浮かび上がってくる。

平民・庶民の発見

清親論で示された「発酵の時代」への一九一六年の杢太郎の関心は、一九一〇年頃の「不可思議国」への関心からの到達点だったと言える。「不可思議国」という捉え方が直観的だとすれば、「発酵の時代」という捉え方は、より普遍化された文化史的な思想と言える。日本文化史には漸次性を中断する飛躍の時期がある、静かな島国に外部から新たな文化が渡ってくることによって生ずる混乱の時期がある、この時期には、不調和と発酵同化という二つの契機がある、このような文化史的な問題の立て方への転換のなかで、李太郎が関心を寄せるのは、突出した英雄や国家の威信・先進産業の躍動の表現でなく、さらにまた都市に背を向けた田園や農村趣味でもなく、都市の「一般平民の内部に於ける醗酵の模様」(9, 70)、矛盾を受け入れつつ営まれる「平民的文化とその生活様式」(9, 71) であった。

柳田國男は近代都市の美観が都市住民の活気と結びついていることに注目している。

都市は永遠に爰に住み付かうといふ意気込の者が、多くなつて行くと共に活き〳〵として来た。一つ〳〵としては失敗であつた建築でも、それが集まつた所は又別に一種の情景を為して居る。或は片隅に倦み疲れたやうな古家が残り、もしくは歯の抜けたやうに空地が入り交り、それから見苦しいものを強ひて押し隠して、表ばかりを白々と塗り立てた偽善ぶりを、憎まうとする者も有るだらうが、同情ある者の眼には是も成長力の現れであり、且つ此上にもなほ上品なる趣向を、働かせ得べき余裕である。(23)

表面的な雑居性を享受しようとする「不可思議国」という捉え方から、清親論における自由で寛容な平民的文化の理解へと進展した李太郎の都市美の発見は、伝統を色濃く残しながらも近代化に邁進し始めた都市を庶民の生活の場として発見すること、言い換えれば「永遠に都市に住みつかうといふ意気込」をもった庶民の発見でもあった。

第四章　旅行ガイドブックのなかの「見るに値するもの」

――『公認東亜案内　日本篇』と『テリーの日本帝国案内』の一九一四年――

1　はじめに

イギリスの文学研究者イアン・ウーズビーは、近代のガイドブックの特徴を「非個人的」(impersonal) というキーワードで捉え、その特質を次のように分析している。

十九世紀の中頃から、外来者の注目に値するものに関する情報は体系化されて、マレー、ブラック、ベデカーといった総覧的で「非個人的な」ハンドブックが生まれた。／こうして土地は二重の意味で知られるようになった。土地はローカルな交通のためというより長距離交通用の道路によって貫通された。土地は旅行者自身の階級の趣味と見方を表現するガイドによって説明され解釈された。変化のこの二つの局面は地図作成の慣例の変化にただちに具体化された。〔…〕ある意味で、挿入された地図はツーリズムの勝利を体現している。つまり、その場所について知られるもの、あるいは知るに値するものはどこかへのルート上で見られ得るのである。(1)

ガイドブックそのものを旅行文化の観点から否定的に評価するか、肯定的に評価するかという問題は別にして、まずその国や都市ないし地域の全体の一般情報を記し、そのなかでルート(旅程)を設定し、このルートの一般情報に続いて周辺の名所を逐次説明していく、また主要地域については地図を挿入する、こういった編集形式をもつマレーやベデカーのガイドブックが、少なくとも道路網と鉄道網の成立という近代的条件のもとで生まれたことは確かである。このような限定的な意味においてさえ近代化の産物にほかならない旅行ガイドブックが、おもに「個人的な」形式と内容を色濃くもつ『道中記』の分厚い伝統をもつ日本でどのように成立したのであろうか。(2)

本章の目的は、近代の旅行文化の一つの構成要素として「旅行ガイドブック」が多様な形で生み出されたという社会文化現象に注目し、その戦前期の日本での鉄道省を軸とした発展を跡づけ、その発展を分析することを通して、旅行を支える情報の客観性と批評性の差異を明らかにすることである。その際、鉄道院・鉄道省およびジャパン・ツーリスト・ビューローが編集したガイドブックをおもな対象とするが、それは、ウーズビーの指摘するように近代のガイドブックが本質的に「非個人的」(impersonal)であり、したがって「平均的な旅行者」を対象としつつ行なわれる多かれ少なかれ計画的・組織的な協同作業の産物である点を重視するからである。(3)

以下、第一に、一九二七年(昭和二年)から刊行が開始され一九三六年(昭和一一年)に完結する『日本案内記』全八巻に至る経過を概観し、第二に、このような国内旅行向けのガイドブックの発展と、「外客誘致」という政策の一環として編集された外国人向けの英文日本ガイドブックとの関係を考え、第三に、鉄道院・鉄道省およびジャパン・ツーリスト・ビューローが作成した英文日本ガイドブックと、外国人自身が作成した日本ガイドブックとの差異に注目し、「訪れて、見るに値するもの」における「見せたいもの」と「見たいもの」との差異、およびこの差異から、「ガイドブック」の基本性格としての正確性・客観性、公平性、批評性の差異について考えたい。(4)

2 「内外案内記類展覧会」と『日本案内記』

「時間表」の公認化

情報と知の近代化という観点に立った場合、ガイドブックに先立って一つの方向を示したのは、当初は「旅行案内」と呼ばれ後には「時間表」と呼ばれる「時刻表」であった。一八九四年（明治二七年）に、手塚猛昌の経営する庚寅新誌社が日本最初の全国版時刻表である『汽車汽船旅行案内』を発行して以来、交通網の拡充にしたがい、交益社、博文館も時刻表を発行し、大正初期にはこの三社が激しく競争した。鉄道院の検閲業務が膨大なものとなり、その結果検閲担当者と出版社との好ましくない関係も生まれたという事情のもとで、運輸局長木下淑夫が三社を合同に導き、一九一四年（大正三年）「株式会社旅行案内社」を設立し、時刻表を一本化した。この結果生まれたのが『公認汽車汽船旅行案内』（図1）であり、「公認せられたる旅行案内は日本国中本旅行案内あるのみ」(5)と記されているように、「公認」という権威づけが、旅行に関する情報の近代化の有力な方向となった。「公認」は「理想的な旅行案内」(6)を目指すことと一体であった(7)。

図1 『公認汽車汽船旅行案内』（昭和4年5月）表紙

「内外案内記類展覧会」

では、旅行ガイドブックについて鉄道院がもった問題意識はどのようなものであったのだろうか。一九一二年（明治四五年）に鉄道院の外郭団体として設立されたジャパン・ツーリスト・ビューローは、一九一九年（大正八年）七月に「内外案内記類展覧会」を開催する。この会の模様を読売新聞は次のように伝えている。

東京駅構内ジャパン・ツーリスト・ビューロー社では旅行季節に入った昨今内外名勝旧蹟をあまねく紹介し旅行者の便に供し様と云う趣旨で東京駅出口の八角塔二階に内外旅行案内、名所案内、地図等を陳列して四日から六日まで展覧会を開いている、外国の分は各国別に案内記写真帳と云う様に纏めてあり、内地のは各県別にして地図とか案内記、写真帳、絵端書等あらゆるものを蒐めてある、古いものでは大庭景秋氏の蝦夷地全図壺の石とて安政二年時分のや、蝦夷路程便覧とか江見水蔭氏の日光の名所絵図、黒田富美子氏の京都一覧など面白いものがある、此の室に足を踏み入れると従来余り知られていない名勝も手に取る様に知れて旅行欲をそそり立てられる事夥しい。(8)

しかし、同展覧会についての『時事新報』の記事「千余部もあって当にならぬ旅行案内を改良　ツーリスト・ビユーローで展覧会」(9)からは、従来のガイドブックについてのもう少し立ち入った問題意識を読み取ることができる。それによれば従来のガイドブックの問題点は、第一に紀行文と客観的な情報との区別が曖昧であることである。現状の多くのガイドブックは、「現代離れのした漢文句調や、又は徒に美文許り並べて、旅行者に最も必要な経費、旅程等の詳細が兎角疎かにされて」いる。流行し始めていた日本アルプス登山についても登山家の紀行文しかなく、十和田湖の紀行文にも、宿泊や交通についての情報はなく、行ってみようとしても行き方がわからない(10)。

第二に指摘されている問題点は、広告との関係であり、「一番困るのは案内記を編む人が金で動いて当にならぬ者を出版し或は金を取る広告などの目的で許り編む為めに、情実一方で公平な批評、案内が出来ない」ことである。ベデカーは広告を原則的に掲載しないという方針をとったが、日本ではこのような方針をもった出版社はないということであろう。

また、数多くのガイドブックの著者である松川二郎も、「一般旅行案内書に対する信用が地に堕ちむことを、私は怖れる」という視点から、古い情報が更新されないまま掲載されていること、地名の読み間違い、無断転載などの問題点を、例をあげて指摘している(11)。

一方には、マレーやベデカーのようなヨーロッパでの先行例があり、他方には江戸時代以来の「道中記」などの豊富な伝統があるなかで、ガイドブックそのもののあり方が問われたわけである。日本の「ガイドブック」の現状は漢文調・美文調の紀行文がおもであり、このような旅行案内はしばしば情報として誤謬を含んでいたり、実際の旅行をガイドする情報として不十分であり、さらにまた、広告との区別が曖昧である場合も多い。このように、鉄道院とジャパン・ツーリスト・ビューローが、ガイドブックの刷新に取り組み始めた時期の問題意識は、情報の「客観性・正確性」と「公平性」に関わるものであった。

「現代離れのした漢文句調」という指摘は例えば次のような調子であろう。

> 日本橋は府の中央通り一町目と室町の間に架せる繁華橋　諸方道程茲に源す　橋の通りは大路にて、一に通とも称し家屋は土蔵造にて、鉄道馬車の敷設あり　尋常馬車や人力車轟々絶ゆる間もなく人行絡駅織るが如し、さて日本橋の以北にて最も名高き町名は、本町及大伝馬町　横山町にして、以上は則ち商軍の最も劇《はげ》しき中心たり、家屋は通と異りなく　駿河町に三井銀行あり、高楼美麗の建築たり　其対岸は四日市、郵船会社の倉庫在り　郵便本局電信局、発着の車馬絶ゆるなし　日本橋の北岸を、一に魚岸《うおがし》と通称し諸方の漁船聚《あつま》りて、朝市最も繁盛せり(12)

情報の量・客観性・正確性

しかし「内外案内記類展覧会」の問題意識に見たように、漢文調や美文からの脱却という文体の問題は、読みやすい文体の確立ということだけではなく、情報の客観性・正確性と表裏の関係にある。鉄道院はすでに一九一〇年（明治四三年）から、『鉄道院線沿道遊覧地案内』というガイドブックを発行しているが、口語体に代わるのは一九一四年（大正三年）からである。しかしより重要な変更が、一九二四年（大正一三年）八月発行の『鐵道旅行案内』から行なわれる。つまりこの版から、縦型から横型へと判型が変更され、鳥瞰図や名所図絵の挿入といった外見の大きな変更を伴いながら、何よりも情報量の格段の増加が図られている。同じ大正一三年版でありながら、七月発行のものと八月発行のものにおける東京中心部についての記述を比べてみたい。

七月発行の『大正十三年版　鐵道旅行案内』（鐵道旅行案内編纂所発行）の記述は、鉄道沿線の案内というこれまでの形式を踏襲し、運賃と駅周辺の名所とホテル・旅館の名称を列挙するというごく簡単なものである。

［・］東京

駅は丸の内に在る、付近には宮城の外、諸官省、大会社、大商店、大銀行が多くある、地方の人士が此処でおりるは京橋、日本橋、神田、麹町の一部に用たすに便である。他区へは駅内すぐ官線電車がある、駅前に市街電車があるから自在である、宮城、日本橋、魚河岸、日本橋通筋、白木屋呉服店、三越呉服店等を見るにも此処から降りるがよい、旅館は東京駅ホテル（駅内）〔…〕

［・］有楽町　東京駅より〇哩五分賃金（二等）十三銭（三等）六銭

駅は東京市麹町区有楽町に在る、汽車は止まらぬ電車駅である、東京横浜間には当時の如き電車丈けの駅がある、夫れは一々記す。附近には【市役所】、【日比谷大神宮】、【日比谷公園】、【帝国ホテル】、【宮城二重橋】、【帝国劇場】、【有楽座】、【京橋】、【銀座】、【大根河岸】、【歌舞伎座】等、近くの旅館は帝国ホテル（麹町区）〔…〕

〔…〕新橋　東京駅より一哩二分賃金（二等）十三銭（三等）六銭
駅は東京市芝区烏森町に在る。駅の裏手が烏森花柳界、近くに新橋花柳界がある附近で見るものは【新橋】、【浜離宮】、【虎の門金比羅】、【霞ケ関】、【愛宕山】等近くの旅館は吾妻屋（芝区）〔…〕[13]

これに比べて、情報量が格段に増えた八月発行のものでは、東京の記述は次のような震災復興の概観から始まる。

東京及其附近
東京市は日本本州の東部関東平野の中央武蔵国の東南海浜に臨み、太平洋沿岸の大内海たる東京湾の北に窮《きわま》る所に位置を占めて居る。江戸幕府三百年の繁華に加へて明治維新以来宮城厳として並虚に在り、翠松色濃き千代田城を包める街衢は古の武蔵野の一部を占め、東洋第一の大都会として、世界に其名を輝かして居たが、不幸大正十二年九月一日の大震火災の為め、神田、日本橋、京橋、芝、下谷、浅草及隅田川向ふの本所、深川、いはゆる下町方面は殆ど全焼し、山手方面の麹町、赤坂、本郷の一部も亦震火の害を被り、麻布、四谷、牛込、小石川の四区のみ稍々旧態を維持するのみで、今は上下協力帝都の復旧復興に努力しつゝある状勢である。人口も大正九年の国勢調査当時の二百十七万人が、大震後の十三年十一月現在は百五十二万九千人に減じたが、復興に伴うて漸次増加することは疑を容れぬところである。〔…〕震災以来市の繁華区は一時山手に移つ《っ》た観があり、牛込神楽坂通、最殷賑を極め、本郷大通、小石川白山上、四谷大通、赤坂、青山大通など之に亜ぎ、渋谷道玄坂附近など私に新浅草など唱へる程の賑ひを見せて居る。京橋の銀座通、日本橋の大通、人形町通、神田小川町通など、東京の目貫とも云ふべき大通は、バラック式の建築ながら文化的の色彩巷豊に復興の気運が盛である。下谷の広小路通、浅草雷門前も上野、浅草両公園の遊楽地を控へて震災前の繁栄に返らんとする有様である[14]

以下、①交通、官庁、学校、銀行・大企業、地理といった一般情報に続いて、②宮城、上野公園などの公園、明治神宮などの神社と寺院、歌舞伎座などの劇場について小見出しなしで記述し、さらに③「東京及付近遊覧暦」として月別の行事・祭礼・花の見所を紹介し、④主要産物と震災での被害についての情報を付記している。また吉田初三郎の鳥瞰図が多数挿入されていることがこの版の特徴であり、そのパノラマ的視角を生かすために版型は横長でなければならなかった。

『日本案内記』

このような試みと他のいくつかの試み[15]を経て、鉄道省旅客課は一九二六年（大正一五年）から、『日本案内記』の編集作業を開始し、一九二九年（昭和四年）に「東北篇」から順次刊行を開始し、一九三六年（昭和一一年）に「北海道篇」をもって完結した。この『日本案内記』刊行の経過は、日本交通公社の『五十年史』[16]では次のようにまとめられている。

種田氏が旅行文化の面で残した最も大きな業績は「日本案内記」の編纂という大事業の先鞭をつけたことであった。大正13年、一時門鉄局長として本庁を離れていた氏は、大正15年運輸局長として本庁に帰ると、直ちにこの大事業の立案を菊地旅客課長、井上万寿蔵事務官、谷口梨花嘱託の3人に命じた。案を練ること1年、翌昭和2年3月準備成って編纂に着手した。〔…〕／この計画は最初の案では全6巻でまとめることになっていたが、その後種田氏が局を去り後任の筧運輸局長時代に近畿編を上下2巻に分けることとなり、結局昭和4年に東北編を出版したのを皮切りに同5年関東編、同6年中部編、同7年近畿編の上、同8年近畿編の下、同9年中国・四国編、同10年九州編、同11年北海道編をもって全8巻全部を完成した。[17]

東京、神奈川、埼玉、群馬、栃木、茨城、千葉を扱った『日本案内記　関東篇』を例にとると、全体は「概説」と「案内篇」に区分され、「概説」には次のような項目が含まれている。

位置　区域／地形　地質／氣候／動植物　植物　動物／行政区画／風俗／方言／産業　農業　蚕業　牧畜業　水産業　林業　鉱業　工業／石器時代の遺蹟及遺物／上代の遺蹟及遺物／沿革及史蹟／神社／寺院　仏像及仏画／学術上の施設／名勝温泉及海水浴場／登山及スキー、スケート／交通／旅行日程案

最後の「旅行日程案」には、次の三三のルートが例示されている。

その日帰り遊覧地　三浦半島めぐり　箱根温泉めぐり　豆相温泉めぐり　大島行　南伊豆めぐり　身延詣で　三保、久能廻遊　奥多摩へ　富士登山　富士の裾野めぐり　大菩薩嶺登山　増富、昇仙峡めぐり　秩父連峯登山　浅間山登山　赤城山登山　伊香保行　上毛温泉めぐり　尾瀬招探勝及燧岳登山　日光見物　男體山登山　白根山登山　日光から奥上州へ　塩原温泉めぐり　塩原から鬼怒川渓谷へ　高原山登山　那須温泉めぐり　那須岳登山　水戸及三浜めぐり　香取鹿島めぐり　香取鹿島銚子めぐり　房総一周

また、「概説」にあたる一般情報は「案内篇」の「東京及近郊」にも付され、そこでは次のような項目があげられている。

年中行事　宮城及離宮　官公庁　兵営　大公使館　学校　図書館　銀行　信託会社　食料工場　新聞社　会館　倶楽部　署名のビルディング　公園　植物園　動物園　博物館　劇場　能舞台　活動常設館　寄席　百貨店　ホ

テル　旅館　日本料理店　西洋料理店　支那料理店　菓子　パン　果物　市内見物

これに続いて、東京市が八つの「方面」（一　丸ノ内及日本橋、京橋方面／二　芝、麻布、品川方面／三　麹町、赤坂、原宿方面／四　四谷、牛込、新宿方面／五　小石川、巣鴨方面／六　神田、本郷方面／七　下谷、浅草方面／八　本所、深川方面）に区分され、それぞれの名所、見所が解説される。

本文は、例えば次のような記述である。

【日本橋通】日本橋より京橋に至る延長約一粁の街路で、南は銀座通、北は室町通に連り、小売店街として賑ふ。百貨店には白木屋、高島屋、呉服店には西川、伴傳、書店には丸善などがある。

【銀座通】京橋から新橋まで延長約一粁の街路、明治五年頃洋風の商店を造栄してから漸次繁栄を増し、今は小売店街として市内目貫の地となつた。百貨店には松屋、松坂屋、時計店には天賞堂、服部、食料品店には明治屋、亀屋、文房具店には伊東屋、鳩居堂などがこゝにある。銀座通と云ふは慶長七年駿府からこゝに銀座を移し、銀を吹き貨幣を鋳造したのに起源し、その銀座は今の二丁目にあつたが寛政十二年蠣殻町へ移された(18)。

『日本案内記』は「日本全国の名勝・史跡・産業・経済・人情・風俗・地質その他各般の事項を旅行案内書式に収録しようとするもの(19)」とされているように、「概説」やそれに相当する部分がきわめて学術的に記述されていることが、『日本案内記』の形式面での最大の特徴となっている。

この「旅行案内書式」という形式が、マレーやベデカーを念頭に置いていることは明らかであろう。例えば、ベデカーの一八九〇年版イギリス案内では、概説（INTRODUCTION）部分は、一一項目（Ⅰ　貨幣　旅行費用　パスポート　税関　時刻／Ⅱ　イギリスへのルート、イギリスからのルート／Ⅲ　鉄道　馬車　蒸気船／Ⅳ　旅行計画徒歩での周遊／Ⅴ　ホテル／Ⅵ　スポーツと娯楽／Ⅶ　イギリス史の概略／Ⅷ　ウェールズとウェールズ語／Ⅸ　文献目録／イギリス建築の歴史的スケッチ／古代遺跡）で構成され、ルート別案内部分で例えばロンドンの場合は、以下の項目があらかじめ記載されている。

到着　鉄道駅　蒸気船　ホテル　レストラン　カフェ〔地下鉄（一八九七版で追加）〕〔テムズ蒸気船（一八九七版で追加）〕　辻馬車　乗合バス　路面軌道　大型馬車　劇場　音楽ホール　娯楽施設　絵画展示場　合衆国公使　婦人ガイド協会〔主要名所（一八九七版で追加）〕

鉄道院・鉄道省・ジャパン・ツーリスト・ビューローの旅行ガイドブック作成への取り組みは以上のような経過で発展した。この場合、漢文調やことさら美文を連ねる紀行文や広告との区別が曖昧な旅行記から離れて、正確な情報を「公認」として提供するという方向性は、「経費、旅程等の詳細」こそが「旅行者に最も必要な」情報であるとの認識につながっている。ジャパン・ツーリスト・ビューローは一九一九年（大正八年）より『旅程と費用概算』という実用性を前面に出したガイドブックを発行しており、また同年に刊行された谷口梨花著『汽車の窓から』に寄せた序で木下淑夫は現在の案内書は「其多くは旅行記を集めたものでなければ、一地方に限られたもので、消閑の耽読には好いが、旅行者実際の手引としては、誠に頼り少ない心地がする」[20]としている。この問題意識からマレーやベデカーの形式がモデルとされたのである。

しかし、このような実用本位的な認識と「公認」という形式が、社会文化現象としてのガイドブックに必然的に伴う「批評性」という問題を「美文調の紀行文」とともに、後景に押しやってしまう。だが「批評性」を完全に排除した純粋な情報というものは存在しないのだとしたら、それはどのような形をとったのだろうか。次に、日本で作成した英文の日本ガイドブックと外国人が作成した日本ガイドブックとの比較からこの点について考えたい。国内旅行ガイドブックについては、多様な試みがあり、例えば、森寅重・長井愛爾編著『興味を本位とした新鐵道旅行案内　本州西部九州の巻』は、「在来の無味乾燥な記録的なものや、徒に感傷的な字句を列ねて、その本体の曖昧模糊たる案内記」を批判し、「記憶に困難で興味の薄い数字的なものは、必要以外に努めてこれを省略[21]」するとしているが、実用本位的なものもまた批判の対象とされている場合もある。だが総合的な英文日本ガイドブックを作成する力をもっていたのは、公共的あるいは非営利的な組織だけであった。

3　『公認東亜案内』と『テリーの日本帝国案内』

英文日本ガイドブック

訪日外国人向けの英文ガイドブックを最初に作成した日本の非営利な組織は一八九三年（明治二六年）に設立された「喜賓会」であった。「我が国山河風光の秀、美術工芸の妙、夙に海外の称賛する所なり、万里来遊の紳士畝女は日に月に多きを加ふるも之を待遇する施設備わず、旅客をして失望せしむること砂《すく》なからざるを遺憾とし、同志深く之を慨し遠来の士女を歓待し行旅の快楽、観光の便利を享受せしめ、間接には彼我の交際を親密にし貿易の発達を助成する[22]」ことを目的としていた。この喜賓会が英文日本旅行案内書を出版したのは一九〇五年（明治三八年）であるが、数年前にすでに出版手前まで準備は行なわれていた。この遅延の理由は、「明治三十四年第一版英文日本案内作製の事となり上梓されたが、チエムバーレン及メーソン氏の抗議に由り未刊行に終つた[23]」からであるという興味深い事実によって説明されている。

「チエムバーレン及メーソン氏」とは、一八九一年にロンドンのマレー社から出版され以後一九一三年の第九版まで改訂され続けた『日本旅行者のためのハンドブック』（*A Handbook for Traveller in Japan*）[24]の第三版（一八九一年）以降の著者、B・H・チェンバレンとW・B・メイソンのことである。「喜賓会」の英文ガイドブック作成に対する彼らの「抗議」の詳細は不明であるが、チェンバレンが自らのガイドブックの作成に並々ならぬ力を注いだこと、ガイドブックの作成を「人生のもっとも大きな喜び」[25]と語っているが、他方では家計上の事情もあったこと、また、ガイドブックの海賊版に悩まされていたこと[26]、このような事情から、抗議のおもな理由は経済的なものであったと推測することができる。このような一種の外圧を受けるほど、ガイドブックは重要になっていたのである。

このチェンバレン・メイソンのガイドブックと並行して、第一次世界大戦が開始された一九一四年前後に、新たに三つの英文日本ガイドブック[27]が生み出される。第一は、ジャパン・ツーリスト・ビューローが発行した『日本ポケットガイド』（*Pocket Guide to JAPAN*）であり、第二は、鉄道院が約八年の歳月と莫大な費用をかけて綿密な調査に基づいて作成した『公認東亜案内――ヨーロッパとアジアの大陸横断連絡』全五巻（*An Official Guide to Eastern Asia : Trans-continental Connections between Europe and Asia*）[28]である。第三は、新聞通信員などの経歴をもつアメリカ人、T・P・テリー[29]が作成した『テリーの日本帝国案内』（*Terry's Guide to the Japanese Empire*）である。

『日本ポケットガイド』はジャパン・ツーリスト・ビューロー第一回理事会（一九一二年〔明治四五年〕五月二日）で正式に計画されたもので、幹事生野團六の方針、つまり「外客誘致、日本紹介の為に海外へ配るものと、内地へ来遊した外客の便宜に供する為にこちらで配るものと二種に分けて考へ、前者には一般的興味を盛ると共に必ず旅費、交通、所要時間其他を記し体裁なども充分考慮を加へる、後者は実用本位にして便利第一主義で行くといふ方針」[30]のもとで作成され改訂された。

『公認東亜案内』（*An Official Guide to Eastern Asia*）

『公認東亜案内』は、第一巻　満州・朝鮮（一九一三年）、第二巻　南西日本（一九一四年）、第三巻　北東日本（一九一四年）（**図2**）、第四巻　中国（一九一五年）、第五巻　東インド（一九一七年）からなり、鉄道院総裁時の後藤新平の業績[31]とも、鉄道院営業課長時代の木下淑夫の業績[32]とも説明されているが、鉄道院が組織的に作り上げたものであるこ

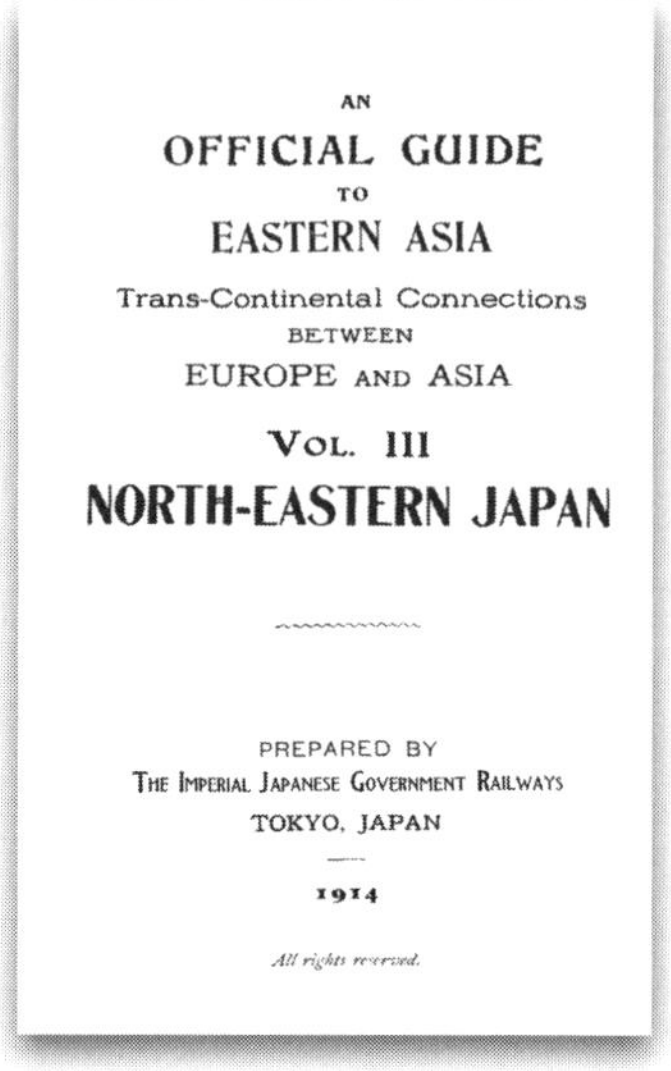

AN
OFFICIAL GUIDE
TO
EASTERN ASIA
Trans-Continental Connections
BETWEEN
EUROPE AND ASIA
VOL. III
NORTH-EASTERN JAPAN

PREPARED BY
THE IMPERIAL JAPANESE GOVERNMENT RAILWAYS
TOKYO, JAPAN

1914

図2　『公認東亜案内　第三巻　北東日本』1914年、扉

とは確かであり、対象地域が広大でデータが綿密であったために改訂は容易ではなく、一九三三年に日本の部分だけが一冊に圧縮され、『公認日本案内』（*An Official Guide To Japan*）として出版されることになる。(33)『公認東亜案内』の目的はただ観光という意味での「外客誘致」にとどまらず、貿易や投資を導入することにもあり、次のように述べられている。

この公認東亜案内の主要な目的は、ヨーロッパやアメリカからの旅行者が、旅先で出会う興味深い対象をより詳細に楽しみ、そして正当に評価することができるようになるための情報を提供することである。東亜という言葉には、満州、朝鮮、日本本土、中国本土、インドシナ、そして南洋諸島が含まれている。この東亜は、自然と人間の異なった姿、古来からの伝統と珍しい芸術を蓄えていることが魅力となって普通の旅行者を惹きつけているが、ビジネスマンと資本家にとっても、事業や投資に適した多くの新しい分野が開かれている。この種の訪問者にとっても、この本の提供する情報が貿易と産業に役立つことを期待している。(34)

　このような観光に限定しない観点から見れば、すでに存在したマレー版の日本案内は、まったく不十分と考えられ、「信頼性が高く、そして詳細なガイドブックが欠如していることが、多くの訪問者の後悔と不都合の源」であり、このような「長く感じられた必要を満たすであろうようなガイドブック」が必要だったのである。(35)しかも、編集形式をベデカーに準拠するのもこのような観点から必然だったと思われる。(36)また、第二巻序文では、欧米でのジャポニスムに照らし合わせて日本の特徴が端的に次のようにまとめられている。

日本はほとんど一世紀に亘って世界を強く魅了してきた。自然風景の美と芸術品（絵画、漆器、磁器、銅製品など）の美は広く称讃されてきた。優雅で魅惑的な多くの習慣、長い歴史と皇室の無比の系統、武士道、人々の愛国心と忠誠心、これらすべてが世界中の好奇心と関心の対象となっている。[37]

『テリーの日本帝国案内』

他方、『テリーの日本帝国案内』（図3）は、第一次世界大戦直前の世界的な交通網の整備を背景として増加した一般の観光客を対象とし、また二分冊となってしまった『公認東亜案内』日本篇との差異を意識しながら、作成されたものであることが、その序文にうかがえる。

今日多くの旅行者が毎年の旅行計画に日本（および一般に極東）を含めているので、この帝国とその植民地的占領地域についての信頼できる最新のガイドブックがすぐにも必要になってきた。この国ほどこうした本がなければ理解しがたい国はなく、またどの点においても、旅行者にとってこれほど魅惑的な関心を引く国もない。「大日本」は無類の永続的な魅力をもった国であるが、無数の珍しい習慣と意味深い陰影の付け方はしばしばあまりに覆い隠され繊細であるので、容易には理解できない。〔…〕本書の目

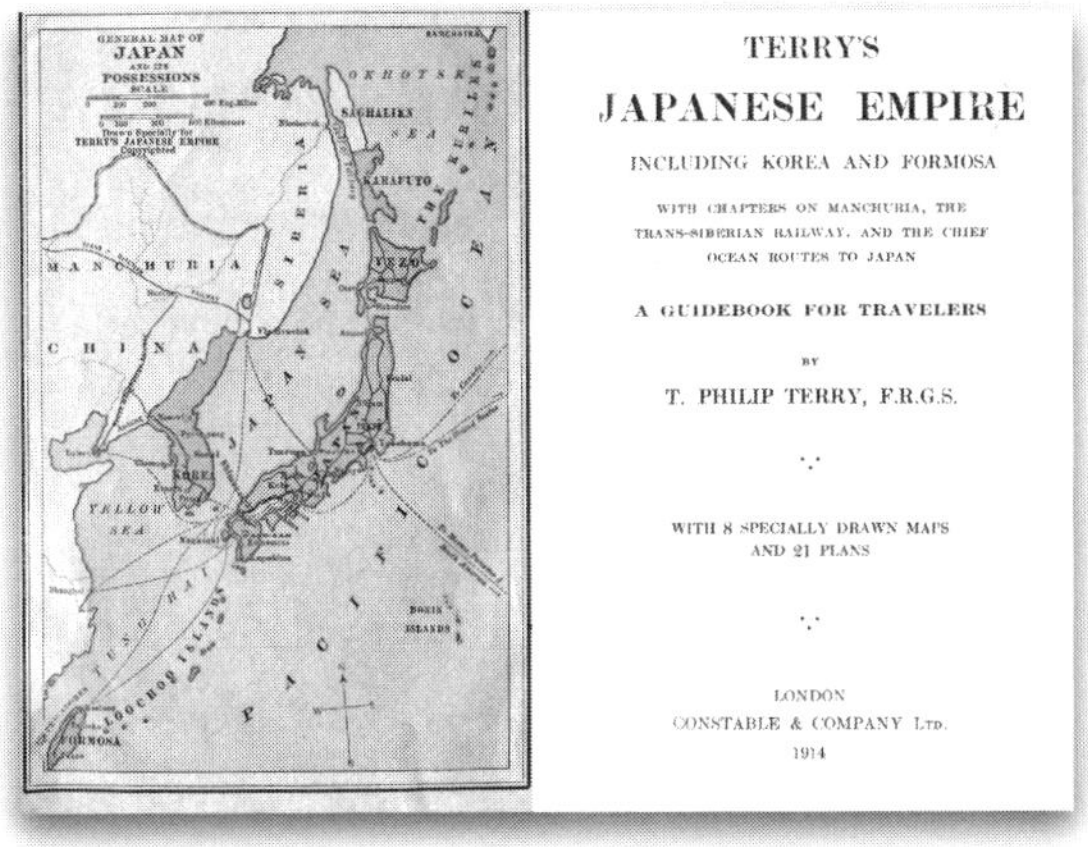

図3　『テリーの日本帝国案内』1914年版の扉

的は、二分冊でより高価な本よりも、持ち運びに便利なようにコンパクトな一冊で、日本とその人々についての実用的で有益な、偏向のない豊富な情報を提供することである。しかし簡潔さや正確さと両立させながら豊富な情報を可能な限り興味深いものにするために、素っ気なさ（bleakness）と退屈なくどさ（stodginess）は避けた。[38]

「素っ気なさと退屈なくどさは避けた」という表現はおそらく『公認東亜案内』を意識して自らのガイドブックの特徴を打ち出したものであろうが、この点については以下で比較してみたい。テリーのガイドブックは地図や交通経路の説明が不正確であるなどの弱点をもっているが、[39]一九一四年の初版以後、一九二〇年、一九二六年、一九二八年、一九三〇年、一九三三年に改訂版が出版されており、入手容易な英文日本ガイドブックとして読者を獲得し続けていた。[40]

4 「見るに値するもの」の差異

推奨場所の比較

このように性格のやや異なるガイドブックを比較するのは注意が必要であるが、まず取り上げられている項目自体に両者の視点の差異を見たい。両者ともマレーやベデカーという先行するガイドブックの編集形式を踏襲しており、とくに重要箇所はゴシック体で表記されている。さらに『テリーの日本帝国案内』ではベデカーにならって、重要な箇所はアスタリスクが付されている。**表1**は、テリーの第一版（一九一四年）、『公認東亜案内』第三巻（一九一四年）で、それぞれの東京についての記述のなかでゴシック体によって記されている箇所である。

『テリーの日本帝国案内』第一版は五八か所、『公認東亜案内』は一五四か所をゴシック体で表記している。テリーが取り上げている箇所は中心部に集中し、『公認東亜案内』は東京市全区を取り扱っている。また選択に特徴が見ら

表1　ゴシック体で表記された地名

テリー第1版 1914年（大正3年）	中央地域：日比谷公園　日本郵船会社　東京汽船会社　鉄道中央駅　銀座　日本橋　日本銀行　ロシア正教教会 宮城と近隣：＊宮城　九段坂　＊武器博物館（遊就館） 南西地域：在外事務所　＊大倉美術館　＊芝公園　＊芝霊廟　山門　霊廟　納骨堂　八角堂　塔　安国殿　弁天神社　慶応大学　四十七士の墓　＊日枝神社　清水谷公園 北東地域：小石川砲兵工廠　後楽園　護国寺　ラフカディオ・ハーンの墓　＊帝国大学　＊地質観測所　＊上野公園　時の鐘　銅製大仏　不忍池　＊帝国図書館　＊動物園　＊東京帝国博物館　徳川霊廟　東本願寺　＊浅草観音　吉原　隅田川　川向こうの東京　向島　亀戸　亀戸梅屋敷　堀切菖蒲園　回向院　築地　鉱物博物館　商業博物館　＊海軍博物館　西本願寺　東京湾　東京の郊外　目黒
『公認東亜案内 第3巻　北東日本』 1914年（大正3年）	麹町区：宮城　日比谷大神宮　帝国議会議事堂　参謀本部　英国大使館　靖国神社　遊就館　日枝神社、山王　平川天神　中央駅　帝国劇場 神田区：東京高等商業学校　神田川　駿河台　ロシア教会　小川町通り　八つ小路　青物市場　万世橋　神田明神　御岳神社 日本橋区：日本橋　主要通り　魚河岸　銀行街　本町通　十軒店　日本橋から京橋へ　水天宮　薬師　坂本公園　中州 京橋区：銀座　青物市場　浜離宮　歌舞伎座　農商務省　築地　佃島と月島　西本願寺 芝区：芝口通り　新橋　芝離宮　芝浦　芝神明　芝公園　増上寺　東照宮　塔　円山　弁天池　紅葉館と三縁亭　市　徳川将軍家墓所　有章院殿　文昭院殿　崇源院殿　台徳院殿　青松院　愛宕山公園　慈恵病院　天徳寺　金比羅　慶應義塾大学　泉岳寺　東宮御所　東善寺　伝染病研究所　瑞聖院 麻布区：善福寺　麻布御用邸　一本松　天文台 赤坂区：氷川神社　豊川稲荷　青山御所　赤坂離宮　青山練兵場　青山墓地　乃木大将邸　青山通り 四谷区：須賀神社　嵯峨寺 牛込区：神楽坂通り　築土神社　赤城神社　宗参寺　陸軍戸山学校　穴八幡　高田馬場　早稲田大学　市ヶ谷八幡　陸軍軍医学校　月桂寺　自証院 小石川区：東京砲兵工廠　後楽園　湯島天神　伝通院　金剛寺　東京帝国大学植物園　東京盲唖学校　白山神社　巣鴨精神病院　東京高等師範学校　護国寺　目白不動　江戸川　鶴亀の松　日本女子大学 本郷区：東京教育博物館　東京女子高等師範学校　御茶ノ水　霊雲寺　湯島天神　麟祥寺　切通　東京帝国大学　大学病院　第一高等学校　根津権現　吉祥寺 下谷区：上野広小路　上野公園　東京帝国博物館　東京帝国博物館の動物園　東照宮　不忍池　慰霊堂　寛永寺　上野駅　谷中　根岸　五行松　下谷神社 浅草区：浅草公園　待乳山　隅田川　駒形堂　東本願寺 本所区：両国橋　回向院　国技館　報恩寺　日本ビール醸造所　向島 深川区：新大橋　霊巌寺　永代橋　商船大学　深川公園　木場　州崎

れるのは、『公認東亜案内』が「東京盲唖学校」「東京女子高等師範学校」など近代化の象徴の一つとも言えるような教育施設を取り上げているのに対して、『テリーの日本帝国案内』では「大倉美術館」「ラフカディオ・ハーンの墓」そして「吉原」が取り上げられ、とくに「吉原」については多くのページが割かれている。(41)

ともに関東大震災と第二次大戦の戦災以前の東京の名所を示していて興味深いものがあるが、『公認東亜案内』は外国人に「見せたい東京」、『テリーの日本帝国案内』は外国人が「見たい東京」を表現していると言えるだろう。「見せたい」は同時に「見せたくない」を暗示しており、「見せたくない」ものは掲載以前に選択され排除され、掲載されること自体が「公認」されることを意味している。しかし、このような選択は公認された結果からは見えない。

『公認東亜案内』日本橋、京橋、銀座周辺

「見るに値するもの」についてのこの差異がいっそう明確になるのはその記述そのものにおいてである。日本橋、京橋、銀座周辺(図4)の記述を比較したい。まず『公認東亜案内』における説明の一部を見てみたい。

東京の先進的ビジネス街、この区は宮城の東部に位置し、麹町区、京橋区、神田区、浅草区と隣接し、「隅田川」を挟んで深川区と本所区に面している。この地域をいくつかの流れが、すなわち隅田川、神田川、運河といった流れが横切っており、運河は外濠と隅田川をつなぐために掘られたものである。自然のものであれ、人工のものであれ、すべての流れが物流と交通にとって非常に役立っている。日本橋区の広さは東西一・二マイル、南北一・三マイルであり、人口は一二万五二九二人であり、東京でもっとも人口密度の高い地域である。/「日本橋」はこの区の中心であるばかりでなく東京の中心であり、実際的には国全体の中心を形作っている。かつてと同じように、東京から帝国の主要場所への距離を測る起点となっている。この橋が初めて架けられたのは三〇〇年以上前であるが、そのときは、木造で長さ五六ヤードであった。四年の歳月と五一万一〇〇〇円を費やして一九一一

年に架け替えられ、御影石づくりで長さ五四ヤード幅三〇ヤードになった〔…〕／「東京のビリングズゲート」、つまり「魚河岸」は、橋を北に向かって渡ってちょうど右側に位置している。一七世紀初めに設けられた市場で、毎朝活気ある光景を見せている。〔…〕／日本銀行の反対側には、古風な（old-fashioned）漆喰と木造のビルがあり、横浜正金銀行の東京支店が入っている。(42)

図4　「銀座街道」
小川一真撮影印刷『東京風景』小川写真製版所、1911年（明治44年）より

再び戻って日本橋から南に進めば、最初の四つの街区のなかにもっとも繁栄した区域の一つがある。もっとも繁栄しているとは言えないにしても、東京ではそうである。街路改善事業によって、外観が変わり、今日では、西洋スタイルのビルと古風な（old-fashioned）漆喰と木造のビルが混在している。もっとも新しい第一歩は、アスファルトと木のブロックを使って道路が作り直されたことに見られる。この革新は、橋の北と南の数街区での実験に応用されている。(43)

京橋の目立った特徴は、銀座と呼ばれる中心的な広い道を含むことであり、この通りにはレンガ造りのビルが建ち並んでいるが、それは火災の発生の頻度を減らすために、前天皇の統治期に政府の命令によって強制的に建設されたものである。また、この区の特徴は、朝日、時事、国民、万報、やまと、中央、'Japan Advertiser'、'Far East'など、東京における指導的な新聞社のオフィスがほとんどすべてであること、霊岸島と新堀に「酒」の卸店があること、八丁堀と中町に古着商があること、「築地」にかつて外国人居留地があったことである。／「銀座」は京橋と芝の境界である新橋から延び、北は京橋まで続き、東京の主要街路の一部を形成している。その長さはおよそ半マイルである。両側にレンガ造りのビルが並ぶモデル・ストリートとして再構築され、通りは歩道と車道から成り、歩道はレンガか敷石で舗装され縁には柳が植えられている。しかし、モデル・ストリートとしての銀座の名声は、日本橋と他の場所の主要地区の再構築によって近年では低くなっている。(44)

『公認東亜案内』が、地理的位置と歴史的な経緯の説明を重視し、「評価」や「批評」をできるだけ避けていることは明らかであるが、「魚河岸」の活気についての記述と西洋スタイルでない日本式の漆喰と木で建てられた大きな建物を「古風な」(old-fashioned)と形容していること、さらに「モデル・ストリートとしての銀座」の地位が低下しているという指摘、こうしたところにかろうじて「評価」が表われている。

『テリーの日本帝国案内』日本橋、京橋、銀座周辺

これに対して、『テリーの日本帝国案内』における銀座や日本橋の描写は、「素っ気なさを避ける」という方針通り饒舌ではあるが紀行文に近いものとして理解できる。長くなるがその描写の一部を紹介したい。(45)テリーはまず、東京が安全で、乱暴な振る舞いもほとんど見られず、狭い都市で密集して生活しているにもかかわらず、巨大な群集が礼儀正しい間柄を保っていることは「西洋人にはいつも驚き(46)」であることを指摘したのち、運河のネットワーク周辺の絵のような美しさを描きながらも、悪臭と裸体についての寛容さを「文化的な東京からは排除されるべき中世的な習慣(47)」とする。まず東京の水運の概況について。

六三本の主要な運河と多数の支流は川から内部にまで達しているので、かなり大きな帆船でも荷物を東京の多くの倉庫の入り口まで運ぶことができる。ありとあらゆる品物がこの水の小道から運び込まれ、運び出されている。

図5　絵葉書「帝都名所　隅田川枕橋付近」（部分）
1918年（大正7年）－1932年（昭和7年）頃

市のほとんどのゴミも運河から海へと流れ出て行き、魚とその他の市場への供給物も運び込まれる。市の記録によれば、帆船二八三九艘、手漕ぎ船二一三五艘、蒸気船二七八隻、ヨーロッパ式帆船九六隻、貨物船二七隻、定期的に二二の渡し場の間を往復する渡し船五四艘、これらが、隅田川とそれに合流する運河の上を行き来している。[48]（図5）

次に京橋区と日本橋区の運河（図6）は次のように紹介される。

首都での多くの絵のように美しい場所の一つに、運河のネットワークに沿った区域がある。古風で人形の家のような家々が立て込み、お互いが押し合っている。家々のなかには、出窓の形をして張り出している後部のバルコニーをもっているものもある。バルコニーは木の杭の上に建てられ、腕木か受け材によって支えられ、飾り立てられ、花々やさえずる小鳥のカゴで満たされるときには、イタリアと南スペインの光景が明瞭に想起される。ほとんど絶え間なくこれらの潮の道に沿って行き来するてんま船、帆船と渡し船の動き、古い様式の太鼓橋が作り出す優美な影がよりいっそうの魅力を加える。[49]

東京あるいは日本の他の都市の運河生活は、外国人には常にカラフルで絵のように美しいのは、ある意味で海洋国である日本が多くの古い伝統と様式を育んできたからである。いくらかの船は、時を経た古いものに見え、二〇世

図6　「東京四日市河岸」
小川一真『日本風景風俗写真帖』小川写真製版所、1910年（明治43年）より

紀というより一六世紀を連想させる。ある種の臭いもまた、封建制の時期から生き残って、遙かな古代から伝えられたものとして、外国人に衝撃を与える。(50)

さらにテリーは銀座を南から北に歩く。銀座のレンガ街の由来を説明した後、「古いもの」と「新しいもの」が渦巻く銀座の喧噪を描く。

南西部から北東部へと大都会を横切るもっとも大きい商業的幹線として、銀座はその延長部分とともに、日本のもっとも非排他的な地域である。コスモポリタニズムである点で他のどの街路をも上回りながら、またオールド・ジャパンのもっとも分かりやすい縮図でもある。路面電車の二重の線路の律動が中央部分を通り、その騒音に、多くの人力車、手押し車、蒸気釜、自転車、自動車がつけ加わり、公務の乗物の前では、叫びながら従者が走り、忙しい庶民の群れを追い立てる。今はちょうど移行期にあり、商店の大部分はこの国のスタイルか外国のスタイルで、あらゆるもの、蒸気機関から海草まで、自動車から養殖真珠までの売り物を陳列している。数は少ないが立派な商店もあり、代表的な品々と魅力的なウィンドウ・ディスプレイを備え、その中には日本の優れた芸術もある。正面の板ガラスのいくつかは、飾り立てられたヤンキー的雑貨か安っぽいオロイド宝石、パリのコルセットやニュー・イングランドの時計で満たされ、それらは純朴な田舎者を遠慮なく驚嘆させている。[51]

万華鏡のような群集は夕暮れから夜遅くまで銀座に沿って絶えず揺れ動く。〔…〕陽気で、色彩に富み、純真で、ほどよく、容易に楽しめる群集は、かわいらしく頭を剃って明るく着飾った子供たちを連れて、一杯に散らばっている。奇妙ではあるが、新しいものと古いものとの魅力的な混じり合いである。多彩な提灯、無数のはためく表意文字の幟、そして商店の看板の群は、それらが広告している品々と同じように芸術的に満足させるもので、すべてが全般的な活気に貢献している。多くの日本人はまだ、古い体制とともに歩み、封建時代の習慣が急速に消え去っていくことに実直に従っている。[52]（図7、8）

図7　絵葉書「明治神宮鎮座祭当日の銀座通」
1920年（大正9年）11月2日

『公認東亜案内』が「古風な」と形容した建物は、ここでは「古い日本」ないし本来のものとみなされ、「新しい」ものは「西洋的」と同じことであり、「モデル・ストリートしての名声の低下」は「移行期」の「コスモポリタニズム」的現象として理解されている。しかし、雑多な建物が作り出す街並みについては厳しく遠慮がない。

「銀座」とその延長部に面しているどこか不細工な建物は、外国的なものとこの通りを長い間特徴づけてきた低い小さな建物より良いもの

図8　「銀座通りの歳晩」（部分）
北川由之助編『時事写真　大正３年（自大正２年５月至大正３年４月）之巻』毎日通信社出版部、1914年（大正３年）、139頁

を作り出そうとする真面目な奮闘を、純粋に表現している。ここでは、外国のスタイルについての日本人の考え方が、奇怪な形で表現されている。建物の外見は、密集して建っている不安定な建物に見合ったものであり、より地味な環境の控えめな小さい場所に被さるように横柄に聳え立っている。ニューヨークのブロードウェイとほとんど同じような不規則性がある。威厳のない大きさ、すべての品位と単純さからかけ離れた個性、似つかわしさと節度よりも利便性、これらが構造的なこのごたまぜの目立った特徴である。「銀座」は東京の「目抜き通り」とみなされているが、現在それがはっきりと見せているのは、日本人が彼ら自身のユニークで先験的な美術からの精神的な警告に背き、外のものから軽率に借りてきて、外国人から見て彼らがやましく思っているとは信じられないような違反を犯していることある。[53]

「倒れそうに肩を寄せ合って雨に打たれている封建時代の遺蹟」のような建物、「看板建築」と称されることもある「ファサードが取り付けられて中世的な胴体を覆い隠している」[54]建物、正面をけばけばしい色のタイルで被った家、これらが「意地悪く攻撃的な」個性を主張し、全体の調和を壊している。しかし、こうした街並みの不調和に対して、銀座に集まる人びとの衣装と振る舞いは「万華鏡のような全体」[55]の単位であり、とても魅力的である。とくに夕暮れからの銀座には、幕末・明治初期に日本を訪れた西洋人がしばしば使った表現にならえば、「妖精の国」が出現する。

夕暮れから、銀座は都市のなかでのもっとも絵のように美しい地域に変貌する。ある祝祭の期間（通常、各月の七日、一八日、二九日）は、巡回している露天商人が歩道の外側の縁に沿って店を構え、彼らが売っている古いブロンズ、木版画、雑多な骨董品、古本、多数の甘いもの、食べ物、小間物は、ギラギラ輝くトーチや繊細に装飾された紙のランタンの照明によって、とても魅惑的な展示になっている。暗さが幸いして雑種的な建物のアウトラインが穏やかになり、数千もの舞い飛ぶ蛍のような光とともに、日本が再び妖精のような魅力をもつ自己を主張している。(56)

京橋の骨董店が並ぶ裏通りとそこでの生活には「本当のニッポンの趣」がまだ残っている。

極東のなかではもっとも大きなこの首都の密集しているわき道に沿って、古い江戸がときおり自己主張し、色彩の調和と絵のような美しさをもった過ぎ去った日々の快活な生活が脈打っている。これらの通りのいくつかは、本当のニッポンの趣がまだ残され、それは順応性のない西洋の一様性の心のこもっていない抱擁によって損なわれていない。仏教と神道の信条の丁重な教えに由来する信頼と精神的な平穏と快活さに染め上げられて、隣接した街路の性急で心を騒がせる激しさを忘れてしまったかのように、ここの多くの住民は昔の生活の主旋律を続け、古くかつ保ち続けてきた伝統のシンボルに囲まれて、彼ら本来の単純さを保って彼らの先祖の生活を生きている。(57)

これに対して、日本橋周辺は、商業活動の頂点であり、街並みの不調和は銀座と同じだが、街の活気と運河の賑やかさがそれを相殺している。「「日本橋」は日本中のあらゆる階級の人びとによって知られており、天皇自身の姿と同じように帝国の姿そのものである。どの都市や町も日本橋の少なくともコピーかミニチュアをもっている」(58)。日本橋と江戸橋のあいだには、塩漬けされた魚の倉庫が建ち並び、「高く評価されている太平洋鮭（Oncorhynchus）（このために北日本は繁栄している）の最大の流通拠点[59]」である。

日本橋を越えれば街路はゆるやかに左に曲がり、両側の新しい商業用の建物が立ち並ぶなかを通り、近隣の充実した繁栄がより保たれている。多分、これらの建物のなかでもっともモダンなものは、大きな「三越百貨店」であり、これは一九一四年に完成し、新しい東京が何であるべきかを表現している。後の駿河町には巨大なオフィスビルがあり、富と権力をもった「三井物産会社」の東京本店が入っている。この会社は、船、炭坑、造船所、不動産など多数のものを扱っている。三越のすぐ後には「横浜正金銀行」の東京支店があり、その向かいには国立の日本銀行つまり「Bank of Japan」があり、そこに帝国の富が蓄えられている。実際に、この銀行と日本との関係は、イングランド銀行とグレートブリテンとの関係と同じである。銀行に隣接する一帯の裕福な所有者は、ここを西洋の路線に沿ったモデル地区にしようとしており、東京のその他の地区に何をなすべきかを示している[60]。（図9）

図9　絵葉書「日本銀行遠景」
1907年（明治40年）－1917年（大正6年）頃

ガイドブックと「批評性」

『公認東亜案内』は、「日本のベデカー」あるいは「ベデカーを凌駕する」と欧米の新聞雑誌で評価された[61]ほど、装幀、印刷、用紙、地図、写真、挿画などの点で、出版物としての完成度が高い。しかし、内容については、「余りに叙事に忠実なりし結果がうるおいのないのが物足らない」、「モッと多方面から材料を蒐め、鉄道沿線以外の場所も広く網羅し、特に我が国独特の事物に就いては専門家に依頼し趣味ある且つ正確なる叙述を以てしたら一層立派なものが出来ると思う(62)」といった一般の感想もあったのである。

事実の記述に終始し「うるおい」や「趣味」が欠けているという印象は、いわゆるお役所仕事の限界というよりも、「見せたいもの」を「見るに値するもの」と無媒介に同一視し、「公認」という形でその正確性と客観性を担保するという、旅行ガイドブックの混乱したあり方に対する鉄道院・省の回答の帰結なのである。「批評性」は、漢文的美文的紀行文とともに、押し流されてしまったのである。

「パノラマ的知覚」とガイドブック

「鉄道」という移動手段が政治的、経済的な変動要因であるにとどまらず、感性を含む文化的な変動の要因でもあり、したがって鉄道もまた一つの「メディア」であるという見方を、M・マクルーハンはかつて提示したことがある。

鉄道は移動とか輸送とか車輪とか線路とかを人間の社会に導入したのではない。それ以前の人間の機能のスケールを加速拡大し、その結果まったく新しい種類の都市や新しい種類の労働や余暇を生み出したのである。このことは、鉄道の通ずるようになったのが熱帯地方であれ北方地方であれ、また、鉄道というメディアの荷物（すなわち、内容）と無関係に、生じた(63)。

このような「メディア理論」的な発想の系譜とは直接結びつかないにしても、シヴェルブシュもまた、鉄道という交通手段が、社会文化現象の変動の直接的な要因となったことを、とくに旅行観、風景観の変化において明らかにしている。シヴェルブシュは、鉄道という新しい交通体系に不適応を示す伝統的な知覚と同時に、それを「全幅に受け入れる知覚(64)」が発達することに着目して、新しい態度を「パノラマ的(65)」知覚と特徴づける。前景の消失、立体感覚の消失、その結果、「鉄道の速度は、以前は旅人がその一部であった空間から、旅人を分つのである。旅人が抜けてしまった空間は、旅人の目にはタブローになる（または、速度により視界が絶えず変わるので、絵巻物またはシーンの連続となる）。ラスキン流の伝統的な目とは異なり、パノラマ的にものを見る目は、知覚される対象ともはや同一空間に属していない(66)」。

「パノラマ的知覚」が「知覚される対象ともはや同一空間に属していない」とすれば、それは（シヴェルブシュの言うように）孤独な読書空間の成立という帰結(67)とともに、地理的・鳥瞰的視角の一般化という帰結をもたらすはずである。「知覚される対象ともはや同一空間に属していない」一般の旅行者にとって、この同一性を知的に回復する媒介となるのが、「ガイド」であり、「ガイドブック」なのではないだろうか。

旅行が一般に、帰属する場所からの一時的分離と別の場所との一時的結合という二つの側面をもつとすれば、鉄道は一時的に訪問することが可能な場所を一挙に拡大したが、それは個々の場所を鳥瞰する視角を開くことになったのであり、同時に、道路や鉄道の沿線を軸に空間を再編することが可能になる。さらに、このような社会的前提のもとで、特定の国や地域の概観とルート設定を軸とするマレーやベデカーの編集形式が可能となる。この社会的前提のうえで、文化的行為としての旅行の内容が多彩に展開されるのだとしたら、批評や評価に踏み込まない自己制限は、一種の機能的で合理的な指向だとも言える。しかし、ガイドブックそのもののなかで批評と評価が明示されないならば、それは事前に非公開に行なわれるしかない。こうして日本でのガイドブックにおける実用性、機能性の追求は、「見るに値するもの」への問いを避けることを意味し、これによって公認ガイドブックと紀行文との裂け目は拡大せざるを得なかった。

第五章　「趣味の旅行」と「モダン・ライフ」
――旅行論の展開――

1　はじめに

現代の旅行文化の発展を、D・ブーアスティンは、能動的で危険をはらんだ濃密な経験を求める「旅行者」(traveler) から受動的で日常生活的な快適環境において人為的に作り出されたアトラクションを楽しむといった希薄な経験で満足する「観光客」(tourist) へという旅行者類型の変動として次のように説明した。

旅行の便宜が増大し、改善され、安価になるにつれて、ますます多くの人が遠くへ旅行するようになった。しかし目的地へ行くまでの経験、そこでの滞在の経験、そしてそこから持ち帰って来るものは、昔とはまったく異なってしまった。経験は稀薄化され、仕掛けられたものになってしまった。(1)

こうした説明の枠組みは旅行者数の増加といった社会現象に着目しているだけでなく、「能動的なエリート旅行者から受動的な大衆観光客へ」という社会階層上の変動、さらにまた、この変動を「旅行術の喪失」(the lost art of travel) や退歩として評価する価値的な判断をも伴っている。

こうした旅行文化の変化についての批評をエリート主義的なものとして退けることもできるし、またこれらを旅行経験と旅行類型の研究の一つとして位置づけて、それを踏まえて新たな旅行経験と旅行類型研究の展開を目指す試みもあるが[2]、少なくともかつての旅を優れたものとし、現代の観光を劣ったものと評価する批評は社会文化現象の分析としては不十分であることは明らかであろう。「退歩」であるものが多くの人を惹きつける力をもつはずもなく、旅行文化の普及は旅行文化の退歩や旅行経験の希薄化として旅行者自身に意識されたわけでもないはずであって、まずは旅行者自身の視点に即した希望や期待の内容を分析することが重要であろう。

本章の目的は、近代の旅行文化の発展についての旅行者と旅行文化からの視角を開くために、大正時代から昭和前期にかけての時期に「旅行者」という主体がどのように理解され、大衆化した旅行にどのような意味や文化的可能性が見出されたのかを考えることである。そのために、「趣味の旅行」という言葉に着目し、大正時代から昭和前期にかけての時期における旅行の多様化と大衆化の実態を概観し(2)、旅行の効能や社会的機能についてのおもに雑誌『旅』に掲載された小論と家族旅行の普及を整理する(3(1)、(2))。知識人たちが展開した旅行論の典型として、古都奈良への和辻哲郎の旅行と、それに対する亀井勝一郎と保田與重郎の批判をとりあげる(4(1))。また大衆的な観光旅行に対する柳田國男の両義的な問題意識をとりあげ、全体として大衆化した旅行が文化として持っている矛盾と相異なる可能性について考える(4(2))。最後に、旅行を一種のユートピア経験と位置づけた三木清の旅行論をとりあげた後、権《ごん》田《だ》保《やす》之助《のすけ》による「厚生運動」としての位置づけの試みが「趣味の旅行」の終焉を示していることを見る(5)。

2　「趣味の旅行」と旅行の多様化

シベリア鉄道経由で新橋とパリを一六日で結ぶ「欧亜連絡鉄道線路」の開通（一九一三年〔大正二年〕）に象徴されるように、国鉄は「大正末期から昭和十年に至る殷賑」に至り、「東洋の天地では比肩するものなき近代的大鉄道として発達した」[3]（**図1**）。一九二四年（大正一三年）には、大正期の登山ブームを背景とした日本旅行文化協会（一九二六年〔大正一五年〕日本旅行協会に名称変更）が設立され、雑誌『旅』や時刻表、各種ガイドブックなどの出版物によって旅行情報が整備された。また一九一二年（明治四五年）に外客誘致を目的として設立されたジャパン・ツーリスト・ビューローは、一九二七年（昭和二年）に任意法人から公益社団法人へと性格を変え、切符の代売りなど国内旅行斡旋の分野にも事業を拡大した。一九二九年（昭和四年）には温泉の保護と開発を主旨とした日本温泉協会[4]が設立され、一九三四年（昭和九年）にはジャパン・ツーリスト・ビューローと日本旅行協会が統合して、総合的な旅行斡旋機関が誕生することになる。また一九三六年（昭和一一年）各地の観光協会、保勝会などを土台として観光連盟が結成された。さらに観光資源保護の点では、一九一九年（大正八年）に史蹟名勝天然記念物保存法が公布され、史蹟や名勝や天然記念物の保存の取り組みが進み、一九三四年（昭和九年）から一九三六年（昭和一一年）には、アメリカの国立公園をモデルとして、阿寒、大雪山、十和田、日光、富士箱根、中部山岳、吉野熊野、大山、瀬戸内海、阿蘇、雲仙、霧島の一二か所が国立公園として指定され、

図1　国際化した鉄道網を背景としたモダン・ライフの旅行イメージ
『ジャパン・ツーリスト・ビューロー創立25周年パンフレット』（1937年〔昭和12年〕発行）より

図2　絵葉書「伊吹山スキー」
1918年（大正7年）－1932年（昭和7年）頃

図3　絵葉書「鳴子スキー場」
1933年（昭和8年）－1944年（昭和19年）頃

観光資源の整備に手がつけられた。
こうした社会的な条件の整備を促しまたそれに促され、旅行は文化的行動として多彩に展開していくのだが、この点では、日本旅行協会とジャパン・ツーリスト・ビューローの果たした役割は大きく、スキー、スケートのウィンター・スポーツ、登山、ハイキング、避暑、団体旅行、月掛旅行、新婚旅行、女性の一人旅など「諸種の旅行の新形式を続々と紹介して、本邦旅行界をしばしばリードした(5)」。

例えば、この文脈で見ればスキーは次のような経過によって普及した。冬季の旅客確保を企図したビューロー幹事の生野團六の命を受けて鉄道院の山中忠雄がスキー連隊として有名であった高田連隊の高橋大尉にスキーを習い、「東京スキー倶楽部」（山中忠雄を含む三名が幹事となった）を創設（大正七年）した(6)。この団体が日本スキー選手権を開催（一九二三年〔大正一二年〕二月、妙高高原赤倉山）したのを契機に、同年三月に大日本体育協会内にスキー部が創設され、各地にスキー協会、スキー倶楽部が創立されていった。ウィンター・スポーツの普及によって、春と秋に集中していた日本の観光旅行に新しいテーマが生まれ、邦人のみならず外国人観光客の誘致にも新しい可能性が開かれた。大正末にはスキーは冬季の楽しみとして定着し（図2、3）、国鉄は一九二五年（大正一四年）から登山、海水浴などとともにスキー・スケート向けにも季節割引券を発売するようになった。

趣味の旅

大正期から昭和初期にかけての旅行のスタイルの多様化が「山水の旅から趣味の旅へ」という変化としてまとめられるのは、例えば次のような文献においてである。『日本交通公社七十年史』では、「昭和に入って、旅行の快適さが進むとともに、大衆の旅行熱は高まっていった。また同時に、大正の〝山水〟の探勝だけでなく、史蹟、古美術、民俗、伝説、天然記念物さらには民謡、民芸といった趣味の旅の要素が加わる」[7]として、大正期の「山水ブーム」と昭和初期の「趣味の旅」をそれぞれの時期の特徴としている。また澤壽次・瀬沼茂樹著『旅行100年――駕籠から新幹線まで』でもこの時期の変化について、「山水の旅から趣味の旅へ」[8]というまとめ方をしている[9]（図4、5）。

図4　絵葉書「（箱根芦之湖）湖尻に宿るキャンピングの快景」
1933年（昭和８年）－1944年（昭和19年）頃

図5　絵葉書「赤城山大沼湖畔のハイキング」
1933年（昭和８年）－1944年（昭和19年）頃

「趣味の旅」という表現は、「山水の旅」と同様に、とりあえずは出版物のタイトルに見られるものである。旅行が大衆化するに伴って、田山花袋『温泉めぐり』（一九一七年〔大正六年〕）など山水以外の個別テーマを扱った出版物が数多く発行されるようになる。また公認ガイドブック的な位置をもつ鉄道省編のガイドブックでは、『神まうで』（一九一九年（大正八年））（全国有名神社案内）、『お寺まゐり』（一九三一年（昭和六年））をはじめとして、スキー、登山、温泉などの分野別ガイドブックが出版される(10)。

これらとは別に、民間出版社である博文館から一九一九年（大正八年）以後多様なテーマの旅行を扱った出版物が「趣味の旅シリーズ」として刊行された。大正八年笹川臨風著『古跡めぐり』、昭和二年藤澤衛彦著『伝説をたづねて』、松川二郎著『不思議をたづねて』、松川二郎著『名物をたづねて』、松川二郎著『民謡をたづねて』、昭和三年近藤福太郎『川柳をたづねて』、昭和五年斉藤隆三著『古社寺をたづねて』などである。また雑誌『中央公論』は一九三四年（昭和九年）六月号別冊付録として『趣味の旅行案内』を発行する。「日本を歩く」「山の旅案内」「東京中心のピクニック・コース」「新婚旅行の新コース」「東京人の散歩地帯」「空の旅行案内」「旅行医学」「全国温泉案内」というように多様な旅行の形を扱っていた。

これらの出版物のタイトルと内容に見られるように「趣味の旅」とは、具体的には、山水美探勝の登山といった特定のテーマだけでなく、神社仏閣や名所旧跡、地方料理、民謡、温泉、ピクニック、新婚旅行、都市散策、さらには地理的知識、自然科学的知識(11)などを内容とした旅行の総称になっている。

中間文化としての「趣味」

しかし、こうした出版物のタイトルに見られる「趣味」という言葉には複雑な経過がある。「日本旅行文化協会」の会則では、会の目的として「健全ナル旅行ノ趣味ヲ鼓吹」することが第一にあげられており、さらに、三年後「日本旅行協会」に名称変更した際に作成された「日本旅行協会事業要目」の第一項にも「健全なる旅行趣味、旅行道徳を鼓吹し文化の向上を図ること」として「健全な旅行趣味」が理念として掲げられていた。「趣味」という用語は、明治初期に“taste”の翻訳語として使用され始めたが、文化改良、娯楽改善運動などの文脈でキーワードとして使用されるなかで、しだいに多様な意味を担うようになった[12]。

南博は、坪内逍遙の文化活動に着目しつつ、大正文化のなかでの「趣味」概念の趣旨を「中間文化」の創出として解釈し、次のように述べている。

民間で文化改良運動を推進した代表的人物は、前記のように文芸委員会から賞を受けた坪内逍遥である。じっさい彼は、そのような官製文化の手から賞を授けられるのに、最もふさわしい人物として、明治末から大正にかけての改良運動のチャンピオンであった。彼の目標は、「高級」文化の普及と、「低級」文化の向上であり、その両者の歩みよった中間の文化は「趣味」ということばでよばれ、それは、純粋な文学、芸術よりも通俗的でありながら、民衆的な娯楽よりは、程度の高いものとされた。こうして、「趣味」の名のもとに、芸術と娯楽の中間をねらう、中間文化の創出がこころみられたのである[13]。

芸術と娯楽の中間という意味での「中間文化」という視点も踏まえれば、「山水の旅」から「趣味の旅行」へという変化は、エリート的・文人的な旅から大衆的な旅行へ、焦点の定まった旅から多様な楽しみをもつ旅行へ、したがってまた、定型的な目的をもつ旅からどのような内容かを選択できる自己目的的な旅行へ、このような変化にほかならない。大衆性、多様性、選択性、自己目的性、これらが「趣味の旅行」の特徴をなしている。

旅行の楽しみの多様化

多様な「趣味の旅」は具体的にはどのようなものであったのだろうか。松川二郎は「わが国最初のプロの旅行作家」、「趣味の旅行を普及させた功労者[14]」と評価される作家であるが、例えば、彼の『珍味を求めて舌が旅をする』では旅の楽しみの要素が次のようにまとめられている。

異つた土地へ行つて異つた物を食うということは、確かに愉快なことだ。旅の面白味の一半はここにある。「宿屋についたら早速名物の○○節をきき△△踊を見て、名物の××を食つてやろう」という期待は、何代目かの何とかの松を見たり、古びた石の一片である何某の墓を訪れるよりも、確かに、少なくとも、私に取つては愉快な期待であるんである。ましてや名物にも時々はうまい物があるから、到底旅は止められない。例えば、駅で売る汽車弁当にさえ私は一種の興味を感ずる。(15)

各地の民謡が旅の楽しみの一つとなった背景には、もちろん大正末から昭和にかけての民謡ブームがある。蓄音機、レコード、ラジオの普及、さらに鉄道網の発展による人の移動の活性化によって、一方では地方の伝統的な民謡の普及と、他方では北原白秋、野口雨情、西条八十らの創作運動である「新民謡運動」とが交錯して、～節、～小唄、～音頭といった民謡が地方の観光振興と深く結びついて広がった。(16)

また一九三三年（昭和八年）－一九三四年（昭和九年）に駅に備えつけられたスタンプを蒐集することが旅行者のあいだで流行し、雑誌には各駅のスタンプの紹介や批評の記事が掲載され、交換会が行なわれ、スタンプを貼りつけるスタンプ帖も発売された。駅スタンプの蒐集が旅行の楽しみに加わった。(17)

大正時代中期の登山ブームを背景とし、「健全な旅行趣味の育成」を一つの目的として掲げる日本旅行文化協会が一九二四年（大正一三年）に発足することも考え合わせれば、「趣味の旅行」と「旅行趣味」はともに広範な国民が参加できる広がりをもった新たな健全な文化としての旅行のあり方を示す言葉であったのであり、主たる目的の自由選択に基づく旅行であるところに共通の特性がある。この場合に限れば、「趣味」（taste）という用語のもっとも重要な含意は「個人の選択」であり、「趣味の旅行」は、信仰など社会的伝統・権威や職業ないし地位などの社会的属性に拘束されず、自由選択に基づく旅行なのであり、したがって個人の新奇性への欲求、冒険心、開拓心、教養や知性などの動機が重要になる。

旅行の習慣化、自己目的化

日本旅行協会および日本旅行倶楽部発行の雑誌『旅』はしばしば読者アンケートの結果を掲載しているが、これは旅行の個人選択性と並行するもう一つの別の傾向を示している。つまり、旅行の年中行事化という形をとった自己目的化ないし目的の抽象化である。

次の**表1**は、戦前の雑誌『旅』の目次のうちで、一つの表題について複数の寄稿のある記事でかつ比較的寄稿者の多い記事のリストである。

このようなアンケートは、旅行には多様な理由づけが可能になっていることを示している。こうした問いと回答から次の二つのことを読みとりたい。第一は、多様化し大衆化した旅行が季節によって特徴づけられ、いわば社会的に認められた伝統的な年中行事の形をとっていることである。もとより季節の行楽は長い伝統のある楽しみであり、比較的長距離の旅行もまたこの季節の「行楽」の文脈のなかに組み込まれている。「真夏の旅の印象」「正月の旅行」「桜の名所」「人に薦めたい温泉地と旅館」「印象に残る紅葉境」「冬の旅行先」「郊外散歩」、このように問われている旅行は距離の遠近を問題にはしていない。

第二に、場所やテーマはまったく選択の問題となったことである。まず季節ごとの旅行という枠があり、次に旅行先が選択される。いわば旅行は自己目的化されている。「正月三日間三十円旅行」「夏の旅行地として何処がよかったか、何処へゆきたいか」は、旅行に出かけること自体が主目的となっていることを示している。多様な形の「趣味の旅行」は「自己目的としての旅行」を基底にもっている。

交通機関網の整備と安全性の確保という基礎条件が整うことによって、「旅」は、そこに多様な意味や目的を盛り込むことのできる器になった。つまり、芸術が宗教的権威と政治的権威から自立したのと同じように、特定の目的、

表1　雑誌『旅』主要誌上アンケート（1924年〔大正13年〕－1938年〔昭和13年〕）

掲載年月	アンケート項目	回答掲載者数
1924年（大正13年）７月	山の思い出・海の思い出	19人
1924年（大正13年）８月	真夏の旅の印象	20人
1924年（大正13年）12月	天龍川下り感想	12人
1925年（大正14年）１月－２月	宿屋についての感想	37人＋29人
1925年（大正14年）３月－12月	旅客から・旅館から（宿屋研究の一～十）	合計　118人＋52旅館
1927年（昭和２年）１月	正月三日間三十円旅行	58人
1927年（昭和２年）６月－８月	夏の旅行地として何処がよかったか、何処へゆきたいか	145人
1932年（昭和７年）７月	我が郷土の山を讃う	43人
1933年（昭和８年）２月	温泉一人一話	16人
1934年（昭和９年）１月	正月は何処へご旅行になりますか、あなたのお好きな地方民謡及び其の歌詞の一節をおしらせ下さい	57人
1934年（昭和９年）４月	ご覧になった桜の名所で何処が良いとお思いですか、桜に因む詩歌でお好きなものをお知らせ下さい	40人
1935年（昭和10年）３月－５月	推薦旅行文庫	39人
1935年（昭和10年）４月－９月	旅の感覚	４月７人　５月６人　６月13人　８月９人　９月13人
1935年（昭和10年）５月	人に薦めたい温泉地と旅館	10人　往復はがき名士回答10人
1935年（昭和10年）８月	住み良いところ・御回答賜り度候	34人
	日米親善人形使節の旅	14人
1935年（昭和10年）10月	印象に残る紅葉境	36人
	旅の同伴者	10人
1935年（昭和10年）12月	スキーがスキになった話	23人
	この冬はこんなところに	17人
1936年（昭和11年）３月	富士山にケーブルカー架設の可否	20人
1936年（昭和11年）３月－５月	婦人のページ	22人
1937年（昭和12年）４月	郊外散歩辞典　三都中心	24人
1937年（昭和12年）８月	気に入った夏の旅行地	18人
1938年（昭和13年）６月	感心した旅行公徳	10人
1938年（昭和13年）12月	旅行質疑応答見本	12人

とくに宗教的目的から自由な文化形式となった。と同時に「旅の新しい内容」を盛り込むことのできる「旅の新しい形式」を不断に発見し続けることが文化の課題となった。

「山水の旅から趣味の旅へ」という変容は、山岳登山、またそれ以前の聖地巡礼旅行という特定の旅行形態が、様々な選択肢をもつ多様な旅行形態に展開・拡散する過程にほかならない。「趣味の旅行」は、旅行が一生に幾度とないまれな出来事でなく、現代の普通の生活にとって普通の行動に変容していく際の、旅行の形であると言える。多くの人が実際にどの程度旅行の楽しみを享受できたかは別として、少なくとも話題や希望としては通常のものとなるような段階に達したときに、旅行は途方もない贅沢や無謀な冒険ではなく「趣味」という流行のキーワードを伴って定着した。選択肢が多様化することによって「旅行の慣習化」がもたらされたと同時に、「旅行の慣習化」が多様な選択肢を必要としたのである。

では特定の内容との結びつきから解放された「旅行そのもの」は人間生活にとってどのような意味をもつのだろうか。贅沢やわがままや無駄でないのだとしたら、「旅行のための旅行」はどのような側面で社会的に認められるのであろうか。一部の高等遊民的な漂泊者にとっての意味ではなく、多くの人びとにとっての意味が見出されなくてはならなくなった。「趣味の旅行」の多様な広がりの反面で、「旅行そのもの」の意味を探る様々な「旅行論」が生み出された。

3　モダン・ライフと旅行の意味

個人の選択による新しい旅行形態は、それが普及し始めた社会では理由づけが求められる。それは「何のための旅行」なのかという問いに答えなければ社会的に定着することはできない。自己目的としての旅行であっても、現代社会との関係において何かしらの意味を発見できなければならない。現代の旅行は現代の生活にとってどのような意味をもっているのだろうか、雑誌『旅』には多くの小さな旅行論が見られるが、それらは多かれ少なかれ、このような問いに対する様々な回答を含んでいる。

(1) 雑誌『旅』誌上での旅行論

雑誌『旅』の旅行論には、現代の旅行の安易さに違和感を示し、例えば徒歩による旅行によってその土地の歴史や実情を理解することこそ、真の旅の趣なのだといった意見も多く見られる[18]。しかし逆に、多くの論考は、少なくとも主たる動機においては、近代的都市での日常性と旅行の非日常性との差異や異質性に注目して、現代の旅行を位置づけている。以下、興味深い指摘をあげてみたい。

人生に希望を懐く溌剌たる生活者にはただ活動があるのみだ。しかも人間に取ってある期間内の休息は睡眠と同様に絶対的に必要である。〔…〕休息の最も意義あり、趣味あり、浩然の気を養って、更に以前に倍する生活力を以て人生にぶつかって行く原動力をなすものは何と言っても言ふまでもなく旅行だ。旅行は大自然を味ふことだ。宇宙を知ることだ。人間の生活の意義を知ることだ。吾等はかくの如き旅行を望む[19]。

全く現代のやうな、都市生活をやってゐては、旅は十二分にすぐれた救ひであり、生命の洗濯であることが出来る。／だから現代人、とりわけ都市人は旅を愛するのだ。幾年も幾ケ月もかゝるやうな大旅行は、極めて少数者にのみ可能なことで大多数の都市人にはのぞめないことではあるが、しかし一泊二泊の又は日帰りの小旅行なら一般民衆にも出来るのだ。／都塵に汚れた魂を清めに出かけてゆく一二泊乃至日帰りの旅客達をわれ〳〵は如何にしば〳〵土曜日日曜日の郊外電車の中に見かけることか。／彼等のその時の顔が、目付きが、如何に生々と喜びに輝いてゐるか。／旅は現代都市人にとって何ものにも優る芸術なのだ。こゝに来るとラヂオも映画もものゝ、数でない。それ等はたゞ彼等の疲れた心に一時的な刺激をあたへて呉れるにすぎない。そしてその結果は、一層に彼等の魂を疲れさせるだけだ。／然るに旅は、彼等のその疲れたこゝろに、清新なる風を入れて呉れる。〔…〕現代に於いて、旅とは楽園の別名である。この世に於ける極楽である。〔…〕旅の楽しみなるものは、芸術としての旅なるものは、極めて近世的な、むしろ現代的なものにすぎない。(20)

旅ほど自分の心を朗かにし、愉快にし、力強くし、憂鬱にし、寂しくするものはない。〔…〕この俗世間の眞中で無意味に、慣習的にだら〳〵に送ってゐるより、どれほどの生活らしいもの、生きてゐるものを味ふか解からない。〔…〕目まぐるしい都会生活の現実苦の中で喘へいでゐるものに、清々して更生の力を与へるものは旅だ。(21)

舗装された道路を、夏の太陽がギラギラと焼きつくように照り返している。堪えられぬ暑さだ。〔…〕この暑さでは都会の人々、――旅なれぬ者までも遠く熱閙《ねっとう》の地を離れた山や海へと追いやられて了う、だが、その追いやられた土地――海でもいい、山でもいい――某処で、この一と夏或いは僅か一日でも、弾き出した余暇を暑熱から遠ざかって心ゆく迄涼を入れる事が出来たら、大自然に、つきのめされて逃げ出した吾々ではあるが、却って自然を征服していることになりはしないだろうか。(22)

現代に於いては旅行は一の趣味にまで進化し又昔時の修行とは別な意味に於いて、教育乃至教養の重要なる一要素たるに至った。(23)

今日のように書籍と機械の間で、日々生命を摩滅しつつある都会人には、その歩行の天恵さえも充分に与えられない。〔…〕田舎から都会に移住して、一、二年も経過すると、電気に対する興奮性が高まってくる。そんな実験は伯林でも行われていた。実際都会人は明敏といはんよりは、寧ろ憔かに神経衰弱に陥っているのである。／だから身体は菲弱に、思想は悪化する。之を救済する上策は事情の許す限り、都会を離るることである。[24]

これらは個々の筆者の個々の指摘にとどまるものではなく、大都市生活との関連で現代の旅行の必要性やあり方を論じるのは、都市生活者を主たる読者としたこの雑誌の基調であるとさえ言える。文人的な旅から都市生活者の旅行へ、この時代の旅行者像はこのような変化のなかにあったのであり、都市生活者の旅行の意義はまずもって、都市生活そのものとの関係で「気晴らし」や「ストレス解消」など実利的・機能的に捉えられることになる。

(2) 「家族旅行」

『旅』の記事には明示的に表現されていないが、大正昭和初期の旅行の理由づけとして見落とせないのは「家族旅行」を求める声である。「モダン・ライフ」は、街頭の文化現象として扱われることが多いが、日常生活の見直し、生活改善・生活合理化の動向のなかで、望ましい家庭生活のあり方のなかに「家族旅行」が定着していった（図6）。第一章で、一九二〇年代の中頃には、祝祭休日は家族そろって楽しむことが「普通」とみなされるようになっていたことを見たが、以下では祝祭休日での家族連れの日帰り行楽、短期の家族旅行の普及に関する資料を見ておきたい。

一九一八年（大正七年）に次のような婦人読者向けの評論が新聞に現われる。

図6　絵葉書「(霧ヶ峰ヒュッテ遠望) 楽しいハイキング」
1933年（昭和8年）-1944年（昭和19年）頃

旅行の好季節になりました。厳寒酷暑、旅行はいつしても悪いものでありませんが、殊にこれから花の咲く時分、若葉の匂ふ頃なぞ、汽車の中から見る眺めだけでも、美しく眼を慰むるものがあります。わけては中学程度の学校や小学校に通う子女を有せらるゝ家庭では、この試験休みに、お子さんがたを連れて二三泊がけの小旅行をなさるのも妙でありませう。まだ見ぬ名所や山や水や、如何にお子さんの心を慰め、学校から行く修学旅行や遠足とは、また別な興趣を味はいつゝ、有形無形に学ぶ所が多いであらうと思はれます。

この評論は続けて、今日の旅行が昔の旅行のような危険や不安のない安全なものであることを述べ、旅行が読書と同じような利益があるとしたうえで、「用事の為めの旅行」と「旅行の為の旅行」を区別して次のように締めくくっている。

旅行が人生に取つては読書にも増した必要事であるならば、何か特殊の用事でもなければ動かぬといふ流儀を止めて、事情の許す限り、気軽に、身軽に旅するといふ風に心がけたいものであります。用事の為めの旅行の必要なるが如く、旅行の為の旅行は有益であり、また必要でもあるのです。(25)

万朝報記者出身で木下淑夫が鉄道院営業課長時代に営業課で案内記を担当したこともある谷口梨花は多種多様なガイドブックを出版しているが、一九二三年(大正一二年)の『家族連れの旅』の冒頭で、家族旅行の流行を次のように述べている。

家族的の旅行は近年異常なる加速度を以て、上下一般に一種の流行を見る様になりました。旅行季節になると新聞も雑誌も旅行色を帯びねば歓迎されぬ有様である。この書は其家族的旅行計画の参考に供する為に、各方面の雑誌や新聞の需に応じて書いたものを集めたもので、さうした旅行計画の手引たらんことを期するものです。[26]

家族旅行が「上下一般に一種の流行」となったと述べているが、たしかに一九二〇年代大正後半から昭和初期にかけての新聞には、四季折々の行楽シーズンごとに、家族連れに適した行楽地の紹介や、「汽車の出る度　鮨詰の家族連れ　日帰りの避暑行きに大賑ひの各停車場」[27]といった見出しが躍っている。このような状況のもとで、鉄道省は一九二九年（昭和四年）五月に「家族旅行割引」[28]を実施した。

こうした旅行論は、現代の都市的日常生活、家庭生活にとって旅行がもつ実利的機能や効用に焦点を当てている。しかし旅行がなぜそのような機能や効用をもつことができるのか、日常生活と日常を離れる旅行との関係をどのように考えるか、旅行は一時的な楽しみにとどまるのかが問われなければならない。こういった論点に注目して知識人の旅行論とその変化を見ておきたい。

4　旅行興隆期の旅行論

(1)　和辻哲郎——自由な想像力とその矛盾——

『古寺巡礼』

「趣味の旅行」という新しいタイプの旅行を切り拓いた一つの旅は『古寺巡礼』（初版、一九一九年（大正八年））であろう。この本が長く現在でも一種の観光案内の役割を果たしてきたことは著者自身も指摘するところである。[29]

本書の成り立ちはやや複雑[30]であるが、基本は、一九一八年（大正七年）五月に行なわれた奈良旅行の旅行記の形をとっている。

図7　絵葉書「奈良ホテル」(部分)
1918年（大正7年）–1932年（昭和7年）頃

まず和辻のこの旅行自体が近代の観光旅行の実質をそなえていることに注目したい。この旅行は移動には鉄道と人力車を利用し、宿泊には西洋式のホテル（図7）を利用しているという点で、すでに近代の社会的条件のもとに行なわれたのだが、とりわけ重要なのは、「自由な想像力の飛翔」[31]に基づく仏像や建築の鑑賞スタイルである。

「自由な想像力の飛翔」とはどういうことなのだろうか。まずこの旅行の趣旨について次の自問に注目したい。

実をいうと古美術の研究といふ事が自分にとってわき道だと思はれるのだ。今度の旅行も、古美術の力を享受することによって、自分の心を洗ひ、そうして富まさう、というに過ぎぬのだ。もとより鑑賞のためには幾何かの研究も必要であり、また古美術の優れた美しさを同胞に伝へるために論文を書くといふことも意味のないことではない。しかしそれは自分の中心の要求を満足させる仕事であるかどうか。僕はその仕事を恥づべき事とは思はない。しかしそれは自分の中心の要求を満足させる仕事であるかどうか。自分の興味は確かに燃えてゐる。しかしその興味は真実に美術の研究を目指してゐるかどうか。自分の表現欲は古美術から受けた印象を語らしめずには措かない。しかしその表現欲は真実に古美術の美しさの紹介で満足するものかどうか。僕は自分が安逸を求めて自分の要求を誤魔化してゐるといふ印象から脱れる事が出来ない[32]。

当時三〇歳の若者の迷いを表白している箇所だが、この旅行の趣旨が、古美術の研究や、「古美術の優れた美しさを同胞に伝へるために論文を書く」（改版では「論文」は「印象記」に変えられている）ことにあるのではなく、研究や論文が書かれるとしても、「古美術から受けた印象」を語ろうとする「表現欲」に基づくものであるのだから、あくまで「自分の心を洗ひ、そうして富まさう」、言い換えれば教養を高めることが旅行の趣旨なのである。このような立場からは、仏像は宗教的な偶像ではなく、あくまで美術作品なのである。[33]

僕が巡礼しようとするのは古美術に対してゞあつて、衆生救済の御仏に対してゞはない。もし僕が仏教に刺衝せられて起つた文化に対する興味から、「仏を礼する」心持ちになつた、などゝ云ったならば、それこそ空言だ。たとへ僕が或仏像の前で、心底から頭を下げたい心持ちになつたり、慈悲の光に打たれてしみ〲と涙ぐんだりしたとしても、それは恐らく仏教の精神を生かした美術の力にまゐったのであって、宗教的に仏に帰依したといふものではなかろう。宗教的になり切るには、僕にはまだ〱超感覚的への要求が弱過ぎる。[34]

「自由な想像力」とは、この場合、印象を表現する力であるが、それは対象を美術作品として純化する力に基づいている。対象のもつ美術作品以外の要素は捨象されねばならない。「自由な想像力」によって仏像も伎楽面も寺院建築もその宗教的意味を剥奪されるのである。日本の歴史に関する知識や世界の文化交流に関する知識は、この想像力の自由な飛翔のために動員される。「自由な想像力」は『古寺巡礼』の場合には、推古から天平にかけての時代のギリシア美術東漸など国際的文化交流の具体的姿を「空想」することに結実している。

亀井勝一郎と保田與重郎による批判

後に亀井勝一郎はこのような和辻の仏像鑑賞に対して「仏像は語るべきものでなく、拝むものだ」と不快感を示すことになる。

私は古美術の専門家ではない。当然語らねばならぬ多くの伽藍や古仏にふれてない。様式等に関しても精密ではない。そういう研究書なら他にいくらもあると思った。私は古寺を巡りながら、そういう研究書を参考にしながらも反発を感じたのであった。仏像を語るということは、古来わが国にはなかった現象である。仏像は語るべきものでなく、拝むものだ。常識にはちがいないが、私はこの常識を第一義の道と信じ、ささやかながら発心の至情を以てまた旅人ののびやかな心において、古寺古仏に対したいと思ったのである。[35]

また後に保田與重郎も、「「古寺巡礼」式に、おのれの美文を作るために、感傷的に偶像を見る[36]」態度を幾度も手厳しく批判するが、保田の批判から、逆に和辻のなしたことの特徴が浮かび上がってくる。保田は言う。[37]

古代の作品に封しては、つくつた人がなした努力を尊び、またその念願のほどを思ひ、自分自身は倍の努力を注がねば、少しの理解すら得られぬといふことを、つゝましくさとらねばならぬ。〔…〕軽々しい気分的感傷的観賞による、美術趣味や古寺巡礼が流行し、浮華々々した美術写真書の流行してゐる現象に、私は文明の空白化をまざまざと見るのである。[38]

ここでの『古寺巡礼』に対する保田の批判の要点は次のようなものである。「自称文化人」や「インテリ」は、「伝統のくらし」への無知とコンプレックスから、我が国の古典、美術、彫刻を「全く異国のもののごとくに」あるいは「無国籍のもの」として取り扱い、「異国人の遺品を味ふやうに、奈良の仏像を見て廻る」しかないのである。彼らの関心は、「すなほであたりまへの庶民」の生活を理解することではなく、「鑑賞の美文をつくり」あげることにあるのだが、その底には「一種の特権者的意識」がある。だから、底の浅さのために「古人の作品に対して輝くばかりよいことをいふ人が、とき〴〵あつても、それは美術観賞や芸術学あるひは文芸学として体系づかない」のである。(39)

保田が批判している「軽々しい気分的感傷的観賞」は宗教的伝統にのみ向けられるわけではない。見られるものをその文脈から切り離して「異国のもの」のように、「無国籍のもの」のようにみなすという視角は、すべてのものに向けられ得る。和辻が友人木下杢太郎《きのしたもくたろう》の方法として理解したものは、和辻自身にも妥当するものであろう。

> 木下はこれらの物象を描くに当たって、その物象の「美しさ」以外に何ものにも囚われない心を示している。〔…〕彼は美術史家のように、ただ古美術の遺品をのみ目ざして旅行するのでもない。彼は美しいものには何ものにも直ちに心を開く自由な旅行者として、〔…〕自分に与えられたあらゆる物象に対して偏執なく愛を投げ掛ける。(40)

近代の旅行の矛盾

このような対比から、「自分の心を洗ひ、そうして富まさう」という人文的意味での教養形成の旅行が、「古代の作品に対しては、つくつた人がなした努力を尊び、またその念願のほどを思ひ、自分自身は倍の努力を注がねば、少しの理解すら得られぬといふことを、つゝましくさと」ることとの大きな落差を生み出し、「美しいものには何ものにも直ちに心を開く自由な旅行者」と「すなほであたりまへの庶民」に寄り添う姿勢とは容易には両立しがたいことが理解できる。

こうした鑑賞方法の落差や対立は、「知識人」や「教養人」がきわめて少数であったという時代的な状況には基本的に関わりがない。むしろ「旅行」という近代の行為そのものに必然的に伴うものである。和辻における「想像力の自由な飛翔」と保田における「すなほであたりまへの庶民」の立場との差異は、「趣味の旅行」が象徴している近代の旅行という行動そのものの矛盾を表わしている。旅行は訪問地の固有性を前提するにもかかわらず、自由選択に基づく近代の旅行は訪問地の固有性の否定の可能性をはらむからである。言い換えれば、旅行という行為は特定の日常生活を前提とするにもかかわらず、その日常生活の相対化を本質的に含んでおり、この点で自己の日常生活、他者の日常生活、とくに伝統あるいは既成のものとして暗黙の前提となっている日常生活との矛盾と軋轢を引き起こす可能性を必然的に含んでいる。そしてこの軋轢の可能性は自由選択に基づく近代の旅行ではいっそう現実のものとなる。この矛盾は柳田國男の旅行論においても別の形で指摘される。

(2) 柳田國男――「遊覧本意」と知の交流――

現代観光旅行批判

柳田國男はしばしば、一般的になりつつあった現代の観光旅行についての批判的指摘と「旅行」の望ましいあり方について言及している[41]。

冒頭にあげたブーアスティンの「観光」批判は一九六〇年代初めのアメリカについてのものであるが、柳田國男も昭和初期の日本の現状を踏まえて類似の問題意識をもっていたことはよく知られている。一九二七年（昭和二年）の「旅行の進歩および退歩」と題する講演で、「あらゆる人間の社会的行動と同様に、旅行もまただんだんに価値の高いものへ変形して行きえられるとともに、時としてはまた退歩することもあるから油断がならぬ[42]」とし、「旅を保養と考えるような贅沢な気風を廃止するか、もしくはぜんぜん彼輩と絶縁しなければ、我々はこの方面においてあらたによき文化を開拓しえぬのみならず、あるいはせっかくすでに獲たものをさえ失うことになりそうである[43]」と現代の観光旅行の傾向を厳しく批判している。

「遊覧本位」の団体旅行について、「汽車の中などはことに群の力を籍りて気が強くなり、普通故郷にある日にはあえてしがたいような我儘を続けている。何のことはない、移動する宴会のようなものが多くなった」。また「ひとり旅」についても、「できるだけ自宅と同じような生活をすることを、交通の便だと解している者も稀でな」く、「寝たり本読んだり知らぬ間に来てしまったということが、いかにも満足に思われる人」[44]が多くなり、その結果、「旅行は少なくともその目的と効果とにおいては、五十年前よりもずっと単純」になって、「自転車の出あるきに近いもの」[45]になってしまった。

また旅行者を誘導し迎える旅館側の対応も厳しく批判されている。

旅行などとは言っても、大道のガソリン臭いところばかりを、少しずつあるくのが関の山で、他の多くは客引き的案内記に釣られて、神社仏閣日本三景などを見てまわっているのである。宿屋などもどうしたら東京風、大阪風に見えようかにみな苦心している。刺身さえ食わせば能事了れりと心得ている。刺身などは本来オキナマスといって、漁師の食う即席料理であった。氷につめて山中に入るようにはなったが、海から遠くなればうまくないにきまっている。ほかにはなんらの歓待の方法も知らぬ癖に、最も楽に示される土地の食物というがごとき興味ある問題は、わざわざ骨を折って旅客の注意から遮断しようとするのである。[46]

このような現代観光旅行の批判の背景には、非常に簡潔ではあるが時期区分と対応した三つの旅行類型がある。[47]つまり、第一は、近代以前の「ういものつらいもの」、辛抱と非常な努力が必要である労苦としての旅行類型であり、第二は、「旅行そのものの黄金時代」ないし「理想に近い時代」の旅行である。そして第三が、現代の旅行であり、「価値の高いものへ変形して行きえられるとともに、時としてはまた退歩することもある」というように本質的な矛盾をはらんでいる旅行である。

「最近の三四十年が旅行そのものの黄金時代、それもすこし大袈裟だがとにかくに理想に近い時代であった」という指摘だけを見れば、柳田の現代観光旅行批判は、田山花袋などが草鞋履きで山野街道を跋渉した明治中期から後期にかけての時期をモデルとして、発達した交通機関を利用する現在の旅をそれからの退歩と捉えることに基づいているのだが、しかし、現代の旅行における「目的と効果が単純化した」と捉える柳田の旅行観の要点は、ノスタルジーではなく、むしろ現代の旅行が「進歩と退歩」という二つの可能性をもっていることの指摘にある。

知の交流という視点

「柳田は、旅行＝娯楽という一般的な考え方に対してきわめて否定的であった(48)」というわけではない。「楽しみのために旅行をするようになったのは、まったく新文化のお蔭である」と指摘されたり、たとえ「遊覧旅行」であっても、「今までは籠居を甘んじていた人々が、こうして世間を知ったために損をしてもいないとすれば、これはとにかくに総国民の生活幸福の増進の中に、加算せらるべき一要項であったには相違ない(49)」のであり、限定的だとはいえ、電信電話や汽車と並んで「国内の各地方を接近させる(50)」一つの力であるとの位置づけからは、現代の観光旅行に出かける庶民への深い共感を読みとるべきであり、社会観としても現代の観光旅行の積極的な側面が分析されているのである。

問題は、「国内の各地方を接近させる」そのような潜在力が顕在化するための条件は何かということである。彼は第一の旅行類型とは異なった「漂泊者」の伝統に注目している。

柳田は、「日本の文化の次々の展開は、一部の風来坊に負うところ多しと言っても、決して誇張ではなかった(51)」とし、行商人、ひじり、遊芸人、渡り職人などの漂泊者による文化伝播の意義を重視している。しかし、放射状に構成された鉄道網と幹線道路の拡充によって、中央のものは地方に容易に流入するが、地方から中央へ、さらに地方間での交流は困難になってしまった。

その結果、漂泊者が他地域の事情を知らせるといういわば「由緒ある我々の移動学校は堕落して、浮浪人はただ警察の取締りを要する悪漢の別名のごとくに(52)」なってしまった。また「街道は常に自動車の煙挨をもって霞むほどの往来があっても、脇道は知った顔しかあるいていないようになった。たまたま来る他所者には、油断のならぬような用件ばかり多くて、異郷の事情を心静かに語る人もなく、またわが土地を外町人に語り得るまで、知って出て行く者もめったにはないのである」[53]。

「旅行の価値というものが、内からも外からも安っぽくなってしまった」[54]のは、この「旅行道の大いなる衰退」[55]の帰結なのである。

このように柳田は、旅行を地域間で行なわれる一種の情報循環過程として捉えており、現代の旅行が単純化したと言われるのは何より、「地方相互の知識交換」[56]が機能不全を起こしているからなのである。「旅行の価値標準、旅行の第一義」[57]は、まさに、地方の「生存の事情」ないし「常の日の常の事情」[58]を知ることにほかならない。なぜならば、「人の難苦といい煩悶というものの大部分が、本来知るべかりしことを未だ知らず、また教うべくして教えざる人のあった結果」[59]だからである。

観光、団体旅行はいわば「晴れ」の行動であり、これに対して日常的な生活事情の相互的な知識交換のために必要なのは、「人が晴ではなしに相逢うて話をするような機会」[60]なのである。[61]観光のような非日常的な行動によって得られるのは、祭礼など非日常的で特別の事柄についての知に傾斜するのであり、逆に、日常的な生活事情についての知は、日常的な行動によってこそ得られやすい。

こうして柳田は一方では、庶民の楽しみの一つとしての旅行を尊重しつつ、他方では、その問題性を二つの面から捉えている。第一に、旅行の安楽さを追求した結果、旅行の実質が都市生活の延長になる傾向にあることである。非日常的であるべき旅行がモダン・ライフの日常性に飲み込まれつつあるという問題性である。第二に、旅行が果たしていた地域情報の流通という機能は、中央からの一方的情報流通にとって代わられつつあることである。

こうした問題意識から、彼は非日常的行為としての旅行を再び日常生活にいわば「埋め戻す」ことを指向する。「日常的な行動としての旅行」の復権を主張し、「人が晴ではなしに相逢うて話をするような機会」こそ、柳田にとって旅行の望ましい未来だった。

自由な想像力の飛翔と普通の庶民生活、庶民の楽しみと知の交換、知識人の旅行論で論じられたこのような二面性や矛盾は、旅行の多様な形態を生み出す原動力の一つとなり得たはずだが、時代は次第に旅行抑制に向かうことになる。

5 旅行規制期の旅行論

(1) 三木清――ユートピアとしての旅――

一九三七年（昭和一二年）九月に第一次近衛内閣は「国民精神総動員」運動を開始し、一九三八年（昭和一三年）四月には国家総動員法が公布される。一九四〇年（昭和一五年）一〇月の紀元二六〇〇年式典の終了後、旅行規制は強化され、一九四一年（昭和一六年）一月から鉄道省は「鉄道旅客運輸の新体制」として一般団体割引の廃止などの措置をとった。

この年に出版された三木清の『人生論ノート』所収の「旅について」は、旅行の具体的な機能や効用に注目するのではなく、既知のものを再発見する能力、社会の現実を相対化する能力といった芸術的、教養的な能力の形成に旅行の真の意味を見出す分析であった。旅行規制時代の抽象化された旅行論であり、知識人による「趣味の旅行」論の最終形と言える。

この小論は、旅に普遍的に付随する感情の分析を進めながら旅と人生を重ね合わせることに主眼があり、本章の文脈で重要なのは次の三つの指摘である。

第一に、旅行にとっては日常生活との差異が本質的であり、実際的な距離の長短にかかわらず、「旅を旅にする」

ものは、現実世界からの精神的距離を作り出す想像力、一つの世界のなかにある別の世界を作り出す想像力にほかならない。想像力の所産であるような一つの世界という意味で、旅は人生のユートピアなのである。

毎日遠方から汽車で事務所へ通勤してゐる者であつても、彼はこの種の遠さを感じないであらう。ところがたとひそれよりも短い距離であつても、一日彼が旅に出るとなると、彼はその遠さを味ふのである。旅の心は遥かであり、この遥けさが旅を旅にするのである。〔…〕旅の面白さの半ばはかやうにして想像力の作り出すものである。旅は人生のユートピアであるとさへいふことができるであらう。(62)

第二に、旅もまた一つの行為であるが、日常生活の行為との決定的な差異は、観照的態度が旅行という行為の主要な内容であることにある。想像力によって作り出された世界のなかで旅行者は、具体的なものや個別的なもの、必要性から離れることができる。

日常の生活において我々はつねに主として到達点を、結果をのみ問題にしてゐる、これが行動とか実践とかいふものの本性である。しかるに旅は本質的に観想的である。旅において我々はつねに見る人である。平生の実践的生活から脱け出して純粋に観想的になり得るといふことが旅の特色である。旅が人生に対して有する意義もそこから考へることができるであらう。(63)

第三に、日常世界から脱却することの意味は非日常性に入り込むというよりも、日常性に対する別の視角を獲得することにある。旅行においてすべてが既知から未知に転換し、すべてに対して自由な視角が可能となる。

旅は習慣的になつた生活形式から脱け出ることであり、かやうにして我々は多かれ少かれ新しくなつた眼をもつて物を見ることができるやうになつてをり、そのためにまた我々は物において多かれ少かれ新しいものを発見することができるやうになつてゐる。平生見慣れたものも旅においては目新しく感じられるのがつねである。旅の利益は単に全く見たことのない物を初めて見ることにあるのでなく、〔…〕むしろ平素自明のもの、既知のもののやうに考へてゐたものに驚異を感じ、新たに見直すところにある。(64)

旅のこの特徴は日常生活との対比でより鮮明になる。

我々の日常の生活は行動的であつて到着点或ひは結果にのみ関心し、その他のもの、途中のもの、過程は、既知のものの如く前提されてゐる。毎日習慣的に通勤してゐる者は、その日家を出て事務所に来るまでの間に、彼が何を為し、何に会つたかを恐らく想ひ起すことができないであらう。しかるに旅においては我々は純粋に観想的になることができる。旅する者は為す者でなくて見る人である。かやうに純粋に観想的になることによつて、平生既知のもの、自明のものと前提してゐたものに対して我々は新たに驚異を覚え、或ひは好奇心を感じる。旅が経験であり、教育であるのも、これに依るのである。(65)

こうして三木は「実践と観照」というアリストテレス哲学の枠組みを活用し、日常生活を実践とするに対して旅行を観照として位置づけ、この観照であるところに旅行の本来の意味を見出す。日常生活から観念的に離れ、現実世界を目新しい未知の世界として再発見し、驚きと自由な想像力をもってこれに向き合い、そこから何事かを学び理解し関わっていく、このような旅行が三木の描く旅行なのである。

「習慣的になつた生活形式から脱け出る」「平生見慣れたものを目新しく感じる」「純粋に観想的になる」こうした

言葉は、「趣味の旅行」の精神的な核である「自由な想像力の飛翔」の延長上にあることは確かであるが、伝統性や既成性との対立という含意は背景に退いている。

(2) 権田保之助――「趣味」から「厚生」へ――

『民衆娯楽問題』(一九二一年)、『民衆娯楽論』(一九三一年)、『國民娯樂の問題』(一九四一年)、これらのいずれにおいても、権田保之助は、旅行についてまとまった考察を行なうことはなかったが、一九四一年(昭和一六年)の「健全娯楽としての旅行」[66]と題された小論において、旅行の意義を現代生活との関係のなかで分析している。「健全娯楽」という用語に現われているように、この論考は戦時体制色が強まる時代背景とともに理解されるべきであるが、「娯楽」を「モダン生活」「現代生活」との関係において捉える方法は、『民衆娯楽論』などから一貫している。

旅行が「健全娯楽」であり得る可能性と条件を論じるのが権田の論文の主たる課題であるが、それに先だって、少し前までは旅行は「健全娯楽どころか、娯楽としてさえも考えられてはいなかったという事実」を踏まえて、彼は「旅行の文明史」あるいは「旅行の史観」を簡潔にまとめている。

「旅行の文明史」は、次のような三段階によって構成される。

まず第一は前近代の旅行であり、交通機関が未発達であることと旅宿が不完全であることに特徴があり、その結果として予定というものを立てることができず、費用と時間の点で「不合理な浪費」を余儀なくされた。この時期には、ごく少数の例外はあったとしても、「健全娯楽としての旅行とは此の時代に於いてはなお縁遠い概念」であるほかなかった。権田の「旅行史観」にとって『東海道中膝栗毛』の旅行や「伊勢参り」は甚だ特殊な事例なのである。

第二段階としての近代の旅行は、交通機関の発達と旅宿などの交通制度全般の改善によって特徴づけられ、これらによって旅行の苦労は著しく軽減され、時間の短縮と正確さによって、前近代の旅行に見られた不確実性は縮減された。その結果、「旅行を以て人生の行路難に比した考へ方は消え失せてしまつた」[67]。旅行は恐ろしいものでも危険なものでもなくなり、「一個凡庸なる日常の行事の一つ」へと変容したのである。「旅を楽しむ趣味」が出現し、生活の中に娯楽として旅行が取り入れられることが始まったのだが、それを享受できたのは国民の一部、とくに「少数富者と学生」にすぎなかった。このような一部の者の娯楽にとどまったのはもちろん経済的時間的余裕によるものであったが、權田は、注目すべき要因として次のことを指摘している。

これ〔旅行を娯楽として感じ且つ娯しみ得た者が少数富者と学生とに限定されていたこと〕は主として時間と費用との点にその原因があつたのであるが、旅行の為めの設備、旅行の為めの機会が尚未だ国民一般に旅行の娯楽性を認め且つ味はしむべく十分でなかつた事も忘る丶事の出来ぬ原因であると思ふ。(68)

つまり、国民一般が旅行の娯楽性を承認していなかったことも旅行趣味が少数者に限定されていた要因の一つなのであり、旅行の設備と機会が不十分であったことがその国民の旅行意識の限界を規定していたと分析しているのである。したがって近代初頭の旅行は、国民一般にとっては「特権的なもの」であり、「一種の贅沢として、一種の奢侈的表現」であり、「健全娯楽としての旅行」という観念は成立してはいなかったのである。

第三段階としての現代に至って初めて娯楽としての旅行が国民生活一般のなかに位置づけられるようになった。「旅行を其の生活享受の一部」とする考え方が普及し、それによって旅行と「国民一般の生活との吻合」が成立し、「旅行娯楽性の普遍妥当化」が出現した。「旅行娯楽性の普遍妥当化」とはどういうことなのであろうか。權田の旅行史観とくに近代の旅行の分析が国民的な旅行意識に重点を置いていたことを考え合わせるならば、「旅行娯楽性の普遍妥当化」とは、旅行が「贅沢」でも「奢侈」でもなく正当な娯楽として、言い換えれば文化的行動としての旅行という意味での「旅行文化」として一般に承認されることにほかならないであろう。そして權田はこのような意味での「旅行文化」の成立が、「旅行の健全娯楽性の完成に対する基礎的条件」であるとするのである。(69)

こうした旅行の歴史的な発展を踏まえて、「旅行の健全娯楽性を構成する要素」、つまり健全な娯楽であるために旅行が果たすべき機能として、①「体位向上性」、②「精神作興性」、③「知見拡大性」、④「協同心涵養性」という四つの機能があげられる。このなかでも権田は「精神作興性」をもっとも重視し、「旅行が有する性質の最も輝かしき側面と称すべき」と位置づけている。また、①「旅行施設の改善と完備」、②「旅行に対する指導」、③「国民旅行の組織体制化」を政策的課題として提起する。「旅行に対する指導」は、旅行に関する情報提供と旅行道徳の涵養を内容としており、「国民旅行の組織体制化」は明らかにナチス政権下での「歓喜力行団」（Kraft durch Freude）の「休暇・旅行・周遊局」（Amt für Urlaub, Reisen und Wandern）をモデルとしている[70]。

この論文では、旅行の歴史的発展についての立ち入った分析、とくに「旅行娯楽性の普遍妥当化」ないし「国民一般の生活との吻合」という現代的段階の分析についての考察は「一切を省略」されているが、一九四一年（昭和一六年）の『國民娯樂の問題』においては、「娯楽の健全性」についてのより一般的な分析が、旅行を含む娯楽と現代生活との結合という視点から行なわれている。

そこで権田は「娯楽と云へば、人は直ちにチャンバラの映画を考え、低俗な漫才を思い、女剣戟を想起し、エノケン、ロッパを挙げ、浪花節を算え、歌謡曲を指し、カフェーを拉して来る」ほどに、「世人の多くは娯楽に対して臆断に満ちた予備概念を懐いている[71]」が、このような先入観をもってしては人間生活・国民生活と娯楽との健全な関係を見出し発展させることはできないとして、生活と娯楽との関係の「健全性」を測る指標を次のような三つの点に求める。

第一に、現代人の疲労消耗を回復し「心身に積極的創造的なる作用を賦括する」ことであり、次のように指摘する。

現代に於ける勤労と生活とを組織する機構の圧力は現代の生活者の心身に消極的破壊的な影響を齎《もた》らすものであって、現代人は此の疲労消耗を回復してよりよき明日への建設に邁進するに非ざれば、到底時代の落伍者たるの運命を免るる訳には行かない。而して其処に現代生活者の心身に積極的創造的なる作用を賦活するもの、実に此の娯楽の健全性であると言わねばならぬ。(72)

第二に、生活の「調子を整える」ことである。

以上の如き生活に由来する消極面を除去し、其の損耗を償却することによって、纔《わず》かに欠損を免れ得た現代生活者の生活は、更らに進んで其の生活の全体に快い諧調を取り入れしむる事によって、其の生活全体の調子を有機的に整えて来る要があるが、国民大衆の生活に於て斯くの如きを所期し得んが為めには、娯楽を措いて他に勝れるものを見出だし得ざる事を承認せざるを得ない。即ち現代国民大衆の心身の平衡、生活の整調の為めの要因としての娯楽の健全性が此処に存するのである。(73)

第三は、「心身の昂揚」である。

然かも現代生活者は更らに此処に一歩を進めて心身の昂揚を所期せねばならぬのであるが、此の現代の国民大衆の智能を啓培し、情操を陶冶し、人格を完成せしむると共に、其の体位を向上せしむる能力を兼ね備えているもの又此の娯楽の右に出ずるものあるに接しないのである。かくて私達は其処に娯楽が有する健全性の最も高き要因に当面する。(74)

「疲労消耗を回復」し、「心身の平衡」と「生活の整調」を作り出し、心身を「昂揚」させるものが必要であるのは、「現代生活」が絶えず「現代に於ける勤労と生活とを組織する機構の圧力」に慢性的にさらされているからにほかならない。

こうした娯楽の「健全性」論が踏まえている「現代生活」観は、初期の「民衆娯楽」についての研究において見出された「モダン・ライフ」と同質のものである。「モダン・ライフ」も「現代生活」も、「近代的大都市といふ怪物の所産」(75)なのである。そして、權田にとって、このような現代生活から必然的に生み出される人間的な必要性を実現する力を旅行はもっている。

「疲労消耗を回復」「心身平衡」「生活整調」「心身昂揚」は、一九三八年（昭和一三年）に始まる「厚生運動」のなかでの旅行の意義として整理された。「趣味の旅行」は「厚生旅行」に取って代わられることになる。しかし同時に旅行文化はその姿を変えて旅行規制の時代を生き延びることになる。

大正から昭和前期にかけての旅行論から、旅行と現代社会との関係について考え方をたどり、旅行の多様化とそれが含む考え方、重点の置き方の差異を見てきた。

とくに「自由な想像力」と「伝統的な日常生活」との乖離は、観光化による地域生活の変容という形で現代にも引き継がれている矛盾であるし、地域自体の自己認識や自己改革が鍵となることも現代において引き継がれている課題であろう。自由な視線と日常生活の手触りとが地域自体の自己認識という点で両立できる一瞬があるとしたら、それは次のようなものであろう。


旅行の盛んな時代には精神の盛んな活動があった。いつの時代にも、遠方の地へ旅行し、めずらしいものを見ることによって、人間は想像力を刺激された。彼らは驚きと喜びを発見し、自分の町の生活が、将来も今までと同じようにつづく必要はないのだと考えるようになった。(76)

第六章　戦争末期の旅行規制を巡る軋轢

――『交通東亞』とその周辺――

1　はじめに

旅行雑誌は文化的な行動としての旅行の発展にとってきわめて重要な役割を果たしてきた。旅行の目的地の紹介、宿泊施設の紹介、交通手段の紹介といった旅行情報を軸に、旅行の仕方のいわば「見本」となるルポルタージュなど、旅行の内容や形の様々な広がりを作り出す媒体となってきた。

一九二四年（大正一三年）に設立された「日本旅行文化協会」（一九二六年「日本旅行協会」に名称変更）の機関紙として刊行された『旅』は、このような旅行雑誌のなかでも、鉄道省との深い関係のもとで公共政策上の機能も果たしたという点で、また戦争末期の休刊（一九四三年（昭和一八年）―一九四六年（昭和二一年））をはさみつつ二〇一二年休刊に至るまで（発行母体は変わるが）長期にわたって同一名称で発行されたという点で、一つの雑誌の歴史が日本の旅行文化の発展の歴史と重なるという特異な位置にある。

しかし、戦争末期（一九四三年（昭和一八年）八月）に『旅』が休刊されてから終戦直前までのあいだ、雑誌『交通東亞』(一九四三年〔昭和一八年〕一〇月創刊)として『旅』が姿を変えて実質的に継続されたことはあまり知られていない(1)。一九四一年(昭和一六年)一二月のいわゆる「大東亜戦争」の開始により、一九三七年(昭和一二年)の日中戦争に始まる「総力戦体制」は末期的な「決戦体制」に入り、「不要不急の旅」はやめて「決戦輸送体制」に協力することが強調された局面で発行された雑誌であるので、『交通東亞』に旅行文化の展開に資する新たな内容が見られるわけではない。

しかし、このような状況下での発行であるために、戦争末期の旅行の実情や、旅行雑誌というものの本源的な要素をうかがうことができる。『交通東亞』はいわば「極限の旅行雑誌」だった。

本章では、旅行雑誌と新聞の記事が映し出した戦争末期の交通政策と実情を踏まえて(2、3)、雑誌『交通東亞』の記事などの内容を分析することによって、この雑誌の旅行文化史上の特徴を明らかにする(4)とともに、戦争と観光旅行との関係における時期の区分について考える(5)。

2　『旅』の終刊と『交通東亞』の発刊

一九四三年(昭和一八年)九月号が「日本旅行倶楽部」の機関誌としての『旅』の終刊号となり、一九四三年(昭和一八年)一〇月号が『交通東亞』の創刊号である。この間の事情は一九六二年の『五十年史』と一九八二年の『日本交通公社七十年史』では次のようにまとめられている。

『五十年史』

16年度に入って出版業務は時局下の用紙統制の強化によって一般に整理統合の運命におかれた。これよりさきビューロー創業以来の機関紙であった英文定期刊行物の「ツーリスト」も用紙配給をとめられて廃刊となり雑誌

「旅」も出版統制の余波をうけ情報局当局と折衝の挙句にようやく「交通東亜」と改題して余命を保つ有様であった。この時期に「交通東亜」の編集員としては戸塚文子女史と北条誠氏（作家）があったのである。〔…〕昭和20年に入っては空襲の激化に印刷機械も破壊され用紙の配給の途絶え、僅かに大型時刻表1万部、線路別時刻表10万部、維誌「交通東亜」2万5千部を発行するにとどまり終戦を迎えるのであった。[2]

『七十年史』

日本旅行倶楽部の機関誌「旅」は、用紙難のため減頁を重ねて、グラフ頁の印刷も困難な状態になり、ついに出版統制による用紙配給うち切りとなって九月三日休刊のやむなきにいたった。〔…〕終刊となった「旅」に代る機関誌の発刊を考え「交通東亜」と題して用紙の配給をうけて同じ十八年十月十五日創刊し、山下一夫、戸塚文子、北条誠の三名をスタッフとして約一万部を発行したが、これも二十年二月の空襲時までのわずか一年半しか続かなかった。[3]

両者の記述において、一方は「2万5千部」とし、他方は「約一万部」としているように、部数の違いが目立つが、いずれにしても決して少なくはない部数であった。

またとくに両者ともに、『旅』と『交通東亞』が連続するものとして位置づけられていることに留意しておきたい。『旅』と連続するということは、この雑誌にどのような性格を与えどのような矛盾に直面させたのだろうか。

以下『旅』の休刊に至る経過を、まず二つの時期に区分してまとめておく。第一期は、一九三七年（昭和一二年）七月の日中全面戦争の開始から一九四〇年（昭和一五年）後半までの時期であり、第二期は、一九四一年（昭和一六年）から一九四三年（昭和一八年）後半までの時期である。

(1) 第一期：一九三七年（昭和一二年）－一九四〇年（昭和一五年） 総動員体制と厚生運動

開国と維新によって近代化過程が開始されて以来、量においても質においても順調に発展してきた近代日本の旅行文化にとって大きな転換点となったのは、一九三七年（昭和一二年）七月からの日中全面戦争の開始である。戦争の影響はすでに一九三四年（昭和九年）頃の雑誌『旅』の記事から少しずつ現われてきたが、戦争との関わりを直接にもたずに推移した日常生活と同様に、旅行や観光もすぐに全面的に戦時体制に組み込まれたわけではない。しかし一九三七年（昭和一二年）九月から、第一次近衛内閣による「国民精神総動員」運動による「総力戦体制」の構築が開始されるなかで、旅行が平和を前提とする文化として発展してきた時期の終焉が始まる。(4) 一九三八年（昭和一三年）に入ってから雑誌『旅』の誌面にも明らかな変化が現われる。一九三八年（昭和一三年）一月号では、「国民精神総動員！」と題したグラビアで靖国神社や絵画館、街頭での軍国調の風景、三月号では、「ヒトラー青年」の紹介、「三月の健康街道を往く（健康コース案内）」などの記事が登場する。

厚生運動

一九三八年（昭和一三年）一月に厚生省が発足し、四月に日本厚生協会が創立され、「厚生運動」が総力戦体制の一翼を担うことになる。この運動の推進組織である「日本厚生協会」には、東京市、大阪市などの大都市行政機関と並んで、日本旅行協会、日本観光連盟、日本山岳会、日本体育協会などの団体も参加した。旅行や観光に関する政策は従来は主として運輸交通政策に位置づけられてきたが、こうして「厚生運動」の枠組みにも組み込まれ、「体位向上」「心身鍛練」「祖国認識」といった用語が「趣味」「行楽」「遊覧」に取って代わることになる。(5)

日本厚生協会の創立の契機となったのは、一九四〇年（昭和一五年）開催予定の東京オリンピックに合わせた「世界レクリエーション会議」の日本開催であった。東京オリンピックは一九三八年（昭和一三年）七月に中止が決定されたが、それに代わって「厚生大会」が、一九三八年（昭和一三年）一一月東京で第一回、一九三九年（昭和一四年）一一月名古屋で第二回、一九四〇年（昭和一五年）一〇月大阪で第三回（興亜厚生大会〔**図1**〕）、さらに一九四二年（昭和一七年）八月満州で「東亜厚生大会」が開催された。日本厚生協会が「日本レクリエーション協会」に受け継がれたように、この厚生運動の主たる内容はスポーツ競技であるが、広く「余暇の善用・活用」による心身の保全を基本目標としていた。

「第一回日本厚生大会趣意書」では「厚生運動」の目標は次のように規定されている。

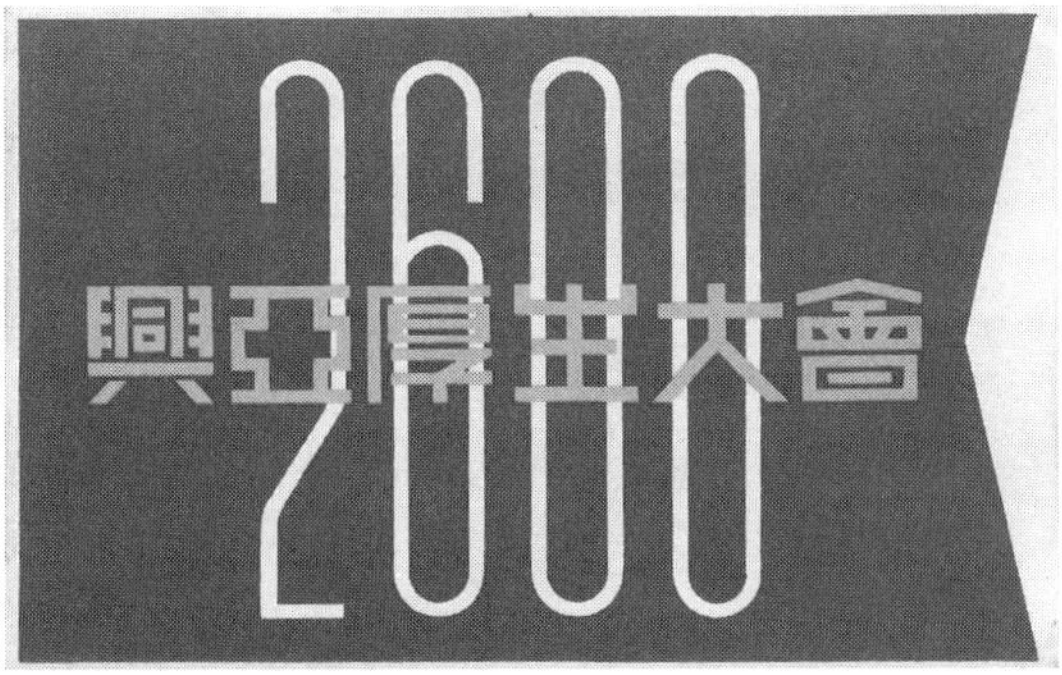

図1　絵葉書「興亜厚生大会」（大阪）
1940年（昭和15年）

凡ソ厚生運動ノ目標ハ国民ノ日常生活ヲ刷新シ特ニ余暇ノ善用ニ意ヲ注ギ健全ナル慰楽ヲ勧奨シ心身ノ錬磨ニ資シ情操ヲ醇化シ以テ国民親和ノ実ヲ挙グルニアリ、之レ畢竟国民ノ資質ノ向上ヲ図リ国本ヲ涵養スル所以ニ外ナラズ〔…〕[6]

余暇の活用による心身の保全という目標がどのような政策として具体化されたかについては、「第二回日本厚生大会ニ対スル厚生大臣諮問事項」に対する「答申」に見ることができる。「時局下ニ於テ最モ有効適切ナル厚生運動ノ種目及之ガ実施方法如何」という諮問に対して、この答申では、労働者、傷痍軍人、一般家庭婦人、児童、農民、青年を対象とした政策を提起し、特に労働政策については、「時局産業従業員ノ過労ヲ防ギ其ノ活動力ヲ維持セシメンガ為左ノ各般ノ方途ヲ講ズルコト」として、労働環境などの条件改善とともに、「団体的戸外運動例ヘバ体育大会、武道大会、各種競技会、体操大会、登山、徒歩旅行等ヲ奨励スルコト」[7]を提起していた。またとくに青年対象の政策は次のようなものであった。

青年ニ対シテハ一般的ニシテ有効ナル体育トシテ山野ノ跋渉ヲ奨励シ政府、公共団体又ハ其ノ施設トシテ聖地、史蹟地、保健地等ニ厚生道場其ノ他簡易宿舎ヲ建設シ且跋渉路、道標等徒歩旅行施設ヲ整備スルコト[8]

青年徒歩旅行

「青年徒歩旅行」はこの時期の日本旅行協会が提唱した旅行スタイルであり、「厚生運動」の一環と位置づけられ、また青少年を対象とすることから文教政策にも位置づけられることとなった。雑誌『旅』の一九三八年（昭和一三年）四月号では、「僕の少年時代の剛健旅行」の特集が組まれ、六月号では、「感心した旅行公徳」が特集されるとともに、「青年徒歩旅行資料展を見る」という記事において「青年徒歩旅行」という言葉が初めて登場し、八月号で「青年徒歩旅行コース」が特集されるに至る。

一九三八年（昭和一三年）六月に、鉄道省、厚生省、文部省と青少年団、日本旅行協会などが「青年徒歩旅行連絡委員会」を結成する。鉄道省は全国に二六コースを指定し、徒歩旅行の団体旅行については運賃を五割引とした。これと比べると割引率は低くなるが同様の割引措置は、社寺詣、ハイキング、スキーにも適応された。他方では、こうした措置の裏側で「祖国認識」と「心身鍛練」に結びつかない梅・桜・汐干狩・紅葉などの季節臨時列車は廃止された。

一九三八年（昭和一三年）の夏、日本旅行協会は、青年徒歩旅行の普及のために、各地のデパートなどで「青年徒歩旅行の夕」を三回、「青年徒歩旅行展覧会」（図2）を一八回、「青年徒歩旅行打合会及び懇話会」を二七回、「青年徒歩旅行連絡委員会」などを開催した。[9]

青年徒歩旅行展から

"青年よ歩け" "祖國認識" "心身鍛錬"

これらのスローガンを掲げ、銃後に呼びかける青年徒歩旅行運動に拍車をかけるもの、それは去る八月一日から十五日迄十四日間に亙つて、都新聞社、並に日本旅行協會の共同主催に依り日本橋三越本店に開催された「青年徒歩旅行展覽會」であつた。内務省、厚生省、文部省、鐵道省の後援。

今や、青年徒歩旅行參加者には半額の特定運賃といふ特權が與へられ、參加資格者の範圍もサラリーマン店員、小僧さんに至る特認團體さへできることになつた。かくて世人の關心大いに昂まり、青年徒歩旅行運動は正に白熱化してゐる時も時折も折の催しである。會場、三越の西館四、五階には老いも若きも、婦人も子供も、第一日から怒濤の如く押し寄せてきた。さて會場の有樣は？

◇四階の「祖國認識、心身鍛錬、青年徒歩旅行展覽會第一會場」と記される門を潜ると、あちらこちらに配する鬱蒼たる大樹がある。華美、奔放を避ける、質實剛健の敬神コースが頭にピンと來て、涼しい嚴かな氣分が場内に漂ふのである。先づ右壁一杯に寫眞入で說明されてゐる我國青年運動の沿革左壁には盟邦ドイツ、イタリー青少年團の豐富な資料、中間のセツトウインドには今は昔、神武天皇の御東征から、武者修業、修驗道の靈山巡り、阪東三十三ケ所、四國八十八ケ所の遍路巡禮、雲水の行脚、俳人、歌人の風流の旅裝等等の用具による昔の徒歩旅

図2　「青年徒歩旅行展から」（部分）
『旅』1938年9月号

青木槐三（一八九七－一九七七）は、鉄道専門のジャーナリストであり、ジャパン・ツーリスト・ビューローの文化部長や日本旅行倶楽部の事務局長として『旅』の編集にも携わるなど鉄道関係の幅広い活動経歴をもつ人物である。(10) 青木は、戦時期の旅行と観光の裏話的な経過を詳細に残している。(11) まず、青年徒歩旅行の企画に、鉄道省、ツーリスト・ビューロー、文部省、軍部、百貨店などがそれぞれのどのような意図や思惑をもって関わったのかについて。

この時代〔日中戦争初期〕に鉄道の企画で喝采を博したのは、青年徒歩旅行の提唱であった。青年徒歩旅行は独逸のワンダー・フォーゲルの真似であったが、二十五歳以下の連合青少年団、ボーイスカウトなどの団体に五割引で徒歩旅行をさせるもので、非常時に許された旅行の一つのタイプであった。青年徒歩旅行運動は近衛内閣の時で、〔…〕この時文相になった荒木貞夫大将は関係がある。〔…〕

荒木貞夫はあれでなかなか渋味もあった男で、青年徒歩旅行の計画を持っていくと、青少年を質実剛健に歩かせることは大賛成だ、独逸の青年のように日本の青年を

訓育することはさらに結構だとばかり大賛成で、三越の鉄道、ツーリスト・ビューロー共催の青年徒歩旅行の展覧会に見物に来た。[12]

その展覧会は、この間故人となった観光連名前事業課長安倍貞一の企画したもので、荒木文相は、一時間あまりをかけて丹念に安倍の説明をきいて会場を歩いた。

青年徒歩旅行の服装の前に来ると、国民服に似たカーキ色のハイキング服を撫でて、

「なかなか立派なもんだ」

と言った。説明役は、

「こんな立派な服を着ないでもあり合せの服で青年徒歩旅行は出来ます。質実なこの種の旅行には汚れてさえいなければ古服で結構なのですが」

と弁明した。すると荒木文相は

「いや三越じゃとて儲けなければなるまい。せいぜい立派な服を売るがいいよ。服装はきちんとしている方が、徒歩旅行運動もさかんになるであろう」

と言った。

荒木はチョッピリ鎧のかげから文化人らしいことを洩らした上、

「青年徒歩旅行　荒木貞男」と色紙に書いて帰って行った。

これで青年徒歩旅行だけは軍の圧迫もなく、楽々と大手を振って山野を跋渉することが出来た。

このお墨付きの色紙はビューローの本部に掲げておいて、ハイキングを青年徒歩旅などと、看板だけ塗りかえて、依然としてやっていた。すると大尉級の軍人が、団体旅行など怪しからんとつっついても大将がいいと言ったと、この色紙を持ち出すと黙って帰って行ったものだ。[13]

続けて青年徒歩旅行（図３）の普及と衰退について、とくに戦時色が強すぎて敬遠されたのが衰退の原因だということについて。

青年徒歩旅行（ワンダー・フォーゲル）は名鉄局長をした田中信良などが早く目をつけたが、この運動は東鉄旅客掛長だった故人高橋定一（前華北交通総務局長）などが東京で実行に移した。ハイキングやスキーの大家茂木慎雄が研究して、実行面を本省旅客課宣伝の吉田団輔などと指導したものだ。

全国の学校や寺院や街道筋の旧本陣などを宿舎にして、汽車に乗るより歩きまわる方に重点を置き、野外の炊さんや簡易宿泊の経験を重んじたが、その両端の汽車賃の方は国民体位の向上のためとあって五割引という大幅のものであった。

三、四十人が一隊となって、太陽を象徴する黄色地に黒く三本足の烏を描いた隊旗を先頭に、軍隊式に行軍するもので、その第一回は相模野に向かって行進し、参加者三百人余であった。

この妙な隊旗は私の発案で前記の安倍貞一が苦心して図案化したもので人気があった。言うなれば旅行の軍隊行軍化なのであった。

三本足の烏の隊旗は太陽信仰の印で、旅行の変型につれて生みだされ、奇妙なものであった。

この青年徒歩旅行は、軍人文相御推薦とあって一時は大流行であったが、やはり苦労を伴う旅行なので、いつの間にか消え、その流行期間は僅か二年にすぎなかった。

だからこそ此処に記して置きたいと思うのであってすでに、これを記憶している人も少ないであろう。線香花火のように消

図３　青年徒歩旅行の鉄道省ポスター（左下に三本足の烏の隊旗）
『旅』1938年（昭和13年）９月号裏表紙

えたところを見ると、やはり時局便乗色が濃すぎた結果であろう。(14)

敬神崇祖の旅

一九三八年（昭和一五年）以降、「青年徒歩旅行」と並んで打ち出された旅行スタイルが「敬神崇祖の旅」であった。伊勢神宮をはじめとする各地の神社、楠木正成などの銅像や博物館、各地の城郭、国立公園などを目指した旅行が、スキーや駅スタンプの収集など「趣味の旅行」に代わって推奨された。近代性が宗教性からの脱却を一つの特徴とする観点からすれば、「国家神道」に基づく「敬神数祖の旅」は近代性の衰退の面もあるが、実態は必ずしもそのようなものではなかった。「敬神崇祖の旅」について青木はその経過と実態を次のように記している。

青年徒歩旅行と併行して行なわれた時局型旅行は敬神崇祖の旅行、いいかえれば江戸時代から存した神もうで、お寺参りの方は数種のパンフレットが出来、南朝の忠臣の遺蹟めぐりなどさかんであった。これは日露戦争のあった明治三十七、八年に、日本の旅行界はどんな風であったかを調べて見ると、戦勝祈願で全国の神社仏閣が大変な賑やかさであったことが判り、この古い新聞記事から思いついた趣向であった。〔…〕ただ、旅行者は旅行がしたいから戦勝祈願に名をかりて、付近の名勝や温泉で、息抜きをしようというのであったから、案内記に書いてある神社の縁起を神主から長々と一席ブタれるには心中閉口していたのである。(15)

(2) 第二期：一九四一年（昭和一六年）－一九四二年（昭和一七年）遊覧旅行の抑制

日中戦争の激化に伴って、一九三八年（昭和一三年）四月に「国家総動員法」が制定実施され、車両などの輸送用物資は「総動員物資」となり統制対象となった。(16)

戦時期の鉄道輸送の変動

戦時期鉄道輸送の変化を、総務省統計局「日本の長期統計系列」と日本国有鉄道編『日本国有鉄道百年史　第10巻』をもとにまとめると次のようになる。

昭和一一年から貨物車両が急増し、終戦まで一・六倍ほどに増えているが、旅客車両と機関車はほとんど増えていない。鉄道輸送人員については、昭和一一年から昭和一九年にかけて二・六倍（国鉄は二・九倍、民鉄は二・四倍）に増加した。国鉄に限れば、旅客人員は二・九倍になったが、旅客列車設定キロ数は〇・九倍に減少し、一車両あたりの輸送人キロは二・四倍になった。

遊覧旅行の制限

このような運輸量の激増に対して、昭和一五年までは、関門トンネル建設、広軌新幹線計画、朝鮮海峡トンネル計画、大量輸送適合型の機関車開発など、輸送力を増強する対策が試みられたが、戦局が膠着し長期化が不可避となるにつれて、資材の供給不足、改良工事の延期、車両増備・線路増設の困難などによって、軍事輸送確保のためには、輸送システムを総合的に調整することが必要となってきた。個々の輸送力増強計画からしだいに総合的な調整の措置に重点が移動することになった。

国家総動員法の具体化の一環として、一九四〇年（昭和一五年）二月一日、陸運統制令が公布された。陸運統制令は、鉄道大臣に陸上運送事業者に対する貨物運送に関する各種の命令権限、重要物資の大量輸送に際して協力義務を課す権限などを付与するものであった。

以後、輸送システムの総合的調整のなかで、物資輸送を確保するために旅客運輸を統制することが主要課題の一つとなるのだが、まさにこの点に戦時体制と旅行者との軋轢が集中的に現われてくることになる。

団体旅行の規制は、一九四〇年（昭和一五年）一一月一〇日の紀元二千六百年の奉祝行事以前にすでに開始されていた。一九四〇年（昭和一五年）の三月から四月の時点では、例年増発されていた近距離のお花見列車は廃止された。しかし他方では、「遊楽旅行はご遠慮下さい」という条件つきではあれ、長距離の臨時列車はまだ増発されていた。紀元二千六百年の奉祝行事終了後は、戦時体制の引き締めがいっそう強化されるが、輸送システムのもっともわかりやすい問題点は混雑という現象であるので、混雑緩和が政策的な目標となる。混雑緩和のためにもっとも強く制限対象となったのが「遊覧旅行」だった。例えば次のような新聞記事が典型的である。

混雑極まる列車　インフレに浮かれた旅行者　消費規正の徹底へ　太田正孝　近頃汽車の混雑は、どうしたことか。西へも東へも、どの列車も満員である。特急券や寝台券は、なか〳〵手に入らない。それも本当に忙しい人たちが、忙しく働いてゐるための記者の混雑ならよい。しかし、ちかごろのは、ちがふ。いわゆるインフレにうかれた物見遊山や、形ばかりの何々大会へ集まるための往来がふえているのである。(17)

多様な団体旅行

八月には、企画院で検討していた「国民奢侈生活抑制方策」が各省で具体化され、「遊覧旅行」の制限も盛り込まれ、「遊覧団体旅行の制限、特に新聞社旅行会による所謂会員募集の遊覧旅行抑制　個人旅行についても出来得る限り遊覧旅行を制限するよう指導する、遊覧船の運航を休止しまたは制限すると同時に使途につき適当な指導をする」(18)とされた。同年一二月には、スキーの車内持ち込みを制限するために、持ち込みできる列車を特定し、先に荷物として送ることが推奨された。また年末には、寝台車と食堂車の連結を廃し三等車の増結、急行列車の乗車制限、学生割引証による乗車券発売停止など、「空前の乗車制限」が行なわれた[19]。以後、春秋の行楽シーズンと盆暮れの帰省シーズンの旅行制限が行なわれることになる。しかし、こうした措置にもかかわらず団体旅客は増加した。次の「団体客の取り扱ひ　旅行協会に任す　混雑に国鉄の悲鳴」との新聞記事に一九四一年（昭和一六年）当時の団体旅行の種類の多さを確認することができる。

鉄道省では最近旅客の殺人的混雑にもかかわらず、団体旅客の輸送には特別の手配を行ひ乗客の希望にそふやう輸送の円滑を図つて来たが、昨今国鉄の事務はますく多忙を極めるばかり、その上殊に団体旅客は激増の一途を辿る傾向にあるので団体旅客の取扱ひの改正に取掛つてゐたところ、この程その大綱が出来上つた、それによると現在普通団体のみの斡旋取扱ひを行つてゐた日本旅行協会にその取扱範囲を拡大させるといふところに重点をおき、原則として、

一、内原訓練所に入所訓練をうけるための団体旅行
一、各商店、工場、会社の従業員の厚生旅行
一、学生、生徒、児童の参宮団体
一、一般、学生勤労奉仕団体
一、日満支の一般旅行団体
一、視察団体
一、相撲、俳優等興業団体等の特別団体、勤労奉仕団、日満支団体、視察団体を取扱ふ［…］[20]

戦時陸運非常体制

一九四一年（昭和一六年）一一月に「改正陸運統制令」が公布され、旅客と貨物の輸送の計画性の向上、現存設備・資材の合理的利用、陸上運送事業の統合などについて、鉄道大臣の権限をいっそう強化するものであった。「不急の輸送の抑制」「不急事業の休廃止」「緊急輸送の強行」等の実施が可能になった。

軍関係輸送の増加、大陸との交通量の増加、資源開発、経済統制と並んで、商船の軍事転用とガソリン消費規制強化によって、これまで船舶やトラックで輸送された物資が鉄道輸送に転嫁されたことが鉄道の過度の負荷の要因とされ、これを「輸送の計画化と統制の強化」によって乗り切るとの方向が示された。

太平洋戦争開始一年目、初期には華々しい戦果もあったが、一九四二年（昭和一七年）六月のミッドウェー海戦での敗北を境として不利な状況が続き始めた。このような情況を背景として一九四二年（昭和一七年）一〇月「戦時陸運非常体制要綱」が決定された。この措置は、「改正陸運統制令」を引き継いで、第一に計画輸送の強化、第二に海上貨物の陸運転移を柱としているために、鉄道貨物輸送量はいっそう増加した。施設の老朽化、資材不足、熟練労働者の軍要員化、未熟練労働者と女子職員への交替、このような条件も重なり、旅客輸送制限が喫緊の課題となった。

この「戦時陸運非常体制」を構築するために、様々な制限措置が追加される。まず東京鉄道管理局管内では、一一月から旅客列車の削減とともに、土曜日、日曜日および祝祭日に乗車指定制、急行列車の近距離乗車制限などを行ない、温泉地熱海に向かう旅客と買い出し旅客の封鎖を狙った。[21]

抜け道

しかし、このような制限も必ずしも強権的に行なわれたわけでなく、例外や抜け道があった。一九四二年（昭和一七年）一一月一二日付『朝日新聞』の記事「旅行制限〝急用〟に親心　各駅長の裁断にまかす」は次のように説明している。

来る十四日から東鉄指定区間内に実施される旅行制限（当日乗車券発売禁止）にあたつては、軍務はもちろん令状を提示するので問題なく、官公庁の要務を帯びる出張などの場合は公務割引証を提示すれば許可され、また定期券および前々日以前に発売された回数券は当日も使用出来るが、一般乗車券と同様回数券の当日売りはしない。なほその他人事の急に際しては各乗車駅々長の裁断にまつこととなつてゐる。

一九四三年（昭和一八年）七月から、国鉄は「旅客運送規則」の一部を改正し、次の五項目の旅客規制をいっそう強化した。

（一）集団旅客の調整とその運賃割引制度の修正（二）会合割引の廃止（三）途中下車の取扱ひ一部改正（四）乗車券の寸法縮小（五）全急行列車に対する乗車列車の指定[22]

とくに（三）の内容と理由は次のように説明されているが、途中下車前途無効を覚悟して温泉地に行く者が多かったという実情があった。戦時体制初期の積極適応的・便乗的行動が抑制されたときに、いわば脱法的な行動が登場したのである。

乗車券の制限発売をする区間では、従来任意に途中下車した者には前途無効の取扱ひをしてきたが、この制限を無視して依然統制を紊す者が少くないので今後はこの場合原券を無効とし、さらに別に相当運賃とこれと同額の増運賃を取る、例へば名古屋行の切符で熱海に途中下車すれば、無札旅客と同様に取扱はれ、名古屋行切符を没収されるほか、熱海までの運賃とその同額の増運賃を払はねばならぬ、また乗越しも増運賃を取つて輸送調整の徹底を期する(23)

途中下車した場合には、原券を没収することに加えて下車駅までの倍額の運賃を科したが、後に見るように、こうした措置もほとんど効果を上げることができなかった。

(3) 旅行規制を巡る『旅』誌上での意見交換

こうして、一九四〇年（昭和一五年）の前期から旅行の制限が強化され、一九四一年（昭和一六年）一一月の改正陸運統制令の実施、一二月の太平洋戦争開戦、一九四二年（昭和一七年）一〇月戦時陸運非常体制要綱の決定と、しだいに統制が厳しくなったわけだが、旅行制限が強化されるにしたがって、旅行という文化の存在そのものが問われるようになる。

一九四〇年（昭和一五年）の後半以後、雑誌『旅』は、不要不急旅行の中止、遊楽、避暑、登山、温泉旅行の中止といった旅行制限の方針に沿って編集され特集が組まれることとなる。例えば、

一九四一年（昭和一六年）九月号　旅の理念　今日の旅行観
一九四一年（昭和一六年）一〇月号　今日の旅行観
一九四一年（昭和一六年）一一月号　旅行の計画化
一九四一年（昭和一六年）一二月号　旅行の計画化
一九四二年（昭和一七年）四月号　旅行と情操教育
一九四三年（昭和一八年）一月号　戦時旅行の指導講座

一九四三年（昭和一八年）三月号　旅行指導　婦人の立場から・遊楽旅行批判
一九四三年（昭和一八年）四月号　旅行指導　婦人の立場から・遊楽旅行批判

このような特集を組みながら、一九四三年（昭和一八年）五月号から「旅行指導雑誌」と位置づけられることになる（**図4**）。

これらの特集のなかで、旅行のあり方を巡る識者・文化人の様々な意見が出されるが、それらは、「遊覧的な旅行」は中止すべきという点では一致していても、「不要不急の旅行」を全面的に抑制すべきという意見と、厚生・保養・慰安・敬神崇祖・健康増進といった目的の旅は許容すべきという意見に大別することができる。

全面的旅行抑制

まず、不要不急旅行の抑制に重点を置いた意見。

図4　『旅』1943年（昭和18年）7月号表紙

「要するに止むを得ざる用事以外の旅行は一切見合わせる事」内田清之助[24]

「旅を行楽の一断面と考へる思想を一擲し、国家に対する職責上必要欠く可からざる目的に限定することを要望する。」渡邊万次郎[25]

「今までのやうに、婦人がきらびやかな衣裳で旅をする非常識が、自然にみとめられて来るでせうし、〔…〕旅行が実用本位になる筈だと存じます」村岡花子[26]

「物見遊山の団体旅行など、絶体に廃止したいと思ひます。よく何々講など、いふ信仰団体で、その実、遊びや見物の旅行団体のために、一般の旅行者が迷惑してゐるのを見かけます。信仰といふ名目はいいのですが、実際は困つたものだと思ひます」中村武羅夫(27)

「不健康な旅客の来遊を或る程度に制限するが一番よいと思ひます。／時節柄、道徳的反省に待つことは手緩く且つ無効と思ひます」神近市子(28)

慰安・厚生の必要性

しかし、そうした制限の下でも、慰安旅行や厚生旅行の必要性、また旅行の教育的効果への訴えは残り続けた。

「時局下の旅は用件本位とすること、遊覧は平時のこととしてよかるべく、但し老者弱きものの保養の旅、青年男女が体力鍛錬の旅はこの限りにあらずと存じます」新井格(29)

「所謂旅は身心鍛錬がその目標でなければならないので、物見遊山は断然慎まなければならない。〔…〕処が斯くいふもの、、それだからとて旅は一切してはならぬと厳禁するのはどうかと念ふ。又心身鍛練といふても悉くリユクサツクを背負つて、乗物に乗つてはいかぬ、歩かねばならぬといふのも無理であろう。ゴムでも何でも年柄年中張り切つて居ると終ひには切れる虞《おそれ》もある」服部文四郎(30)

「現下の非常時局に於て、必要の用向は別として、観光や慰安の為の旅行は見合はせたが宜からうと云ふ人があるが其れは甚だ認識不足と思ふ。〔…〕国民挙《こぞ》つて大いに働かんとするには、旅行に依つて肉体も精神も時々慰めることが最も必要であると確信する」坪谷水哉(31)

「旅行をおつくうに思はず、相当の年になれば一人で遠方へ行く元気のあること、外地や海外へまでも出かける機会を与へることが、日本人の将来の活動が今までとは比較にならぬ程拡大になつた今日に於て特に切要なるを

覚える」安倍能成[32]

「忙しい中をさいて遊楽旅行に出るといふことは、再び帰つて仕事を元気よくやるのに大切なことだと思ひます。〔…〕私は忙しい男性の方達が少しでも厚生の意味での御旅行をなされるやうに念じてゐます。」黒田初子[33]

「此の頃では工場、銀行、会社、組合等の小団体遊覧旅行を少なからず見受けます。工場や会社等の費用でする場合は、懐は殆どいたまない訳ですが――、それだけにかういふ旅行が多いといふ事にもなりませう。／平常の疲れをいやし、浩然の気を養ふ事も必要でせうから、あながち悪いとも申されませんが、家や子供に縛りつけられてゐる主婦からみれば、工場や会社、組合等で主婦を初め家族も一緒に慰安していたゞくやうな催し、――割合に近いところで映画会、運動会でも結構です――をしていたゞけれたらどんなにうれしいか知れません。」市川房枝[34]

「厚生運動」の立場から、勤労者の実態を踏まえて、「勤労者の旅」の必要性を鋭く主張したのは鈴木舜一[35]であった。

戦時陸運体制が閣議によつて決定をみると「遊び歩く」ことが「悪」になつたといふ感じを強く与へ、生産拡充に総進軍を敢行してゐる勤労者にとつて、従来いはれていゐた慰安、娯楽をすべて採りあげてしまひ、これが戦時国民生活だと決めてしまつたやうな矛盾を味はせ「勤労者にはお気の毒ですナ」といふやうな言葉を私共も屡々《しばしば》、耳にし出した。〔…〕「息抜き」や「気晴し」によつて、明日の勤労エネルギーの蓄積を、極力、慫慂《しょうよう》〔誘い勧める〕してゐる厚生運動の立場からすると、一体、こんなことでいゝのかといふ感じを鋭く与へもする。〔…〕戦時陸運体制をもつと強化しても、尚、日本に於いては、勤労者のたのしみを十分尊重して、汽車の旅を考へて行く事が出来る、と考へて行くべきだと信じてゐる。そこに「勤労の尊尚」が生まれ「勤労の生産性」がもたらされるとすれば、戦時下であればこそ、勤労者の旅が正当に考へられて然るべきだと思つてゐる。[36]

ごった返す温泉地

青木槐三が描く一九四二年（昭和一七年）頃の情況は、きわめて跛行的であり、一方での旅行自粛と、他方での遊覧旅行の盛況という事態が同時に見られるようになっていた。

翌十七年を迎えると、輸送の緊急下ではいかに旅行好きの日本の大衆も、もはや遊覧旅行は大詔奉戴日や隣組の手前もあって、断念せざるを得ぬ状態になっていた。／ところが、実際は一向に旅行の自粛は出来なかった。遊覧旅行どころではない。親の死に目にあう旅行すら困難であったが、温泉地はごった返す盛況であった。[37]

昭和十七年の鉄道の乗客の有様はどうであったか。その旅行に現われたところはまずまずその数を増し、通勤、通学、工員輸送、公務の旅行、応召、見送人の旅行等でどの列車も満員であるのに、なお遊覧旅行者は増加する一方で、列車は混雑を繰返し、発着は遅れ、乗越しができ、いくら鉄道が不急不要の旅行を遠慮して欲しいと種々のポスターを掲げ、種々の方策を樹てても糠に釘であった。[38]

こういう跛行的な情況は、規制をかいくぐる脱法的な行為が広範に広がっていたことを示している。

規制を巡る意見の違いと軋轢

増大する貨物輸送を確保するために旅客輸送を削減せざるを得ないという点では一致していても、旅行の全面的な削減を目指すか、「厚生運動」的な観点での旅行の確保を目指すかという方向性の分岐があったことはすでに見た通りである。また、こうした政策次元での分岐とは別に、旅行制限政策の抜け道を探る脱法的な仕方で様々な観光的・娯楽的な旅行が行なわれていた。つまり政策と現実との乖離も深く進行していたのである。

戦時下の旅行のあり方を巡るこうした意見の交換が行なわれつつ、また他方で政策と現実との乖離が進みつつ、太平洋戦争の敗色が濃くなるなかで、雑誌『旅』は終刊を迎えることになる。

終刊の前月号には、「〝乗らずに歩け！〟大東亜決戦下、鉄路の担ふ使命は愈々重大性を加へて来た。列車はあげてこれを大切なるモノの輸送へ――、直接に戦争に関係のない旅行は総て中止しよう、山も海も徒歩で行け！　乗らずに歩く旅のみが戦時下に許された唯一の旅行策だ」とのリードの記事が掲載される。目的地までの汽車利用を前提した青年徒歩旅行はこうして幕を閉じた。

3　『交通東亞』が映した戦争末期の軋轢

(1)　雑誌と記事の概要

『旅』の発行母体であった「日本旅行倶楽部」の活動停止と「新団体による新運動」という予告が『旅』一九四三年（昭和一八年）七月号に掲載され、『旅』一九四三年（昭和一八年）八月号（終刊号）では、『旅』が「東亞旅行社の機関誌として更に重要な使命を帯びて決戦下の東亜交通界に貢献する筈[39]」であることが予告され、次のような形で連続性が強調された。

「旅」は廃刊になりますが、然し雑誌はなくなる訳ではありません。もつと時局に相応しい新しい雑誌に生れ変る為の廃刊なのです。今度は名実ともに東亞旅行社の機関誌として、大東亜にどつかり腰を据ゑた決戦型の新雑

誌が生れ出る筈です。(40)

『交通東亞』一九四三年（昭和一八年）一〇月号（第一巻第一号）に掲載された「男爵　大蔵公望」名の「発刊の辞」は以下の通りである。

今回雑誌「旅」に代えて、本社は機関誌「交通東亞」を発刊することとなつた。「旅」は十年の歳月に亘り読者諸君にしたしまれつゝ、時に応じて旅行の知識を供与し、旅客を啓蒙する役割を果した。東亞旅行社もまた二十年の社歴を通して、内外旅行者の斡旋に当り、東西人文の交流に貢献を致して来た。

然るに大東亜戦争が決戦段階に進むや内外の情勢は全く相貌を一変するに伴ひ東亞旅行社は昨年十二月八日、大東亜戦争一周年を期し飛躍的な改組を行ひ、その性格に於て、規模に於て、また構想に於て、面目を一新して時局の要請に応へることとなつた。即ちその業務の内容は、或は戦時下の旅行規正の協力であり、国策旅行の指導であり、或いは国情文化の紹介であり、その地域は満洲、支那大陸はもとより遍く南方共栄圏に亘るのである。

本社の新しき使命と抱負に基き「旅」もまた「交通東亞」と改称せられ、ここにその創刊号を出すに至つた。その目標とするところは、一つには時局下の複雑なる交通事情を平易に報道して旅客の理解に資し、以て決戦下の旅行規正と輸送力増強の一助ともなし、一つにはまた廣く共栄圏各地の未知なる自然、人文の姿、建設進行の実相等を紹介して、雄渾なる大東亜建設の構想に資せんことを期するものである。読む人、希くば「旅」に寄せられた同情を層一層この雑誌の上に与へられんことを。(41)

『交通東亞』の目標が、第一に「時局下の複雑なる交通事情を平易に報道して旅客の理解に資し、以て決戦下の旅行規正と輸送力増強の一助」となることであり、第二に、「広く共栄圏各地の未知なる自然、人文の姿、建設進行の実相等を紹介」することとされていたように、①交通政策を解説して統制への理解を求める記事と、②占領地域・戦闘地域を紹介する記事がこの雑誌の主要な柱となっている。③また旅行雑誌として、鉄道関係の科学読み物や小説、時刻表などが掲載されている。発行当初は四〇ページを超える分量があったが、昭和一九年末頃には二〇ページ程度になっている。

『交通東亞』が発刊された時期は、一方では旅行の抑制がますます強化されたが、他方では人びとの多様な旅行への意志や必要性はいっこうに衰えはしなかった、そういう時期である。こうしてこの時期は、第一に、交通システムの維持を巡る政策的模索、また第二に、政策と実態との乖離の拡大によって特徴づけることができる。そうしてまたこの時期は、政策的な抑制が不服従的行動によってしだいに不可能になり、総合的な交通システムの構築という政策目標自体が破綻していく時期でもある。

『交通東亞』はこのような二つの矛盾を映し出すことになる。

(2) 旅行制限の展開——旅行制限の二つの方法、量的制限と質的制限——

前節で見た、旅行全般の制限と厚生的旅行の確保という方向の分岐は、政策的には、交通の「量的制限」と「質的制限」という二つの手法の対立となって現われる。

旅行の「量的制限」とは、様々な形での旅客列車の削減と切符の販売数の制限といった措置を意味し、「質的制限」は旅行目的に応じた制限を意味している。「量的制限」は一九三七年（昭和一二年）の日中戦争の全面化から始まったが、「質的制限」が正式に政策に盛り込まれるのは、一九四一年（昭和一六年）一一月の陸運統制令全面改正からである。その第二条は「鉄道大臣ハ命令ノ定ムル所ニ依リ国ノ営ム運送事業ニ関シ一定ノ人若ハ物ノ運送ヲ拒絶シ又ハ運送ノ順序若ハ方法其ノ他ノ事項ヲ指定シテ運送ヲ引受クルコトヲ得」(42)とされた。しかし、「質的制限」を恣意的でなく国民の理解を得られる公平な形で実施するのはきわめて困難であった。陸運統制令全面改正以降も「量的制限」と

「質的制限」との関係についての議論が続くことになる。

質的制限論

福井福太郎（当時、鉄道省業務局制度課鉄道官）は、旅客運送の量的な制限は「消極的な方法」であり、「時局下重要なる旅行も不必要乃至不急の旅行も、其間殆んど区別を設けず、一視同仁的な取扱ひをしてゐる点に頗る不合理不公正」として、その問題点を指摘する。この観点から、団体旅行の目的による制限とその運賃割引制度の修正、会合割引の廃止、途中下車の取扱い一部改正などを含む一九四三年（昭和一八年）七月からの「旅客運送規則の一部改正」を「質的統制」という究極目標への第一歩と位置づけた(43)。

「戦時陸運非常体制に関する基本方針」に従って国鉄は一〇月から時刻表を改正したが、『交通東亜』創刊号において、この改正について堀木鎌三（当時、鉄道省業務局長）は、貨物列車の増発が主目的であり、通勤通学用の列車は確保するので、結局一般旅客用の普通列車と急行列車は三割削減することになると説明したが、質的調整については慎重だった。

> 国鉄一日の乗降客は一日約七百万あるが、そのうち定期の旅客を除く一般旅客が三百数十万ある。これを一々質的に調整することは、労力其の他の上から全く不可能で、これは各国共手を焼いてゐる問題である。情況によつては、今後鉄道が強制力を以て、実際戦争の性格に合はない旅行は排除すると云ふ処迄行かないとは言えないが、目下は未だその準備時代で、今度の時刻改正がどの程度国民に理解されるかを暫く見度いと考へてゐる(44)。

同じく『交通東亜』の創刊号では、「ドイツの許可制旅行」というタイトルの記事で、切符は市内各所の「ライゼビューロー」でのみ販売し、乗車許可証も「ライゼビューロー」に割り当てられていて、早い者順に交付しているという「乗車許可証制度」の実態が紹介されている。また「世間の人間は警察や戸籍吏には中々嘘を吐き難いらしいが、鉄道には実に徹底的に嘘を申告するものだ[45]」というドイツ交通省書記官の話を紹介している。

質的制限への疑問

『交通東亜』一九四四年（昭和一九年）一月号に「対談・決戦下の輸送を聴く」運輸通信相鉄道総局長官 長崎惣之助と、東亜交通公社本社文化部長 入澤文明との対談が掲載される。この対談のなかで、国鉄の対応は生ぬるいという批判に対して、長崎は質的制限に同意しがたい鉄道人の「本能」について語っている。

> 一般旅客も御存知の通り「不要不急の旅行は一切止めましよう」と官民協力の下に声を大きくしていろんな運動をやつているがなかなか減少しない。〔…〕われ〳〵が若し安易な道を求めんとするならば〔…〕旅行者の立場や事情など考へないでどし〳〵輸送調整を強化して行けばいゝわけなんだがわれ〳〵輸送人は物や人を運ぶことを己の任務としてゐるのであつて、与へられた条件の許す限り一人でも多くの旅客を一噸《トン》でも多くの荷物を輸送したいといふ本能みたいなものを持つてゐるんですね。だから強権を発動して人や物を押さへるよりは出来るだけ運んでやりたい運ばねばならぬといふやうな気持を有つてゐる。だからわれ〳〵輸送部門の担当側から断を下すべきではないと私は考へてゐる[46]。

量的制限と質的制限の併用

一九四四年（昭和一九年）二月「決戦非常措置要綱」が閣議決定され、三月にそれに基づいて、新たな旅行制限措置が「旅客ノ輸送制限ニ関スル件」として発表される。「旅行ノ自粛徹底ヲ期スルト共ニ旅客輸送（通勤及通学ヲ除ク）ノ徹底的制限ヲ実施」するとの方針の下で、運賃の値上げ、定期券での乗り越し禁止などと並んで、「乗車券ノ発売制限ヲ強化シ特ニ長距離旅行ニ付テハ旅行目的ニヨル質的制限ヲ併用ス」として、長距離旅行については「質的制限」を導入することとした。これを具体化する措置として、近距離と長距離についてそれぞれ次のような措置をとることとした。

（1）概ネ100粁以内ノ近距離旅行ニ対シテハ乗車券ノ発売枚数割当ニ依リ数量的ニ制限ス

（2）概ネ100粁ヲ越ユル遠距離旅行ニ対シテハ軍人及官公吏ノ公務旅行ニ付テハ所属官公衙ノ証明、其ノ他ノ旅行ニ付テハ警察署ノ証明又ハ之ニ準ズベキモノニ依リ質的ニ制限スルト共ニ前号ニ準ジ数量的ニモ之ヲ制限ス(47)

「質的制限」についてはこうして「旅行証明制度」として実施されることになったが、その詳細は次のようなものだった。

旅行証明制度　差当り東京都区内、川崎市内、横浜市内駅発の場合に実施する。警察署の旅行証明を要するのは大体100粁以上、時間にして2時間以上列車に乗る遠距離旅行をする場合は本人又は代理人が現住所（旅行の場合は現在地）所轄の警察署、派出所備付の旅行証明書に住所、氏名、年齢、旅行事由、乗車船区間を記入し係員の証明をうける。この証明書を旅行者は駅に呈示して乗車券を購入する。(48)

旅行規制の方法を巡る議論は、このような経過を経て、近距離は量的制限、遠距離については量的制限と質的制限との併用という形で整理され、実施されることとなった。

しかし、遠距離については量的制限と質的制限とを併用するというのは、質的制限の核心である「旅行証明制度」について、初めからその実効性に疑問がもたれていたからである。堀木鎌三（当時、鉄道省業務局長）は、「警察の証明を例にとつて見ても、先ず警察の方で輸送量と睨み合せて証明書を発行させるといふことは実際問題として非常に困難である。だからたとへ証明があつても量的制限は避けられないといふことになる」[49]と述べている。

警察による証明書はその濫発などによって結局機能せず、一九四四年（昭和一九年）九月以降「旅行証明制度」は廃止され、五月から実施されていた「前日申告制」は残されたが、現場駅長の判断に委ねられた。続いて一九四五年（昭和二〇年）五月に全国主要都市には「旅行統制官」と「旅行統制官事務所」を置き、緊急要務者に対する乗車券発売の特別承認など、駅長の業務を分担することとなった。このように終戦間際まで旅行制限の試行錯誤は続けられたのだが、このことはまさに、どのように規制強化しようとも、様々な手法で規制をくぐり抜け旅行者が決して減少しなかったことを示している。

次に、規制と旅行者との関係を見てみよう。

(3) 抑制政策と旅行実態との乖離

「不要不急の旅」の代表としての「遊覧旅行」の実態を把握する試みが何度か行なわれている。一九四二年（昭和一七年）五月の調査について、吉田邦好「最近の旅客輸送調整」のなかで次のように紹介されている。

昨年五月、東京、名古屋、廣島、福岡、仙台、札幌の各都市について、夫々の局が、旅客の申告に基く旅行目的調査を試みたが、調査都市の平均を求めて、百分比に出してみると、左の如き数字となつた（通常日調査）通勤、通学　三八％　軍務、公用　九％　社用其ノ他職務　八％　私用　四一％　遊覧　五％　遊覧と明らかに名乗る者は、全体の僅か五％であるが、私用四〇％には、或る程度遊覧分子も混つてゐると見るのが、至当であらう。〔…〕然し結局、旅客の目的調査を経た上で、旅行を許可することは、恐らく至難なこと。[50]

宮脇俊三は、「昭和一七年の末から一八年の夏休みにかけて、私は近距離・中距離旅行にしばしば出かけている」[51]が、その目的が汽車に乗ることと山歩きだが、買い出しを兼ねたものだったと回想している。息抜きや気晴らし、見物、必要物資の買い出し、旅が多目的化していき、目的別の分類は不可能になっていく。

私がしばしば近距離・中距離の旅行に出かけたのは、汽車に乗ることや山を歩くのが目的ではあったが、同時に、田舎に行けば何かしら腹のたしになるものが手に入るからでもあった。つまり買出しを兼ねていたのである。大きな荷物を背負った買出し部隊で、汽車はますます混雑するようになった。これに対して「鉄道は兵器だ」「決戦輸送の邪魔は買出し部隊」といった標語が駅に貼られたりしたが、効果はほとんどなかったと言ってよかった。[52]

一九四二年（昭和一七年）一〇月からの「戦時陸運非常体制」のもとでも、民間旅行斡旋業者七〇〇社以上の活動が続いていた。「神社仏閣などへの戦勝祈願や錬成に名をかりて、潜行的に温泉地帯の遊覧や買出旅行を斡旋」する業者があるとの理由で、一九四三年（昭和一八年）一二月にそれら業者に対する取り締まりが試みられた。

旅行斡旋業の取締が強化される　「旅行会」などの看板を掲げて、一般の旅行を斡旋してゐる業者は現在起業許可令に基いて承認されてゐるが、その数は意外に多く、全国で七百二十二名（東亜交通公社の百五十二名を除く）にものぼつてをり、国鉄で団体割引制を停止して以来、業者の中には神社仏閣などへの戦勝祈願や錬成に名をかりて、潜行的に温泉地帯の遊覧や買出旅行を斡旋するものが出没、決戦輸送の足並みを乱してゐるので、

〔…〕今後は旅行斡旋業者の事業内容を反復検査して、いかゞはしい者を厳重取締る[53]

決戦非常措置とそれへの不満

このような状況の下で、一九四四年（昭和一九年）二月からの「決戦非常措置」が決定され、実施に移されるわけだが、旅行の制限強化に対して、強い不満の声があがる。朝日新聞一九四四年（昭和一九年）四月九日付けの「旅行制限その後　堀木業務局長と一問一答」「社線の行過ぎ是正　ほしい利用客の自覚　定期券乗越禁止は変へぬ」と題する記事は、とくに定期券での乗り越しに対する措置（悪質な場合は定期券没収と三倍の運賃の徴収）への不満が強いとしている。

この時期の実態について、宮脇俊三は次のような抜け道があったとしている。

国電区間の切符ならば自由に買えるので、それを使って乗越す、という方法もあった。「乗越し」作戦は距離による旅客規制の弱点をついたもので、広くおこなわれていた。とくに日曜日になると、食糧買出しのリュックザックを背負った人たちが、国電区間の切符や定期券で汽車に乗りこみ、近郊の農村地帯の駅まで乗越した。そういう状態であったから四月から「乗越し」は厳しく禁止された。けれども、通路までいっぱいの列車では車内検札はなく、目的地の駅に着いてしまえば、罰として「発駅からの三倍の運賃を徴収」はされても、送還されるわけではなかった。三倍であれ五倍であれ、ヤミ食糧の価格にくらべれば、ものの数ではなかった。[54]

逸脱・不服従の広がり

また『交通東亜』一九四四年（昭和一九年）六月号には、「旅行の非常措置その後」として「東京地区の昨今」と「京阪神の実情は」という報告が掲載される。東京地区については「徹底して来た申告制」「楽になった通勤通学」などの小見出しで効果がしだいに現われてきているとしているが、最後に「苦言少々」としてきわめて深刻な実情を報告している。東京駅改札での事故件数は、昭和一七年度は六五六六件だったが、一八年度は一八三二件となった。期限切れの定期券による不正乗車、定期券での乗越しができなくなったために区間外での下車を、駅職員の制止にもかかわらず強行するといった明確な違反が増えている。この報告が示しているのは、もはや抜け道を探すというような脱法的な行動ではなく、違反を隠さない不服従的な実力行使が目立ち始めたということである。

旅行規制の行き詰まり

こうした不満の声や違反行為の増加に直面して、六月から旅行証明書と前日申告書が必要であったのを証明書をもって申告書に代えることにし、また定期券で乗り越した場合は定期券を没収としていたが、乗越区間の三倍の料金を支払うだけで、没収は取りやめになった。また九月から警察による旅行証明書も廃止されることとなった(55)。定期券による乗り越しに対して原券没収の措置がなくなると、今度は不正に定期券を入手して闇行商や買い出しに使う者が増えた。このため違反に対して取締の強化も試みられた。警察による証明書が廃止されてから、切符を求める行列は長くなる一方で、「どうにもならぬ(56)」事態に立ち至った。

終戦直前一九四五年（昭和二〇年）五月から全国主要駅には「旅行統制官」と「旅行統制官事務所」を置くこととなったが、統制官は旅客の嘘に悩まされることになる。

六月十日から旅客統制官が生れて駅の切符は全部統制官の手に移つた、拒絶を含む順序発売は駅の統制官、当日売りの緊急要務者用の特別詮議は統制官事務所の統制官が引受ける。／一、旅客はまた裏を行つた、某軍需監理官発行の証明書三枚に親子三人の名を書きつらねて統制官の前に現れる〝親子三人でここへお勤めですね〟〝いや実は私も勤めていないんです〟単純にかうぼろを出す者、〝君も官吏だし僕も官吏だ〟統制官を前に極めつける者(57)

戦争末期の旅行の姿を一変させたのは、一九四四年（昭和一九年）末頃からの空襲と艦載機からの攻撃であり、「列車も郊外電車もしばしば機銃掃射をうけるようになった。列車内では腰掛の下にうずくまったり、停車した貨車の下にもぐりこんだり、空襲サイレンと共に列車をとめて、走って付近の防空壕に待避したり、〔…〕。二十年の旅行は空爆下の旅行であったともいえる(58)」。列車は疎開者で超満員になった。終戦までに東京の人口は戦前の四割に減った。

4　戦争末期の異国憧憬
——旅行雑誌としての『交通東亞』——

(1)　記事の概要

『交通東亞』は、「時局下の複雑なる交通事情を平易に報道して旅客の理解に資し、以て決戦下の旅行規正と輸送力増強の一助」となることを第一の柱とし、「広く共栄圏各地の未知なる自然、人文の姿、建設進行の実相等を紹介」することを第二の柱としている。この第二の分野の記事は、対象となった地域（南方諸国〔西南太平洋地域〕、滿州、華北・華中・華南、国内の疎開先）での生活文化やその変化などの写真と素描、報道、紀行文、評論などである。

第二の分野の記事の中心となっているのは、「特集グラフ」と題された写真と解説文のページであり、確認できたすべての号に四ページを使って掲載されている。

また、東南アジアと中国関係のルポルタージュや紀行、歴史研究などの記事を執筆したのは、従軍記者、陸海軍の報道班員、省庁の事務官、日本放送協会、大学教授、雑誌記者などの肩書きをもつ人物であるが、とくに目立つのは、「絵と文」という形で、東南アジアと中国の自然と風俗を描き語った画家と漫画家である。(59)

ここでは、「特集グラフ」の題と「絵と文」などの題で記事を掲載した画家、海外を対象とした作品を掲載している漫画家をまとめておく（表1）。

(2) 旅行雑誌としての表紙画

「特集グラフ」の写真と解説文や画家による「絵と文」、さらに海外を対象とした漫画と並んで、あるいはそれ以上に「広く共栄圏各地の未知なる自然、人文の姿、建設進行の実相等を紹介」する役割を果たしていたのは、表紙のカラー印刷された絵画である。裏表紙が「勝つ為にまだある無駄を国債　債権へ」などと国債購入を訴える大蔵省のポスターや郵便貯金を訴える通信院のポスターであるのに対して、表紙は、南方の赤い花、民俗、市街地など、異国への憧憬を誘う絵画が採用されていた。もちろん戦時色が皆無であるわけでないが、戦闘機、日章旗、兵士が描かれる場合があってもそれはきわめて慎ましいもので、しかも三つの号の他は異国の平穏な自然、日常の風景、風俗を描いている。

確認できた各号の作家、タイトル、表紙画は以下の通りである（図5－図19）。

戦時中に戦争画の展覧会は多数開催されたが、陸軍省は、「戦争美術展覧会」（陸軍美術協会・朝日新聞主催、陸軍省後援）という戦争画の展覧会を、昭和一四年七月に第一回東京（上野・東京府美術館）をはじめとして、横浜・静岡・名古屋・大阪で開催し、昭和一六年七月に第二回を、上野公園内の日本美術協会で開催した。太平洋戦争の開戦とともに第三回展が企画され、報道班員として次の一五名の画家が南方に派遣された。(60) 藤田嗣治、伊原宇三郎、中村研一、

表１　『交通東亞』「特集グラフ」の表題と画家・漫画家による外国報告

		「特集グラフ」の表題	画家・漫画家による外国報告
1943年（昭和18年）	10月号	現地報告・再生スマトラ風物詩	佐藤啓「南の絵と文　比島人の信仰」 田村孝之介「南の絵と文　ビルマ人の身だしなみ」
	11月号	自粛しませう買出部隊	中村直人「雨の飛行基地（絵と文）」 笹岡了一「新国旗の下に（絵と文）」
	12月号	大東亜建設戦二周年	大久保作次郎「南方画信　絵と文　昭南の日本語熱」 鈴木栄次郎「南方画信　絵と文　フイリピンの鉄道」 三雲祥之助「南方画信　絵と文　はだしの生活」
1944年（昭和19年）	１月号	南の日本語学校	柏原覚太郎「文と絵　南の乗物」 渡邊浩三「文と絵　決戦下の雪国」 庫田叕「文と絵　かぢめの山」
	２月号	ボルネオ現地報告	茨木衫風「南方素描　ジャワの新舞踊」 清水登之「南方素描　ボルネオの親分「ガニ」」
	３月号	岩盤に挑む（北支鉄道建設記）	田中忠雄「絵と文　北洋に闘ふ船員魂」
	４月号	配備全し・疎開輸送陣	小林清栄「南方小景　絵と文」 太田三郎「スレンダー」
	５月号	鉄道の防空訓練	向井潤吉「サイゴンにて　絵と文」
	６月号	ジャワの学校	可東みの助「中支漫画行」 鈴木亜夫「コブラの踊り　絵と文」
	７月号	（不明）	
	８月号	南への錬成道場	高畠達四郎「印度兵の出征　絵と文」 島田啓三「南方漫画行（フイリピン・セレベス）」
	９月号	華中鉄道警護団	小早川秋聲「外蒙古　文と絵」 深澤省三「文と絵　北支最前線」 清水崑「南支漫画従軍」
	10月号	留日南方学生の訓練	有岡一郎「画と文　ガメランの夜」
	11月号	満鉄の少年輸送兵士	池田さぶろ「漫画現地報告　闘ふ満州産業」
	12月号	北の防人	
1945年（昭和20年）	１月号	その後の疎開児童	田邊三重松「雪中の温暖工場　絵と文」

図7　向井潤吉「南京城外」
1943年（昭和18年）12月号

図5　中村研一「南方の花」
1943年（昭和18年）10月号

図8　伊東深水「ダイヤ族の男」
1944年（昭和19年）１月号

図6　宮本三郎「フイリピンの子供」
1943年（昭和18年）11月号

図11　栗原信「椰子割」
1944年（昭和19年）４月号

図９　福田豊四郎「ワツト・プラケオ」
1944年（昭和19年）２月号

図12　中山巍「南方の女」
1944年（昭和19年）５月号

図10　伊原宇三郎「ビルマの瘤牛」
1944年（昭和19年）３月号

図15　清水登之「高梁の秋」
1944年（昭和19年）９月号

図13　鶴田吾郎「高砂族」
1944年（昭和19年）６月号

図16　脇田和「フィリピンの田園少女」
1944年（昭和19年）10月号

図14　笹岡了一「マビニの雨」
1944年（昭和19年）８月号

図19　池田永一治「社頭の荒鷲」
1945年（昭和20年）１月号

図17　酒井亮吉「舊城内の露店」
1944年（昭和19年）11月号

図18　柏原覚太郎「マニラの街」
1944年（昭和19年）12月号

宮本三郎、寺内万治郎、猪熊弦一郎、小磯良平、中山巍、田村孝之介、清水登之、鶴田吾郎、川端龍子、福田豊四郎、山口蓬春、吉岡堅二、これらの画家に「作戦記録画」の作製が期待された(61)。

『交通東亞』の表紙に採用されている絵画やスケッチの多くは、このような経過で作製されたものの一部と思われるが、日常の生活、著名な建物、特長ある自然風景の絵が選択された。たとえ戦時下でのそのような日常が暴力によって破壊されていたとしても、雑誌の表紙としてこのような絵が選択されたことの意味は決して軽くない。

「作戦記録画」では苛烈な戦場や戦闘前後の兵士が多く描かれているのに対して、『交通東亞』の表紙となったのは、異国への憧憬を表現した絵やスケッチであったことは、『交通東亞』がともかくも「旅行雑誌」であったことを示しているのではないだろうか。たとえ旅行抑制の理解を求めることを建前とする雑誌であったとしても、創刊に至る経過も、読者も、さらに編集者も旅行雑誌『旅』の延長であったのであり、表紙こそ、この雑誌の深い矛盾を端的に表わしている。

この雑誌の編集に携わった戸塚文子は、一九四六年（昭和二一年）一一月の雑誌『旅』の復刊号の表紙について次のように語ったことがある。

何といっても思い出は、昭和21年秋の復刊号。今でも覚えているのは表紙。それまでは必ず女性の顔がのっていたけど、どうしても人間のいない、それでいて旅情の漂う表紙が作りたくてね。場所探して、構図決めて、信州の信濃追分まで出かけたの。あのホームの柵とコスモスの咲いている写真、好評でしたよ(62)。

『交通東亞』の表紙にもこのような戸塚の選択が働いていたことは考えられる。旅行が政策的にも抑制され、また疎開や買い出しの旅というように観光的な要素の余地がほとんどなくなる時期に、なお表紙や記事のなかに異国の自然と風俗文化を見せることによって、旅行の文化を生き延びさせたことにこの雑誌の意義がある。

5 「戦争と旅行」を巡る時期区分について

戦時体制における文化的な活動のあり方について、赤澤史朗と北河賢三は『文化とファシズム』の序において、一九三七年から一九四五年の時期を三期に区分している。第一期は、一九三七年の日中全面戦争の開始から一九四〇年の近衛新体制の成立以前までであり、「新たに国家総動員の課題に応じて、「国策協力」に向けて国民や文化人の動員をはかる「積極的」統制政策」を指向しつつもなお「自由主義的な思想・文化の流れはなお持続している」時期である。第二期は、一九四〇年の近衛新体制の成立から太平洋戦争開戦までの時期である。この時期には、一元的な統合への動きが強まるが、その組織がいかなるものかなどについて「文化人の自主性を擁護しようとする志向と、これとは逆に国家統制を貫徹させようとする方向の二つ」がせめぎあう。第三期は、太平洋戦争の時期であり、「「国策協力」のための組織の一元的統合が完成」するが、「「国策協力」団体相互間や、「国策協力」団体の内部で、かなり異質な志向を雑居させることにもなった」時期である(63)。

本章で採用している時期区分は基本的にはこの区分に準拠してはいるが、「戦争と旅行」に限定し、さらに旅行者の対応も重視して、一九三七年から一九四五年の時期を次の三期に区分している。第一期は一九三七年（昭和一二年）七月から一九四〇年（昭和一五年）末まで、第二期は一九四一年（昭和一六年）一月から一九四二年（昭和一七年）前半まで、第三期は一九四二年（昭和一七年）後半から終戦までである。

第一期は、一九三八年（昭和一三年）四月の「国家総動員法」「陸上交通事業統制法」によって総力戦体制の構築が開始される時期であり、旅行の抑制が始まるが、厚生運動（青年徒歩旅行など）の高揚や戦時景気によって、戦時体制に積極的に適応した（便乗した）ツーリズムの展開があった時期（動員－積極的適応期）である(64)。

第二期は戦争が拡大し太平洋戦争も始まる時期であり、鉄道省の「鉄道旅客運輸の新体制」（一九四一年（昭和一六年）一一月）、「陸運統制令全面改正」（一九四一年〔昭和一六年〕一一月）など抑制強化政策が打ち出されるが、太平洋戦争の初戦の戦勝気分もあり、規制をかいくぐる脱法的な動きも顕著であった（統制－適応・脱法期）。

第三期は一九四二年〔昭和一七年後半〕から終戦までであり、「戦時陸運非常体制要綱」（一九四二年〔昭和一七年〕一〇月）、「決戦非常措置要綱」（一九四四年〔昭和一九年〕二月）による「旅行ヲ徹底的ニ制限」する政策が打ち出されたが、利用者の反発により「旅行証明書」が五か月で廃止になるなど、混乱が著しくなり意識的な違反も増加した、統制と不服従がせめぎあう時期（抑制－違反・不服従期）である。

旅行に関する総力戦体制が個々の制度の整合的な体系だった時期など少しもなかった。軍事輸送優先の観点から旅行の全面的抑制を目指す方向と厚生運動の観点から旅行の余地を残す方向との葛藤、旅行制限における量的制限と質的制限を巡る意見の差異、抑制政策と国民の旅行意欲との軋轢、このような不協和が終戦まで続き、また戦後にも続くことになる。

戸塚文子の戦後

最後に、『交通東亞』の編集に携わり、戦後の『旅』にも深く関わった戸塚文子（一九一三－一九九七）の終戦前後についてまとめておきたい。

戸塚は、昭和九年に日本女子大学英文学科を卒業、同年にジャパン・ツーリスト・ビューローに入社する。初の女性正規社員の一人であり、このとき『朝日新聞』で、顔写真付きで紹介される[65]。入社当初は本部案内所で、船舶での海外旅行の案内を行なっていたが、しだいに雑誌『旅』に記事を書くようになり、『交通東亞』が発刊されたときには、山下一夫、北条誠とともに編集員となる。「終戦の直前、二十年七月に本社の一部が疎開して、信州中野で終戦を迎え〔…〕すぐさま進駐軍向けの英文のガイトブックの編集[66]」から、戦後の活動が始まる。

戸塚は一九四六年〔昭和二一年〕一一月号に「萱平の秋」という旅行エッセイで終戦前後を振り返っている。

空襲にあけ空襲にくれた東京の生活、その焼跡に生命一つ拾つて戦ひは終つたが、はしなくも学んだ英語の知識と、観光事業に身を置いた経歴とが、私をほつとさせておいてはくれなかつた。〔…〕進駐軍上陸の予定をきいた翌日から、タイプライターのキイをあはただしく叩いて、ガイド・ブックを書く仕事が始った。ジープに同乗して臨時ガイドに出る、通訳、翻訳、英文書き。自分の仕事だけでもい、加減手に余るところへそれからそれへ友人知人の紹介で持込れまるのが、英語か進駐軍への用。

また『旅』一九四八年（昭和二三年）四月号に「茅ぐむ希望」という詩を書いている。

陽春――　あかるい空　あかるい瞳　心もかるく山路をゆけば　木々も芽ぐむ　希望も芽ぐむ
暗かった空　暗かった青春　かうして訪れた貴い春――　風はまだ冷たいが　遠い山にも路の辺にも　新しい生命がのびていく
陽春――　木々も芽ぐむ　希望も芽ぐむ(67)

戦争末期に『交通東亞』の編集に携わった戸塚文子は、一九四八年（昭和二三年）一〇月号から一九五九年（昭和三四年）五月号まで『旅』の編集長を勤め、一九六一年（昭和三六年）に日本交通公社を退社した後、旅行評論家、随筆家として、数多くの著書や発言を通して戦後旅行文化の発展のために活躍した。

第六章関連年表

年度	戦況・外交	旅行・交通・出版政策など	『旅』と『交通東亜』記事の例
一九三七 （昭一二） 後半	**7**北京郊外盧溝橋で日中両軍衝突（北支事変） （＊ゴシック数字は月を示す。以下同様）	**9**第一次近衛内閣「国民精神総動員」運動開始	7月号　夏山アラベスク　美人の産地報告 8月号　五大漫画家ユーモアコンクール　気に入った夏の旅行地 9月号　国境を越える峠　怪奇を求めて洞窟を探る 10月号　独逸の青年運動　十月の旅行好適地（費用概算附） 11月号　旅の三大読み物　汽車時間表 12月号　懸賞当選論文　汽車時間表
一九三八 （昭一三） 前半	**5**ドイツ、満州国承認	**1**厚生省設置 **2**グラフ誌『写真週報』創刊 **4**国家総動員法公布 **4**日本厚生協会創立（日本旅行協会加盟） **4**観光報国週間の標語「国土愛護、公徳心強調、心身鍛練」	1月号　旅で見た初日の出　グラビヤ：国民精神総動員！ 2月号　二月の行事案内（旅費概算附） 3月号　剛健旅行の精神　三月の健康街道を往く 4月号　僕の少年時代の剛健旅行 5月号　国立公園総行脚　旅で拾った純情　五月の野外 6月号　感心した旅行公徳　特集北海道　新緑の野外歩き
一九三八 （昭一三） 後半	**10**武漢三鎮占領	**8**ヒトラー・ユーゲント三〇人来日 **11**第一回日本厚生大会（東京） **12**東京市内百貨店クリスマスセール宣伝自粛	7月号　青年徒歩旅行　信仰の山々 8月号　青年徒歩旅行コース　好きな町並思い出す港 9月号　僕の草鞋時代　新秋自然科学の旅 10月号　旅行公徳再検討新版旅行べからず帖　十月ともなれば思い出す風景と食味（はがき回答）　車窓に名物を呼ぶ 11月号　秋の味覚　もんぺ時代 12月号　ヒットラー・ユーゲントの日本印象記　冬の健康地は
一九三九 （昭一四） 前半	**5**第一次ノモンハン事件	**2**鉄製不急品回収令 **6**ネオン禁止	1月号　日本青少年団の独逸印象記　雪の科学 2月号　中支画境（絵と文）　諸国庭園覗き 3月号　わが旅の伴侶　続雅号の由来　支那旅行の手引 4月号　カムチャッカ漁場を語る　フト買ひ求めた郷土玩具 5月号　乗物時代色　台湾の印象　特集・台湾の風物 6月号　話題の欧州より　カメラの六月　趣味の蒐集
一九三九	**8**第二次ノモンハン事件、	**10**価格等統制令。各種統制諸法公布	7月号　夏山健康街道　北海道を語る

（昭一四） 後半	独ソ不可侵条約締結 9第二次欧州大戦はじまる。四日、日本不介入声明	11白米禁止令 11第二回日本厚生大会（名古屋）	8月号　夏の我が鍛錬法　魅力ある山々・好きな山小屋 9月号　旅の良書珍本　守る公徳・輝く文化 10月号　大陸通信　旅日記の一節から「その頃」を語る 11月号　新大陸画信　故郷の秋色 12月号　時局と旅行の心構　続旅日記の一節　旅の雑記帳より　スキー代用品考　スキー公徳
一九四〇 （昭一五） 前半	5ベルギー、オランダ、ドイツに降伏 6ドイツ軍パリを攻略、フランス降伏	2国家総動員法に基づいて陸運統制令（鉄道大臣に、陸上運送事業者に貨物運送に関する各種の命令権限、重要物資の大量輸送に際して協力義務を課す権限、貨物引取人に引取命令を発する権限、運送事業者に統制協定を締結する旨の命令を発する権限を付与）、海運統制令公布	1月号　座談会・大和地方の聖蹟を偲ぶ　私の新婚旅行時代　正月の旅行プラン　紀元二千六百年を寿ぐ聖地の大祝典 2月号　早春随想　冬の山と都会　最近踏査：天孫の聖蹟　わが旅の記：奈良の風光　聖蹟を偲ぶ座談会 3月号　浅春随想　特派員踏査記：富士山麓の史蹟と産業 4月号　異郷に咲くさくら　季節の話題　大陸旅行心得帖 5月号　列車内犯罪座談会　自然科学の春：蝶は浮かれる　特集東京点描：東京の魅惑　私の散歩道 6月号　特集　我が村の自慢話　地方婚姻の奇習
一九四〇 （昭一五） 後半	9日本軍北部仏印進駐。日独伊三国同盟調印	7第二次近衛内閣成立、「基本国策要項」閣議決定 10大政翼賛会発会式（近衛文麿総裁） 10興亜厚生大会（大阪） 10紀元二六〇〇年式典皇居前で開催 12「日本出版文化協会」発足、「用紙割当の合理化」	（6「社団法人　東亜旅行社」に名称変更） 7月号　地方食味放談　名水の湧く里　近頃迷惑混雑時代　旅に使う十円の効用 8月号　抗日首都重慶　グラビア：逞しき樺太の躍進 9月号　働く女地方色　時局下の旅はかくあるべし　難行軍の想い出　グラビア：仏印風物詩 10月号　増産報国の秋　深秋興亜の女性美　座談会：戦時下のドイツ旅行界と厚生運動　旅のニュース：日満支交通一元化 11月号　厚生慰安の旅行プラン　徒歩通学の想い出　新東亜圏の話題　旅行界展望：正しい温泉療養を指導・別府で温泉講習会　改正ダイヤ十月十日より実施 12月号　旅行界二つの胎動：スキーヤーの組織化　鉄道側からスキーヤーへ：車内でもスポーツマンシップ　我が徒歩旅行の記録　観光地の新体制：旅館は社会の公器である　京都市観光課
一九四一	3松岡外相、ソ・独・伊	1鉄道省「鉄道旅客運輸の新体制」	1月号　新東亜共栄圏に観る：蘭印の風物　徒歩で行く神詣で：東京中心

年	内外の出来事	交通関係	『旅』
（昭一六） 前半	訪問 4日ソ中立条約調印	（一般団体割引の廃止など） 2交通政策要綱「日満支」総合的交通体制確立を目指す 3帝都高速度交通営団法公布	の敬神ハイク　旅の回覧板：観光券を旅行券に 2月号　旅行公徳一家言：親しみある旅行標語を欲す　大陸挺進隊の旅行報告：鉱物資源をさぐる　旅の回覧板：国際観光局が積極南進策 3月号　温泉地の近況を探る：熱海昨今記　三都中心隣組の旅行案：東京では　旅の回覧板：全国列車大増発：「旅」を教養資料 4月号　健全娯楽としての旅行　駅・車内浄化への私案：鉄道青少年団を　陽春四月の慰安旅行：家族向ハイキング（東京中心）　旅の回覧板：邦土美化入選標語 5月号　費用別の春の旅行地：東京中心・二円の旅　家族向の慰安旅行・東京では　駅・車内の浄化と我が駅の対策：清掃に協力して下さい　大阪駅 6月号　緑陰ハイキング：東京中心：千曲川のほとりを行く：大阪中心：惣河谷・裏中山コース
一九四一 （昭一六） 後半	7日本軍南部仏印進駐 12日本軍ハワイ真珠湾を奇襲。マレー半島上陸。対米英宣戦布告（太平洋戦争開戦）。ドイツ軍モスクワの敗北。日本軍香港占領	7第三次近衛内閣組閣 8アメリカ、ガソリンの対日輸出禁止 10東条内閣成立 11陸運統制令全面改正を公布（政府の民営鉄道に関する監督強化、民営鉄道二二社買収） 12御前会議、対英米蘭開戦を決定。	7月号　夏旅地方色：産業戦士のお盆休み　北千島に居住する人　大衆の夏山登山：日本アルプス初歩ルート（東京中心）　夏の保健施設案内：市設プール案内（東京の巻） 8月号　特集：夏祭地方色：仙台・七夕祭　特集：夏祭地方色：秋田・竿灯 9月号　旅の理念：旅を科学する　今日の旅行観：旅は行楽に非ず　登山と強歩訓練：登山者の指導理念　海外事情：昔の日本人が活躍した南洋の天地 10月号　今日の旅行観：遊びの旅を廃止すること：働くために慰安が必要：心なき者の旅行をやめさせたい 11月号　旅行の計画化　徒歩旅行者の歴史学：残されている江戸の城門　海外事情：東亜共栄圏と回教徒 12月号　旅行の計画化：計画は周到に　旅行と読書　旅の科学：旅と色感
一九四二 （昭一七） 前半	1日本軍マニラ占領 2日本軍パレンバン降下、シンガポール占領 5フィリピン・コレヒドール要塞陥落	1大蔵省、大東亜戦争国庫債券を発行 2食糧管理法を公布。食料の配給制 3出版文化協会、四月から全出版物の発行承認制の実施を決定	1月号　旅の句作：行旅春秋　旅の科学：凧の科学：鮪 2月号　皇軍占領下のルソン島　英領ボルネオとはどんな所か　マゼランと太平洋 3月号　満州国建国十周年満州特集：満州の衣食住：満州の風物：大東亜戦争と満州の鉄道

	6ミッドウェー海戦日本大敗	5東京鉄道局、乗客の旅行目的調査	4月号　旅行と情操教育：視野を拡げる：反省と自覚　東亜旅行社　旅行斡旋三十年 5月号　感心した旅館のサービス：土地の料理を活かせ：あとさきのサービス：或旅館の夜の感想 6月号　最近の旅客政策　車内訓への提唱
一九四二（昭一七）後半	8アメリカ軍、ガダルカナル島上陸	7関門トンネル開通、貨物運輸開始、情報局、全国主要新聞社の整理統合方針（一県一紙）を発表 8政府諮問機関、大東亜建設審議会「大東亜交通基本政策」答申。（共栄圏の総合的交通体制、東京・下関間の標準軌間による新幹線の建設） 10「戦時陸運非常体制要綱」決定、鉄道省、時刻表に二四時間制を実施 11鉄道省、行楽旅行、買出し部隊の抑制のため、乗車券の発売制限、乗越し禁止など 12日本出版文化協会、単行本五割、雑誌四割の用紙割当ての減配	7月号　海と船：船の起源とその進化　旅の科学：鳥で結ばれる東亜共栄圏　七月の健歩コース 8月号　国鉄はなぜ二十四時間制を採用するか　車内訓：車内の人間味：車内隣組の結成、少国民旅行制限緩和に対する感想 9月号　家族と共に楽しむ旅行　中央亜細亜の旅　二十四時間制と私見　鉄道開通七十年：一号機関車を訪ねて 10月号　鉄道開通七十年特集：鉄道七十年を迎う：驚くべき鉄道七十年の飛躍：大陸縦貫鉄道 11月号　その当時：鉄道七十年回顧　その当時：旅行界の今昔　その当時：初期の鉄道宣伝 12月号　長期戦下の旅ごころ　陸運非常体制について　大同石仏　旅館営業の向うべき道 （12「財団法人　東亜旅行社」に改組）
一九四三（昭一八）前半	2日本軍ガダルカナル島より撤退開始 5アッツ島守備隊玉砕 9イタリア降伏	2「出版事業令」公布、陸軍省ポスター「撃ちてし止まむ」五万枚配付。英語の雑誌名を禁止（『サンデー毎日』→『週刊毎日』、『エコノミスト』→『経済毎日』、『キング』→『富士』） 3建物疎開実施　戦時行政特例法・戦時行政職権特例等公布（首相の権限強化など） 5木炭・薪・重油・ガソリン・揮発油の配給制実施	1月号　戦時旅行の指導講座：旅行の非常体制　旅の時代的解釈：重点輸送と旅　飛躍的発展を期する東亜社の改組 2月号　これからの旅行文学　わが戦時交通政策の性格に就いて　童心に映じた汽車 3月号　旅行指導：旅の自戒：決戦下の輸送陣　婦人の立場から・遊楽旅行批判：全体統制の敢行を望む　南方事情：南の乗物（絵と文）三月の徒歩旅行：産業戦士向徒歩旅行（東京中心） 4月号　旅行指導：支那旅行の特徴：旅と防諜　婦人の立場から・遊楽旅行批判　旅行指導：混んでる列車・透いている列車　四月の徒歩旅行：産業戦士向（東京中心） 5月号　指導記事：戦時下のドイツの鉄道防空：敵機の空襲は必至：輸送

年	世界	国内	雑誌
		5日本美術及工芸統制協会・日本美術報国会	戦の実相 6月号 指導記事：集団旅行考：行軍錬成 幾山河（我が行軍の想い出）：泰面国境突破 南方事情：マニラのこの一年
一九四三（昭一八）後半	8日本軍占領下でビルマ独立 10フィリピン共和国独立、出陣学徒壮行会 11大東亜会議開催	7鉄道省、急行列車の自由乗車制を廃止し、すべての乗車列車を指定制に 10鉄道省、列車ダイヤを大幅改正貨物列車を増発し、旅客列車を大幅削減。幹線で約三時間間隔で座席交替駅を指定、三人掛けを奨励 11運輸通信省設置（鉄道省廃止、一九四五年五月、運輸省に改組） 12文部省、学童の縁故疎開促進を発表	7月号 指導記事：地方文化の育成：行軍と戦力増強 交通陣へ女性進軍：国鉄錬成教室 南方事情：絵と文・南方の住家 旅の学術記事：旅の騒音を科学する 8月号 指導記事：旅行切符制考 大陸・南方事情：ジャワの女人市買 旅の終刊号に寄す 終刊号に寄す：手塩にかけた当時の旅 終刊号に寄す：執筆者として （8『旅』終刊、10『交通東亞』発刊） 10月号 創刊号 特集・列車時刻の改正 何故列車時刻を改正したか 特集グラフ 現地報告・再生スマトラ風物詩 ニューギニアの印象 ジャワ人気質 唐の長安 揚子江にトンネルを掘る 短編小説 カビエングの秋 改正時刻表 11月号 海陸輸送を一系統に 時差通勤と休日輪番制 特集グラフ・自粛しませう買出部隊 フイリピンの独立に寄せる 上野駅の交通整理はどうなっている 二つの戦時型客車 12月号 特集・大東亜戦二周年 大東亜戦第三年を迎へて 特集グラフ 大東亜建設戦二周年 南方画信 年末年始の輸送対策 南京 交換船帝亜丸で還る 短編小説 お千代の旅 時刻表 （12「国際観光協会」と合併、「財団法人 東亜交通公社」発足）
一九四四（昭一九）前半	3インパール作戦実施 6米軍サイパン島上陸 日本軍マリアナ海戦で敗北。空母の大半を失う	1大都市で家屋強制疎開開始 2東条内閣「決戦非常措置要綱」（旅行ヲ徹底的ニ制限） 2雑誌の統合整理、総合雑誌は『中央公論』『現代』『公論』の三誌、時局雑誌七誌（『週間朝日』『週刊毎日』その他）、国民大衆雑誌は二誌（『富士』『日の出』）、婦人雑誌は三誌（『主婦之友』『婦人倶楽部』『新女苑』）、文芸雑誌六二誌、	1月号 特集・輸送漫画戦線 対談・決戦下の輸送を聴く 本州縦貫広軌幹線の構想 特集グラフ・南の日本語学校 南方踏査実記 ギルバート諸島見聞記 小説 お千代の旅 大衆の交通科学 2月号 海陸総合輸送力の強化 疎開者の輸送 大衆の交通科学 東亜の北辺を探検した人々 西南太平洋第一線 特集グラフ・ボルネオ現地報告 戦時下の漁村を巡つて 小説 お千代の旅 3月号 勝つ為の運賃改正 決戦下ドイツの旅行界 関釜海底トンネルの構想 特集グラフ 岩盤に挑む 南方実見記 モルッカ群島 バンジエマシン 大衆の交通科学 小説 西田機関区長の思案 4月号 特集・疎開輸送と輸送の非常措置 旅客輸送の決戦非常措置 隣

		小国民雑誌六誌に 3学童給食、空地耕作徹底、住民疎開促進を政府決定 3「旅客ノ輸送制限ニ関スル件」一〇〇キロ以上は警察等の証明書 4決戦非常措置により旅行制限実施、長距離には旅行証明書必要、近距離の前日申告制、一等寝台車、食堂車、寝台車など全廃、定期券乗越に罰金 6政府、大都市の学童集団疎開を決定	組列車に乗る（戸塚文子） 疎開輸送の実情を聴く 旅客と小荷物の改正内容 決戦下のドイツ旅行界 特集グラフ 配備全し・疎開輸送陣 メコンの水源を渉る（上） 小説 西田機関区長の思案 改正・列車時刻表 5月号 特集・旅行者の防空 空襲下の列車防護 アッサムとベンガル 特集グラフ 鉄道の防空訓練 大衆の交通科学 メコンの水源を渉る（中） 小説 西田機関区長の思案 改正・列車時刻表 6月号 特集・旅行の非常措置その後 特集グラフジャワの学校 前線写真通信 小説 西田機関区長の思案 改正・列車時刻表
一九四四（昭一九）後半	7インパール作戦失敗。サイパン島玉砕 9グアム島・テニアン島日本守備隊玉砕 10神風特別攻撃隊編成 11サイパン島からのB29、東京を爆撃	7東条内閣総辞職 『中央公論』、『改造』に廃刊命令 8応急運輸措置要綱を閣議決定 9旅行証明書廃止し、駅長判断に。学童疎開開始 11新聞朝刊二ページに削減	7月号（不明） 8月号 特集・南への錬成道場 南方特集 ベンガルの衛星・アンダマン列島 高峰道場見学記 特集グラフ南への錬成道場 南方の生活科学・熱帯作業 大衆の交通科学 小説 往く人還る人 列車時刻表 9月号 特集・大陸前線を行く 日華共栄の使命に生きる 中支那の鉄道 特集グラフ 華中鉄道警護団 中国的文化 慰問団と中支前線将兵 戦線を偲んで 小説 往く人還る人 列車時刻表 10月号 日本に学ぶインドネシヤ 野辺山滑空訓練所 大東亜寮訪問記 特集グラフ 留日南方学生の訓練 南方の生活科学・住宅の屋根 小説 往く人還る人 11月号 特集・戦ふ満州国 鉄道は第四軍 満州の開拓農村 特集グラフ 満鉄の少年輸送兵士 漫画現地報告 闘ふ満州産業 小説 往く人還る人 大空の科学 敵アメリカの艦上雷・爆撃機 改正時刻表（十月十一日改正） 12月号 特集・仇敵撃滅 輸送戦で撃つ 写真通信 フイリピン新風土記 特集グラフ 北の防人 職域に滅敵を誓ふ 独逸の年末旅行制限 連載小説 幽霊 南方の生活科学 宗教と日常生活

第七章　戦後日本を歩く
——旅行文化としての「文学散歩」——

1　「観潮楼」の焼失

野田宇太郎の戦争末期

詩人・文芸評論家であり文芸誌編集長としても多くの業績を残した野田宇太郎（一九〇九年（明治四二年）－一九八四年（昭和五九年））は、日本各地の文学遺跡から近代文学を理解する「文学散歩」をライフワークとした。

野田は一九四四年（昭和一九年）四月三日から日本橋通三丁目の河出書房に勤めることになった。自宅は当時はまだ「郊外」であった武蔵野町吉祥寺であり、中央線で約一時間の通勤であった。日記を元にした『灰の季節』（後『桐後亭日録』に収録）によれば、五月一〇日大磯の高倉テル、六月三〇日興津の堀口大学、七月一三日神田神保町の書店街、高円寺の江口隼人、阿佐谷の中山省三郎、などへの訪問が記録されているが、八月に河出書房が改造社から雑誌『文藝』を引き継ぐことが決まり、その編集責任者となってからは、太田正雄（木下杢太郎《きのしたもくたろう》）（職場である東大医学部と住居の西片町）、川端康成（鎌倉二階堂）、豊島與志雄《とよしまよしお》（本郷千駄木）、火野葦平（阿佐ヶ谷の中山省三郎宅）といった編集顧問の諸氏をはじめ、谷口吉郎（目蒲線の洗足駅近く）、島木健作（鎌倉扇ヶ谷）、志賀直哉（世田谷新町）、中野重治（世田谷豪徳寺近く）、富本憲吉（世田谷租師ヶ谷）、高村光太郎（本郷千駄木林町）、幸田露伴（小石川）、兒島喜久雄（田園調布）、久米正雄（鎌倉）、横光利一（世田谷区池ノ上）等々、数多くの作家・研究者の住まいを訪ねている。一一月末から本格化した空襲のもとで疎開する作家も増えるなかで、「帝都」にあえて踏みとどまった作家もいた。彼らの生活を支えるという使命感も野田にはあった。

鷗外旧宅・観潮楼の消失

一九四五年（昭和二〇年）一月二七日昼過ぎ、野田が日本橋の河出書房に居たときに、銀座、京橋、西銀座、数寄屋橋一帯に爆弾と焼夷弾が落とされて騒然となった[1]。二八日の夜にまた空襲があった。翌二九日に、野田は豊島與志雄、高村光太郎、師と仰ぐ太田正雄を見舞いに出かけ、そこで鷗外旧居の「観潮楼」が焼け落ちたことを聞き知った。団子坂周辺に立ち入り禁止の縄張りが張られていたため、鷗外旧宅の実情を確かめることはできなかったが、太田正雄が直後に裏門を残して全焼した焼け跡を訪れたことを次のように知ることとなった。

一月二十九日〔…〕　昨夜の被害は駒込林町方面とのことで見舞ひに出かけた。千駄木の豊島與志雄氏の家は隣りに焼夷弾が二三発落下したが、うまく消しとめたといふ。すぐ近くの日本医大病院が全焼してゐて余燼があがつてゐるが、夏目漱石の住んだ齋藤家のところは焼けのこつてゐる。大木實君の根津のすまゐも近いが無事らしい。林町の高村光太郎氏の家へ見舞ひに廻る。途中各所に相當の焼野ケ原が出来て、そのあとかたづけで大変な混雑。団子坂も一帯が焼けてゐるので通れない。やつと焼けのこりの路地傳ひに高村氏の家へ辿り着いた。二階のガラス戸が一枚こわれてゐる。高村氏は元気であつた。道灌山方面約一丁半のところ迄は全部爆弾にやられ、その爆風でガラスがとんだとのこと。しばらく書斎で話してから、今度は西片町の太田先生宅へゆく。先生は大学へゆかれてゐて丁度奥さんと門のところで会つた。この町は無事。しかし東片町に二十七日の昼間爆弾が二発投下、同じく白山上、植物園方面にも数発落ちたといふ。団子坂の鷗外先生旧宅も裏門をのこして全焼し庭にあつた大理石の先生の胸像のみ無疵のまま残つてゐるばかりだし、家人（森類氏）が留守番にゐた筈だが何処へ行つたか判らぬと、これは空爆のあとにそこを見舞はれた太田先生が見られたのだとの話である。心いよいよ暗く、見舞ひをのべてかへる。(2)

「観潮楼」は、大正一一年に鷗外が亡くなったあと、昭和一二年に借家人の失火により母屋の大部分が失われていたが、残りの部分に二男が住んでいた。この観潮楼の残りの部分が一月二八日夜の空襲で焼失してしまったのである。数日後野田は太田正雄を再び訪ね、『文藝』に掲載するために鷗外旧宅が焼失した記録を執筆するよう依頼したが、その趣旨を後に次のように述べている。

次々に焼野が原を拡げてゆく東京で、文化遺産もまた滅びてゆく。我々の心がもし死の恐怖にのみ捕われて平静を失えば、そうした過去の目標はすべてなくなり、もちろん我々は同時に未来の目標も失うことになる。他人の家の焼けたことなどにかまってはいられないような時だけに、「文藝」にはそうした記録をとどめて置く責任もあることを自覚せぬわけにはいかなかった。(3)

しかし、爆撃による被害状況の公表は検閲の問題が絡むので、「最小限度の記録(4)」にとどめることとして発表されたのが、『文藝』三月号に掲載された「鷗外舊宅《きゆうたく》の焼失」というごく簡単な報告であった。現場の様子は次のように述べられている。

翌日薄暮往き尋ぬるに、儘灰錯落、(5)纔《わず》かに書室の一側の壁が立てるのみであつた。敗紙断簡牀上に散乱し、燋《しょう》爛《らん》(6)の樹梢が塞風に靡いた。嘗て「文章世界」が博士の文徳を頌して贈呈した大理石胸像の、火を浴びながらさまでは傷かずに、庭の一隅に残るのが有つた。武石弘三郎君の作に係る。其旁《かたわら》に丁字の蕾、正木の葉が難を免れ、依々として茂り重つてゐた。(7)

観潮楼跡の訪問

一九四六年（昭和二一年）一月二八日、焼失から一年後に野田宇太郎は、実際に観潮楼跡を訪ねる。野田は、終戦後一九四五年（昭和二〇年）一二月号「太田博士追悼号」（発行は翌年一月末）をもって『文藝』を終刊とし、河出書房を去る。一九四六年（昭和二一年）一月に東京出版に入社し、文芸雑誌『藝林閒歩』の編集責任者となる。四月号である第一号を木下杢太郎記念特集とした。野田が観潮楼跡を訪れたのは、第二号を観潮楼記念号とするための準備だった。

木下杢太郎の生涯の向うには、はつきりと森鷗外の姿が浮んで見える。とりあへず鷗外の現在的把握を試みようと思つた。『藝林閒歩』の第二号でともかくその具現にかかることにして、本郷区千駄木町二十一番地団子坂上の観潮棲跡を久しぶりに訪れたのは昭和二十一年一月二十八日であつた。(8)

［当日の日記］

〔…〕豊島氏をたづねる。丁度散歩に出ようと思つてゐたところだといふので、一緒に外に出て、ついでに附近を案内してもらふことにする。観潮楼は団子坂上だが、そこへゆく前に、夏目漱石が『吾輩は猫である』を書いた旧邸を教へてもらつた。表に齋藤文根と書いた表札のある平家で、これならば豊島家へのゆきかへりにはいつもその前を通つてゐた。その南隣りまで焼き払はれてゐてその家から北側の千駄木町の一角だけが昔のままに残つてゐるのも、何だか妙な感じがした。団子坂上へ歩く。焼け跡の向ふの、あそこだと豊島氏が指す方に鷗外の白い大理石胸像だけが、曇日の寒風の中にいかにも寒々しく、ぼんやりと立つてゐた。森家跡の表通りに面した森類の表札のかかった自然木の門柱だけが焼け残り、その背後の広場に散乱した庭石などが見え、そのとぎれたところに一本の棕梠の木が、幹には痛々しく焼け傷を残し、頭の方だけ青い葉を少しつけて心細げに生きのびてゐる、その下の、御影石の上に軍服姿だが、きちんとかしこまつた姿でなく、少し上衣を肩の上でずらしたポーズの鷗外の大理石胸像が、前方を凝つとみつめるやうにして立つてゐる。その視線は上野広小路の焼けてくぼんだあたりの向ふの東京湾の方を向いてゐた。観潮楼からは海が見えたといふ昔も偲ばれた。こゝが近代文学だけでなく日本文化史に大きな功績をのこした鷗外の観潮楼跡かと思ふと、敗戦後の文化喪失の日本人の姿が、うらめしくも感じられる。(9)

「戦前から持っていた写真機は既に食料の芋や野菜と交換したあとだったので(10)」、一九四六年（昭和二一年）二月二〇日、野田は写真家の朝倉隆を伴って再度観潮楼跡を訪れた。前回と同じように白い大理石の鷗外の胸像だけが輝いていた。

放課後帰途に就いた駒込中学の生徒をとらへて、あの像は誰かと問へども、一人も知らなかつた。直ぐ前にある中学校にしてそれであつた。道行く人がかへりみないのは当然である。それはそのまゝ現在の日本人の惨めさであつた。このまま放置すれば一代の文豪鷗外の名前はをろか文学さへ消失するのではあるまいか。今こそ日本文化に対する我々の責任を果たさねばならない秋である。敢て観潮楼に限つたことではない。とひそかに思ひを抱き、さゝやかな計画を実行してみたのであつた。〔…〕観潮楼跡の敷地に鷗外図書館か記念館を建立しよう[11]

野田の観潮楼焼失の喪失感は、こうして、そのまま日本の近代文学の喪失感と戦後日本文化への危機感につながっていく。

お濠端のGHQの建物の上にひるがえる国連旗や星条旗が、しだいに新らしい東京風物になるにつれて、日本人はカメレオンになってゆくようであった。異国の旗のなびくがままの敗戦国民は、運命に応じて色を変えるよりほかに、生きる方途を持たなかった。ところでわたくしの当面の仕事は、少しでも早くそのカメレオン病から日本人を救う方途をみつけることである。そのためには先ず自分自身がカメレオン病にかからぬようにする、抵抗の身構えが大切であった[12]

そして、この「擬態文化」に対する「抵抗の身構え」のきっかけとなったのが、「鷗外の現在的把握」であり、その具体化が『藝林閒歩』第二号の鷗外特集だった。『藝林閒歩』第二号の「鷗外復興」こそ野田の文化復興プロジェクトの端緒であり、後の「文学散歩」の実質的な始まりだった。

2 「文学散歩」の成立と展開

「文学散歩」の「かどで」

『新東京文学散歩』冒頭の「かどで」は、「昭和二十年一月二十九日の午過ぎ」の空襲によって焼け落ちた観潮楼跡に太田正雄（木下杢太郎）が佇むという情景、「鷗外の思ひ出を胸一杯に抱いて荒涼たる団子坂上の焼跡に立ったK先生の孤独な姿」を想像することから始めて、文学散歩の趣旨を語る。

古きものは滅びる、それは自然の理であらう。新しきものは古びる、これも自然の理である。私はよしないことを繰り返すつもりはない。滅び去つたものならば、それを蘇らせても詮ないことである。然し、それらの歴史は本当に滅び去り古び去つたものだらうか、と私は反問する。否！　もし滅び去つたものだとしても、滅び去つたものを知らなければ、生々流転の法理さへ、私には納得出来さうもない。／さう思つて私はとある冬の日に、新しい東京の文学散歩を思ひ立つた。昭和二十五年十二月某日のことである。〔…〕私は着古した破れ外套のポケツトに黄色の鉛筆一本と、小さな手帳、それに一冊の新東京地図といふのをしのばせた。これがすべてである。履き馴れた日和下駄に蝙蝠傘といふあの三十六年前の「日和下駄」の雅士とはくらぶべくもない私の心と姿である。日和下駄の緒ならぬ、靴の紐を締め直して、折からの木枯に思はず外套の襟をかき立てたのである。(13)

野田宇太郎の「文学散歩」は書評紙『日本読書新聞』で昭和二六年一月一日号から始まった連載「新東京文学散歩」に由来する。この連載は「東京における近代文学の名作の舞台、文学者の事跡などを尋ね歩いてのルポルタージュ」(14)であるが、これを企画した同新聞社の編集者であった長岡光郎は、当初「この度の戦争で灰燼と化し、漸く立ち直りを始めようとする東京の姿、という意味をこめて「新東京」と銘うち、「文学的散歩」と名づける」(15)ことにしていた。「文学的散歩」というタイトルは、フランスの批評家・小説家レミ・ド・グールモンの哲学書の翻訳『文学的散歩』（春秋社、一九三八年〔昭和一三年〕）と、小説家の宇野浩二の文芸評論集『文学的散歩』（改造社、昭和一七年）ですでに使用されていた。連載の執筆依頼予定者の一人であった野田宇太郎は、「東京全般をやりたいと希望」(16)するとともに、「表題が「文学的」では堅苦しい感じがするので「的」は削ったらどうだろう」という意見を出し、結局

「文学散歩」というタイトルが採用されることとなった。

「文学散歩」の展開と文学遺跡の保存

一九五一年(昭和二六年)一月から『日本読書新聞』に連載し同年六月に単行本としてまとめられ出版された『新東京文学散歩』以来、「文学散歩」は野田宇太郎のライフワークとなり、昭和五九年五月栃木県野州塩原方面への旅行が最後となった。

野田宇太郎の「文学散歩」の歩みは以下のような六つの時期に区分できる。(17)

【第一期】『新東京文学散歩』一九五一年(昭和二六年)に続いて『増補訂正板』一九五二年(昭和二七年)、『続編』一九五三年(昭和二八年)を完成させ、

【第二期】前期、一九五二年(昭和二七年)と一九五三年(昭和二八年)に九州、

【第二期】後期、一九五六年(昭和三一年)と一九五七年(昭和三二年)に関西と山陽、

【第三期】一九五八年(昭和三三年)から一九六一年(昭和三六年)は、再び東京の隅田川・江東、築地・銀座・日本橋、神田・上野・谷中などの下町、日比谷・丸ノ内などの山ノ手に取り組み、

【第四期】一九六二年(昭和三七年)から一九六五年(昭和四〇年)は、日比谷・丸ノ内などの山ノ手の続き、牛込・早稲田・池袋・新宿などの山ノ手、東海地方、さらに

【第五期】一九六六年(昭和四一年)から一九七一年(昭和四六年)のあいだで、四国、山陽、九州、東海、信濃甲斐、ヨーロッパ、隅田川・江東、山ノ手を踏査した。

【第六期】一九七二年(昭和四七年)から一九七五年(昭和五〇年)は、武蔵野、山陽、そして一九八三年(昭和五八年)の上州・伊香保などが最後となった。

図1　絵葉書「大和月ヶ瀬　老梅の最も多き著名なる梅林にて世に顕れたるは今を距る百二十年前なり」（野田宇太郎は数度ここを訪れている。この景観の多くは1969年高山ダムの完成により水没したが、住民は梅木3800本を移植して景観復元に努めた。）
1907年（明治40年）－1917年（大正６年）頃

「文学散歩」の出発点にあった危機意識は、①空襲による近代文学遺産の破壊と、②アメリカ化としての戦後復興の進行、この二つによる戦前と戦後の「文化的断絶」に対する危機意識であったが、三十数年に及ぶ全国の「踏査」のなかでしだいに、この二つの出来事に加えて、伝統的建築物の破壊とコンクリート建築物による景観破壊、ダムなどの建設による景勝地の破壊（**図1**）[18]、観光産業による地域文化破壊など、高度経済成長に伴う社会文化変容に対する危機感が重なってくる。これに伴って「文学散歩」はしだいに社会批評の色合いを強くもつようになっていった。

　また全国踏査の歩みと並んで野田宇太郎の仕事のなかで大きな重みをもっているのは、文学に関する記念館や碑の建設である。とくに企画当初から深く関わったのは、終戦直後の一九四七年一一月に落成した長野県馬籠の藤村記念館、一九六二年一〇月に落成した観潮楼跡の鷗外記念図書館の建設、一九六五年三月に開村した明治村の建設である。なかでも明治村開村式には特別の感慨を抱いた。

　人間は過去を失ふとき精神を失ひ、未来を失ふ。ただ物質の奴隷と化してその日その日の享楽を追ふ悪魔ともなる。たまたま百年を迎へやうとする明治は、日本人にさしのべられた真理の手として受取るべきである。このときに当り、わたくしは「過去とは背にまはった未来である」といふ木下杢太郎の遺した言葉をしみじみと噛みしめる。[19]

こんなことを言うと笑われるかも知れぬが、わたくしの日本人としての本当の戦いは、戦時中よりもむしろ敗戦国となった日に始まった。それからの文化運動も敗戦時流に対する抵抗であったが、明治村はわたくしにとってその抵抗の一つであったと共に、はじめてのひそかな凱歌でもあった。[20]

3　旅行文化としての「文学散歩」

「文学散歩」の広がり

野田宇太郎の「文学散歩」はこのような歩みを辿るが、「文学散歩」という言葉あるいは近代文学者・その作品と特定の場所との結びつきを想起・発見するというそのコンセプトは野田の意思を超えて広がっていく。

『日本読書新聞』での連載終了後の一九五一年（昭和二六年）一一月、野田宇太郎は著書『新東京文学散歩』を読書新聞社から出版し、「文学散歩」は単行本のタイトルとなった。一九五一年（昭和二六年）一二月から週三回三か月間ラジオ東京で野田宇太郎による『東京文学散歩』という番組が連続放送され、これによって「文学散歩」という用語はラジオ番組のタイトルとしてさらに広く知られるようになった。

さらに日本各地の地名や外国名を冠した『～文学散歩』という野田宇太郎以外の著作者による書籍も多く刊行されるようになり、「文学散歩」という用語は一般化し、観光ガイドブックやパンフレットの表題にも見られるようになった。こうして、「文学散歩」は書籍の表題、ラジオ番組名、バスツアーの名称、地方公共団体・社会教育などの公共機関の催し物の題、観光ガイドブック、パンフレットにまで利用されるようになった。野田自身はこのような用語の広がりには多くの場合批判的であったが[21]、自身もこのような用語の広がりを担っていた時期もあった。

「文学散歩」バスツアーと街歩き

小田急バスは、都内の近代文学者たちゆかりの文学的遺跡を巡るバスツアーを企画し、一九五三年（昭和二八年）三月七日に「東京文学散歩」というタイトルで試験的に実施した。野田宇太郎が説明役を務めた[22]。このバスツアーの模様を高見順は次のように報告している。

小田急バスから誘いを受けて、新宿駅西口に行った。バスによる東京文学散歩という企てである。文学的遺跡のことに詳しい野田宇太郎君が案内役を買って出てくれたと聞いて、それは好都合だと思った。〔…〕新宿駅を出て、藤村が『破戒』を書いた旧宅跡、小泉八雲の終焉の地、逍遙の文芸協会跡、漱石山房跡、紅葉十千万堂跡、露伴蝸牛庵、樋口一葉終焉の地、秋声家、鷗外の観潮楼跡等を訪ねたのであるが、昔の家がそのまま残っているのは、森川町の秋声家と、漱石が『猫』を書いた千駄木町の家（以前の鷗外の千朶山房）ぐらいで、あとは跡方もない。（蝸牛庵は再建されている）そうして、その跡に記念碑が立っているのはいい方で、ほとんどは、申訳程度の棒が一本立っているだけである[23]。

小田急バスは、同年六月から、「観光バスによる隅田川畔文学散歩」を野田宇太郎の解説付きで毎週行なうこととした。新宿駅西口—佃の渡し—勝鬨橋—永代橋—吾妻橋—新吉原—日本橋—新宿駅というコースであった[24]。朝日新聞社は一九五四年（昭和二九年）二月一四日から「愛読者優待」の「バスによる文学散歩の会」を催し、第一回山の手コース、第二回隅田川コース、第三回武蔵野コースという具合に一九六〇年代初めまで続けられた。「大はやり東京の史跡めぐり　江戸、明治の面影求め　文京　希望者あふれて抽選さわぎ」との題で『読売新聞』（一九五九年〔昭和三四年〕一一月二四日）は文京区主催の「東京の史跡めぐり」を取材している。一部のみの引用とするが、多くの人が参加したにもかかわらず野田の思いとかけ離れたものでなかったことが確認できるのではないだろうか。

区主催の〝史跡めぐり〟は参加者百人、二百五十人の申し込みがあったが抽選で振り落とされた。なかにはあきらめ切れずに「このチャンスをのがしては永久にみられません」と係に泣きつく高校生もいたという。案内係は同区石橋教育長、都教育庁文化財調査員金山正好氏らで、朝八時半大型バス二台をつらねて春日町の区役所前を出発。これとは別に同区本郷春木町の町会員六十人もバス一台を仕立てて区内の史跡を一巡、解説者は史跡めぐりに経験の深い都立川労政事務所の百瀬京太氏。

どちらも参加者はタダ、年齢からいうと中年、老年組が若い人より多いがこのうち婦人が半数近い。巡回コースは湯島聖堂―森鷗外宅跡―駒込名主屋敷―六義園―大塚先儒墓所―豊島ケ岡御陵―椿山荘―幸田露伴居跡―樋口一葉終えんの地の順。〔…〕

湯島聖堂を出たバスは湯島天神から東大医学部の鉄門前へ―「昔はこの辺は切通しといったもんだ…」と同上の古老が懐旧にひたる。鉄門前から右へ折れて無縁坂を下ると学生の一人が「ガンダ、ガンだ」と叫ぶ。鷗外の小説〝雁〟のなかに描かれた無縁坂のあたりはいまも焼け残って明治の面影をとどめている。戦後随筆家の野田宇太郎氏が〝東京文学散歩〟にとりあげてこの地名は学生たちにもなじまれてきたらしい。

この街歩きはこの後、不忍池から池之端七軒町を通り、根津権現、〝観潮楼〟跡、駒込神明町の名主屋敷を巡り、六義園で昼食の後、丸山福山町の一葉文学碑にお参りして解散となった。根津神社では宮司の説明に熱心にメモを取る土木関係の青年の姿もあった。参加者は「「東京にもこんないいところが残っているんですね」と半日の〝歴史散歩〟をおえてスガスガしい表情だった」と、この記事は結んでいる。この「スガスガしさ」こそ戦後日本人が見出した「新しい美と感動」の一つであったのではないだろうか。

新しい旅行文化としての「文学散歩」

今日「文学散歩」という言葉は書籍のタイトルから、各地の文学関係の施設や地域の諸団体が行なうイベント、カルチャー教室の講座、大学のサークル、個人の趣味などにも使用されている。これらには野田の切迫した危機感が欠けているだろうし、文学史を深く理解しようとする問題意識も薄いかもしれない。しかし文化的断絶を超えて日本の若き近代とつながろうとする理念は多かれ少なかれ引き継がれている。「文学散歩」が戦後の新しい旅行や街歩きのコンセプトとして普及していったのは、戦争と戦後復興・高度成長・バブルとその後という時の経過によって生じた日本的近代と自らの現在との文化的断絶を埋め合わせるという理念が広く共有されたからにほかならない。この点で「文学散歩」は近代性を現在化する「旅行のモダニズム」の新たな一歩だった。

【付論二】 駅の伝言板——都市コミュニケーションの小道具——

1 新聞記事のなかの伝言板文化史

「伝言板」の登場

鉄道網が拡充し人びとの移動が盛んになれば、移動する人びとのあいだのコミュニケーションにも新しい課題が生じてくる。汽車・電車の発車時刻に合わせて待ち合わせる、しかし、一方は何らかの事情で待ち合わせ時刻に間に合わない、他方は出発を見送るわけにはいかない、このような事態でのコミュニケーションである。今日の「移動体通信」を発展させた原動力の一つとなったのもこのような状況だったのではないだろうか。携帯電話普及以前に、共通の知人といった第三者に伝言を託すということと並んで、このような場合でのコミュニケーションの手段となっていたのが駅構内に設置された「伝言板」だった。

国有鉄道の駅に乗客の便宜を図るために「告知板」が設置されたことについて、『日本国有鉄道百年史』には次のような記述がある。

> 告知板の新設　1904年（明治37年）12月から告知板を新橋・品川・横浜・名古屋・京都・大阪・三ノ宮および神戸の8駅に掲出し、旅客が未着の同伴者等に知らせる事項を連絡できることとした(1)。

しかし、新聞記事の情報で確認できる最初の伝言板設置は、その前年つまり一九〇三年（明治三六年）八月の北越鉄道においてである。

> 北越鉄道にては今回駅内伝言標なるものを設置する事となり先ず沼垂、新津、長岡、柏崎の四駅内に設け成績良好なれば漸次各駅に及ぼす筈其方法は駅内に黒板と白墨を備置き旅客中同行者が発車時間迄に来らずして先発す

> るとき其行先及旅宿等を記して置く仕組みなりと(2)

北越鉄道は、厳しい内紛を経て一九〇四年（明治三七年）直江津－新潟間開業に至ったが、一九〇七年（明治四〇年）に鉄道国有法により国有化された私鉄である。ここで「伝言標」とされているものは、駅構内に設置された黒板と白墨、同行者が間に合わない場合に旅客が何かしらの情報を書き残す仕組みとされている点から見て、日本最初の「駅の伝言板」と言える。国鉄主要駅での「告知板」設置はこの北越鉄道の「伝言標」サービスにならったものであろう。

一九〇六年（明治三九年）九月には、東武鉄道は、情報提供サービスの一環として、主要駅に乗客相互の伝言を書き記す「伝言板」を設置し、希望があれば駅長が代筆するというサービスを始めた。「伝言板」という名称が使用されたのは東武鉄道においてであった。

> 東武鉄道にては重なる各駅若くは待合所、列車内に申告簿、投書箱、伝言板（是は乗客相互に伝言の要あるとき使用するものにして希望に依ては駅長代筆す）及び其他附近の物産、著名なる町村、里程、車馬賃、宿屋及宿泊料其他官衙、会社、銀行等の案内、其駅所轄の県郡町村名及番地等を記したる標札を掲げたり(3)

また一九〇九年（明治四二年）には、鉄道国有法以後の状況を反映した鉄道院運輸部発行の『鉄道院線沿道遊覧地案内』では、「告知板」について次のように説明されている。

> 御同車等の約束ある方よりも先発又は先着せらる丶等の為其事実を右の御仁に通知を要せらる丶場合の御便利を図り主なる停車場に「告知板」（黒板に白墨を添ゆ）を備付け置き候に付随意御使用相成たく候(4)

「伝言標」「伝言板」という名称は私鉄では使用されたが、このように国鉄では「告知板」という名称で定着していく。駅の伝言板（告知板）が、新規に登場して以後、再度人びとの注目を引くのは昭和初期であったが、本来の機能から外れたコミュニケーション道具としてであった。まず一九二七年（昭和二年）の次の新聞記事。

> 最近の新宿駅はその二等、三等待合室が公然の密会場所となつて中学生、女学生から角帽、洋装、モダンの男女や人妻までが大つぴらに密会の好場所として指定された形である。〔…〕記者は六日午後プラリと新宿駅に入った、先ず驚いたのが告知板だ、最も有効に使用される筈

のボールドには男女間の醜い姿が文字になつている、曰く

◇……「待ち疲れたから某ホテルに行く、泊まるつもりでお出を待つ」

◇……「あれほどのお約束を間違へるなんて随分ひどいわ」

など、どう見ても告知板でなく、艶文板だ、待合室を見て更に驚く、二十名あまりの人が腰を下してはいるが汽車や電車を待つらしい人は僅に二三人、他はいづれも眼を異様に動かして相手の来るのを待つ姿、その相手が来れば喃々と語りながら目的の方面に向かふ[5]

「モダン」の風俗

さらに、一九三一年（昭和六年）の次の新聞記事では「モダン」の風俗を反映するものとして採り上げられている。

〔…〕三等待合室の入口近く、すぐ目の前の告知板からチョークの白い粉がこぼれ落ちる　長さ一間、幅四尺のこの告知板は白い字で一杯だ、二時間に一度ぐらいはえきいんが現はれて綺麗にふき消してゆくが、消す片つ端から新しい文字が書かれてゆくはいふまでもない〔…〕

「松本兄、では英国で待つ、村山」

「フーちゃん、おれエルテル　T生」

「君子さん、午後七時まで待つた、帰る、あゝ　M生」

「F様、おまちしていましたけど帰ります、K子」

「松コー、ミー坊、フロリダで踊つているよ、紅ちゃん一座午後七時四十五分」

〔…〕

改札口から駅頭にかけて押しかへしへしかへす人間洪水——女学生が、モ・ガが、マダムが、モ・ボが、紳士が、学生が、マルクス・ボーイが、潜行する左翼の闘士が

図１　モダン風俗としての告知板
『東京朝日新聞』1931年（昭和６年）２月22日より

――この告知板を利用することによつて、時々枯渇せる彼等の人間味をそこにおつことしてゆくのである。[6]

戦後の「伝言板」――若者文化の表現手段と用語の転用

戦後は「伝言板」という名称が国鉄でも使用されるようになった。一九五〇年代六〇年代前期の新聞記事では犯罪集団の連絡に伝言板が利用されたとの内容が見られ、六〇年代から七〇年代にかけての時期には「伝言板」という言葉がデパート・スーパー・銀行などでの不用品交換などの情報伝達ボードに転用される。[7]

　七〇年代の中頃から、若者による伝言板利用が注目されるようになるが、八〇年代に入るとコミュニケーション的な機能から「落書き」的な利用に変化していることについての指摘が多くなる。例えば次のような指摘である。

> 「三時間以上経過したものは消すことがあります」――おなじみ、駅の伝言板だ。昔は「六時間以上」だった。いつのころか、ボードがすぐ埋めつくされるようになったために、短縮されたという。埋めているのは「〇〇参上！」「ちゃっぷいちゃっぷい」といった受取人不明のメッセージ。雑誌の投稿も、今や「言いっ放し、書きっ放し」が主流となった。饒舌（じょうぜつ）時代か、失語症エージか。〔…〕国鉄代々木駅と水道橋駅のホームに「落書きコーナー」がある。期限の切れたポスターの裏を使った、廃品利用の伝言板。毎日取り換えるが、近くの予備校や専門学校生が書いた色とりどりの漫画、落書きでいっぱいになる。「夜九時ごろ、長いことかけて漫画書いている人もいる。読んでみてもみな独り言みたいで、私らにはわかんないですね」と駅員さん。[8]

八〇年代中頃から、「電話伝言板」や「パソコン伝言板」など新しいサービスについての記事が現われ、八〇年代末には「伝言板」についての記事はほぼなくなる。

　新聞記事で確認できるように、七〇年代の中頃に鉄道の駅舎に設置されている「伝言板」が若者の表現の場として注目されて以降は、伝言板そのものはしだいに忘れられ、いくつかの例外[9]を除けば、九〇年代になってからは、もっぱらポケベル・携帯電話が若者のコミュニケーション・ツールとして注目を集めるようになった。

　しかし他方では六〇年代から七〇年代にかけての時期に見られたように、本来のものではないが、誰もが自由にメッセージを書けるという「伝言板」のイメージと名前は、一部のデパートやスーパーなどでメモを張りつける形のメッセージ・ボードへと受け継がれていった。また伝言板のイメージと名前は新聞やミニコミ誌のしばしば「伝言板コーナー」と名づけられた小さなスペースのなかで、さらにはBBSやインターネットのなかで継承されていったが、そこでも「売ります・買います」といった個人広告的な生活情報が主役であった。

「伝言板」は、その実際の機能においても、そのイメージにおいても、鉄道網の拡充と移動の一般化という出発点から、しだいに大都市における日常的コミュニケーションへと拡大し、転用されていった。鉄道旅行から生まれた文化が日常生活に応用されていったのである。

伝言板の最後の姿

以下は一九九六年五月から一九九七年五月にかけて、「伝言板」を大都市における社会的コミュニケーションの一つの事例として位置づけ、その利用実態を調査した際の報告である。一方では「落書き」が目立つようになり、他方ではポケベルといった移動体通信が普及し始めた時期であり、若者文化の一つとして注目されてからほぼ二〇年経過した時期である。この調査の直後に伝言板はほとんどの駅から撤去された。したがって、この調査は、一九〇〇年代の初めに鉄道旅行の普及に伴って日本に登場した「伝言板」というコミュニケーション文化の最後の姿を示していることになる。

2　駅伝言板メッセージ調査の趣旨と概要

調査の趣旨

一九九五年の阪神大震災は都市のコミュニケーションのあり方を根本的に考えさせる出来事でもあった。交通機関や電話がストップするなかで、崩れた家屋の前や避難所のなかにノートの切れ端や板切れにメッセージが書きつけられている光景がたくさん見られた。震災は緊急時におけるコミュニケーション・ネットワークの確保の重要性を痛感させたが、同時に伝言板や掲示板といった伝統的なメディアが電話の利用さえ困難な状況でのもっとも手近でもっとも確実なメディアの一つであることも明らかにした。

都市空間はいわば「人間・物資・貨幣・情報」といったいくつかの要素が交換され流通する「社会的交通の結節機関」の集積として特徴づけられるが、このような現代の都市における社会的コミュニケーションの実証的な調査・研究には、電話使用の調査などを除けば、未開拓の分野が多い。

電子的通信技術の進展と普及は、とくに都市における社会的コミュニケーションの形態を大きく変えている。オフィスや家庭や公衆電話ボックスといった従来からの特定の場所におけるコミュニケーション環境の変化だけでなく、携帯電話、PHS、いわゆるポケベルなどは、コミュニケーションの場所そのものを無限定にしてきている。このような新しいメディアも含めて社会的コミュニケーション・メディアの利用実態の調査は重要な課題となっている。

大都市の駅などに設置されている伝言板に書き留められるメッセージは、いわば日常的な場面での緊急時という比較的固定したコンテクストのなかで行なわれるコミュニケーションであり、かつ駅という公共性の高い場所に設置され一定の管理のもとにあるという意味で制度的コミュニケーションでもあるという特質をもつが、このことに着目すれば、伝言板は、都市コミュニケーションの研究の一つの素材となりうる対象ではないだろうか。

本調査は、都市という社会生活条件のもとでの社会的コミュニケーションの一つの形態として伝言板を位置づける観点から、そのメッセージの内容と機能を分析することを目的としている。とくに、利用者像とその利用目的・メッセージの類型の分析に重点を置く。

調査の概要

調査期間は一九九六年五月から一九九七年五月までであり、この間に調査できた駅は、京阪地域および東京地域のJR・私鉄の一二三駅および名古屋市営地下鉄の二一駅、合計一四四駅である。

京阪地域で実地調査を行なった調査対象路線は、JR西日本京都線（東海道本線・京都～大阪間）、JR大阪環状線（天王寺～天王寺間）、JR関西本線（難波～加茂間）、阪急電鉄京都本線（河原町～梅田間）、京阪電気鉄道京阪本線・鴨東線（出町柳～淀屋橋間）の三社六路線。またとくにJR東海道線山科駅および阪急京都線長岡駅については継続的な調査を行なうことができた。

東京地域で実地調査を行なった調査対象路線は、JR東日本山手線（全駅）、JR中央本線東京近郊区間（東京～高尾間）、JR総武本線の東京近郊区間（東京、御茶ノ水～千葉間）、JR京葉線（東京～蘇我間）、東京急行電鉄東横線（渋谷～桜木町間）、小田急電鉄小田原線（新宿～小田原間）の三社六路線である。

名古屋市営地下鉄は東山線である。

このようにして採取することのできた「メッセージ」（厳密に言えば、何らかの意味をもちうると判読できる文字列）は三二二であり、写真データに基づいてデータベース化した。なお、プライバシーに配慮が必要と判断した箇所は「××××」と表記した。

また駅伝言板の利用調査と合わせて、設置時期・設置台数・設置目的・今後の方針についてＪＲおよび私鉄各社へのインタビュー調査も行なった。

インタビュー調査を行なったのは、阪急電鉄、京阪電気鉄道、東京急行電鉄、小田急電鉄、帝都高速度交通営団（営団地下鉄）、西武鉄道、近畿日本鉄道、西日本旅客鉄道（ＪＲ西日本）京都支社、以上九会社である。

3　二〇字の世界

(1)　メッセージの概要

文面から推測して利用者は圧倒的に中学生・高校生・大学生を中心とした青年層であると思われる。メッセージ文字数（句読点を含む）の最長は六八文字、総数の平均は約一九字、意味不明の記号や落書きを除いたメッセージの平均では約二〇字であった。この二〇字という数は、俳句の一七字、短歌の三一字の中間からやや俳句よりであることから、日本語によって何か意味のあるメッセージを構成する際の標準的な文字数の単位を示唆しているように思われる。

(2)　メッセージの類型

さて、駅伝言板のメッセージは比較的安定したコンテクストにあるとはいえ、多種多様なメッセージを十分に類型化することは難しい。ここでは暫定的に以下のように分類したい。

まず、利用目的に関する類型化である。本来的に駅の伝言板はメッセージは、駅での待ち合わせ・来るべき人が何らかの事情で遅れる・他に連絡の手段がない、といったコンテクストで利用されると思われる。このようなコンテクストに即した目的をもつと思われるメッセージを「待ち合わせメッセージ」とし、駅での待ち合わせに直接関係せずいわば一般の掲示板のように利用したものを「掲示板的メッセージ」③とし、それ以外を「非機能的メッセージ」とする。

さらに、メッセージ内容に即して、「待ち合わせメッセージ」を「先に行く」といった事実や場所・時間を指定する情報を含む連絡的機能をもつ「待ち合わせ・機能的メッセージ」①と、おもに気分感情を表現していて連絡的機能をもたない「待ち合わせ・表現的メッセージ」②に分類する。

最後に、「非機能的メッセージ」を、内容に即して、「挨拶」④、「対話」⑤、「つぶやき」⑥、「その他」⑦に分類した。「その他」に分類したのは、どのような観点から見ても「落書き」とみなされるものである。

以上の分類に基づくと、メッセージ件数の分布は**表1**のようになる。

このような分類と分布からまず第一にわかることは、駅の

表1　メッセージの類型と割合

メッセージ分類		データ数	比率
1	待ち合わせ・機能的メッセージ	208	64.6%
2	待ち合わせ・表現的メッセージ	12	3.7%
3	掲示板的メッセージ	16	5.0%
4	挨拶メッセージ	26	8.0%
5	対話	12	3.7%
6	つぶやき	7	2.2%
7	その他	41	12.7%
合計		322	100%

伝言板メッセージのほとんど（約六八％）は待ち合わせに関するものであり、一般にどのような観点から見ても「落書き」と判断されるものは少数（一二・七％）にすぎないということである。「駅の伝言板」といえば「落書きが多いのでは」といった広くもたれているイメージには根拠がないのである。

以下、上記の分類の順にややくわしく、メッセージの特徴を見ていくことにする（なお、メッセージを紹介する際には、プライバシーに配慮して、学校・企業等の固有名詞、電話番号、氏名などのいずれかを×で表記する場合がある。また駅名は特別の場合を除いて基本的に削除する）。

①待ち合わせ・機能的メッセージ——「かよこちゃんへ
会えないので　一人で行きます」

(a)　伝言板メッセージの最大多数派

ここに分類されるメッセージがもっとも多く二〇八件であり、文字数から見れば、最長六九字、最短五字、平均二〇字であり、表題にあげたものは典型的な形である。

最長のものは、

「中川君、緊急カーザーあり、12時にこれません　留守電きいて。1：30ごろには病棟にいます　病棟直通×××－××××内線×××　けいとくごめんね」（京阪本線）

最短のものは、

「葵　先にいく」（東急東横線）

である。

文体・字体・内容から見て大多数は若者のメッセージと思われるが、明らかに大人が書いたと思われるメッセージも少数ながらある。

「11：08 AM　森永乳業　××　×殿　先に行ってます

小石」（ＪＲ総武線）

「10：10 ＡＭ　井上様、辻様、むかえに来ます　まってください。××」（京阪本線）

「4：00　ＡＭ　藤原××様、先に家にいっています。×子」（京阪本線）

「×××さん　まにあわないのでさきいってます　日商」（小田急線）

　一般に、情報量が増えれば当然文章は長くなり、文字数は増える。圧倒的に重要な内容は「先にゆく」であるが、いま待ち合わせというコンテクストの構成にとって重要な付属情報として発信者・受信者・時間・場所の四つに着目すれば、この四つの情報をすべて含むメッセージは一二件（約六％）であり、だいたい次のような形になる。

「倉垣くんへ　先に行っています。もしきたならば、2：00に入り口に立っていてください。仲間たち」（ＪＲ京葉線舞浜）（＊舞浜は東京ディズニーランドの最寄り駅）

「ふくしまへ　先にオリセン行ってます　12：00に正門に来てください　ｂｙなおみ」（小田急線）

「黒田へ　塾5：00からだった。夕飯あっちで食うので先いく　スマン　ウダ」（小田急線）

「みんなへ　ハートインで1：10まで待っています　それまでにきたらハートインへ来てください　き～」（ＪＲ京都線）

(b)　時間か場所か

　先に述べたように駅の伝言板メッセージは待ち合わせという比較的固定したコンテクストのなかでのコミュニケーションである点に特徴があるが、この場合暗黙の前提とされやすい項目は何であろうか。この観点からこの類型について、時間情報と場所情報のいずれが暗黙の前提とされ記入されなくなりやすいか、また発信者情報と受信者情報のいずれが暗黙の前提とされ記入されなくなりやすいか、という視点から分析してみよう。

　二〇八件のうち、時間情報を含むものは三五件（約一七％）、含まないものは一七三（約八三％）であり、場所情報を含むものは八五件（約四一％）、含まないものは一二三件（約五九％）であった。さらに、時間情報と場所情報の両者を含むものは一七件（約八％）、時間情報のみを含むものは一八件（約九％）、場所情報のみを含むものは六八件（約三三％）である。

　つまり、事前に約束した待ち合わせが不成功であった場合、相手の行為を予想するわけだが、その際、時間よりも場所を指定することが多いことになる。

場所情報は、おもに遅れてくるであろう相手に別の待ち合わせ場所を知らせるか、自分の次の行き先を明示していることが多い。

「ちちへ　コンビニにいます。きみこ」（ＪＲ東海道線）
「なおみ！（右に見える入り口から入って屋上のちびっこプレイランドにて待つ）ｂｙみづ×」（東急東横線）
「銀行にいってきます。　かづ×」（ＪＲ山の手線）
「大矢＆マキちゃんへ　先にチケット買いにいくよ　おせえよ　チ」（ＪＲ京葉線舞浜）

時間情報のみの場合は次のようなものであるが、このような場合では行くべき場所はあらかじめ確定している。

「11：30に予約していますので、12：00までに待ちましたが、先にいきます　お二人様　森川」（阪急京都線）
「みんなへ　12時からか11時からか分からなかったから早めに来たので先にいっています　ai♡o×uchi」（ＪＲ京都線）
「のんちゃんへ　30分すぎたので先に行きます　ゆか・さおり・さゆみ・ひろ」（名古屋地下鉄東山線）
「住、若林さんへ　40分待ちましたが来ないので失礼します。」（ＪＲ中央線）

（c）　自分の名か相手の名か

駅の伝言板は、駅という公共的な空間におけるプライベートなコミュニケーションという点に特徴があるが、伝言板を利用するものは公共の場面に自分や相手の氏名を明らかにするという「リスク」を負うことになる。このために名前を愛称にしたり、イニシャルにしたり、記号を使うという表現上の工夫が様々に行なわれる。

発信者情報を含むものは一三五件（約六五％）、含まないものは七三件（約三五％）、受信者情報を含むものは一七九件（約八六％）、含まないものは二九件（約一四％）であった。

さらに、発信者情報と受信者情報をともに含むものは一一四件（約五五％）、発信者情報のみを含むものは二一件（約一％）、受信者情報のみを含むものは五五件（約二六％）であった。したがって、半数は自分と相手の特定可能な情報を記入するが、自分か相手のいずれかという選択では、相手は特定するが自分は特定しない書き方が優先されていることになる。

「田中さんたちへ　JRが分からんかったら、阪急の梅田で待っとくよーに。」（阪急京都線）
「のざきちゃん、かつみ、みなこへ　先にいく」（JR大阪環状線）
「ミキさん・アキさん　おさきに」（JR常磐線）
「ちずる　さよこへ　30分まってあげたけどこなかったのでいきます。自力で来い！　阪急で大宮までいって京ふくにのって（以下判読不能）」（JR京都線）
「セノウくんへ　11：30までまちましたが来ないので先に行っています。12：00にスペースマウンテンの前に来てください」（JR京葉線舞浜）

次のように自分の名前を書くのは少数派であり、最後のものはちょっとひねったか照れている形。

「さおりデス。もうおそいよ。先に宋行くからねい。」（名古屋地下鉄東山線）
「先　行くよ　ゆず．さとこ」（JR中央線）
「あき氏先に行くの巻」（JR東海道線）

(d)　携帯電話・ポケベルとの連携

「ナホへ　上野動物園にいく　上のえきについたらおくののベル（エマリと一番ちがい×××）にいれてね。ぜったいくるべし　20才のエマリ」（JR山の手線）
「えつこさんへ（きみベルとまってるぞ）　ウエンデーズにいる　ゆき．かおり」（JR山の手線）
「村尾ちゃん　先に行きます　とりあえず携帯にTELして下さい。　こうの」（JR東海道）
「奥川さんへ　みんなで先に入っています　ベルに入れてください」（JR京葉線舞浜）
「田中垣　けいたいつながらねー　よんだらベルいれろ」（JR京葉線舞浜）
「どこにおる？　ついたらPHS鳴らせ!!　上村」（名古屋地下鉄東山線）
「のりちゃん、あきついたら　ベルうって　いく」（JR東海道）

携帯電話、PHSそしてポケットベルが普及するなかで、伝言板の必要性も少なくなってきていると思われるが、このようなメッセージは、携帯電話などが案外役に立たない場面も多いことがわかる。通信範囲の限界、電源を入れなければならないこと、何よりも双方がそれらを利用する意志があることなどである。携帯電話などが取って代わることのできない伝言板の特質はまだ残っている。

②待ち合わせ・表現的メッセージ――「今日も、ネボスケのえみちゃん　早くこーい」（名古屋地下鉄東山線）

待ち合わせ・機能的メッセージが、伝言板の利用法の主役だとすれば、これ以下のものは脇役ということになるが、表現として見れば、都市を飛び交うメッセージの世界を豊かにしてもいる。本来のメッセージからどのようなものが派生してくるか見てみよう。

待ち合わせ・表現的メッセージと分類したものは、待ち合わせというコンテクストのなかにあるが、気分感情の表現がおもになっていて、少なくとも文の内容だけについては、「先に行く」といったメッセージ内容や時間や場所を特定するという機能を失ってしまっているものである。

「もう　行かへん」（ＪＲ京都線）

「梅尾さんへ　わからんわ、先帰るわ。ｂｙまき」（京阪本線）

「元久へ　今来ました　矢野」（ＪＲ山の手線）

「すみｃｈａｎ，まみｃｈａｎ　どこー」（ＪＲ総武線）

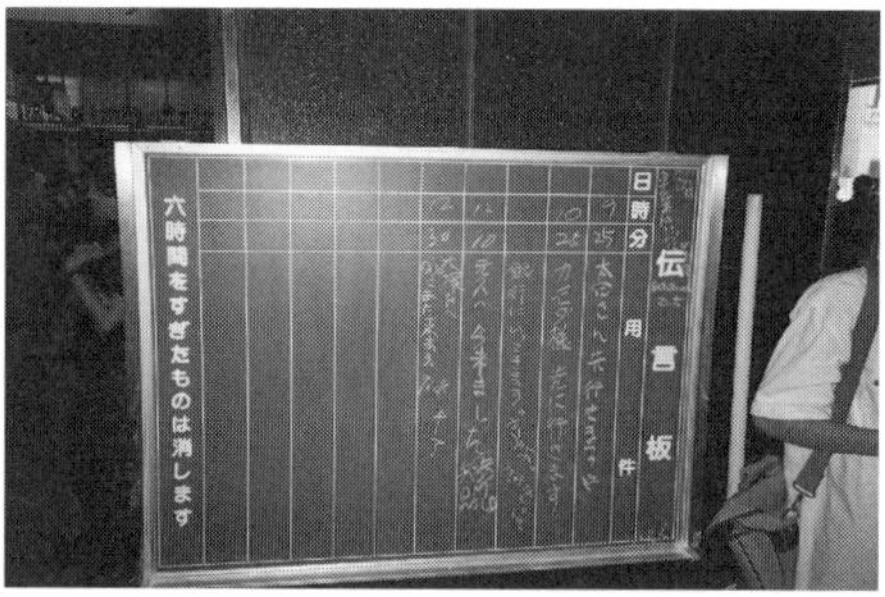

図２　JR 山の手線秋葉原駅（1996年９月11日）

「母、けいこさんはやくきて、ｂｙとも×」（名古屋地下鉄東山線）

よほど事前に密度の高いコンテクストが共有されているのならばこれらも機能的な意味をもちうるかもしれないが、むしろこのようなメッセージから見えてくるのは都市のなかの小さな物語ではないだろうか。ちょっとした想像力さえ働かせば都市とは物語性に満ちた空間なのである。採取したメッセージのなかでもっとも物語性に富んでいるのは次のもの。

「じゅん　やっぱり別れよ。お願い。ごめんＮＥ」（ＪＲ東海道）

③掲示板的メッセージ——「1ねんせいにおねがい　れんしゅうのときはふざけないでね」（JR中央線）

この類型の数は多くない。駅である必要性が薄く、一般の「掲示板」として伝言板を利用したものである。クラブ活動の連絡、「売ります・買います」的情報がおもなものである。

「××高校サッカー部のOBの皆様　キックオフ　11時です。（4日）」（JR京都線）

「レプルス練習中止」（東急東横線）

「ハイスタのチケット1枚あまってませんか？　PB××××－××××－××××」（名古屋地下鉄東山線）

「××××ポスターあります　DOKOMO　tel 050××××××××まで　TAKA」（名古屋地下鉄東山線）

図3　JR東海道線山科駅（1996年11月3日昼）

④挨拶メッセージ——「病院実習も、残り一週間　がんばろーネ！」（名古屋地下鉄東山線）

通学距離が延び、交通機関を利用する通学が一般的になるようになって、伝言板は掲示板的に利用されたり、通学駅となっているところでは同じ駅を利用する仲間への通信だけでなくもっと日常的な挨拶に利用される場合もある。東急東横線と名古屋地下鉄東山線にこのタイプのメッセージが多く見られる。

「TOみほちゃん　文化祭準備ご苦労様　あずさより」（東急東横線）

「部活ごくろうさま　せきはなれちゃったけど話してね」（東急東横線）

「くみ子とアスカ　部活おつかれさま　今度カラオケいこうよ」（東急東横線）

「しのぶへ　部活お疲れさま。また明日ね。ばいばい。あき」

図4　JR東海道線山科駅（1996年11月3日夜）

（東急東横線）
「チーちゃんカメくんウカイさん　おつかれさま　五十嵐」（名古屋地下鉄東山線）
「愛美のみなさん今日もおつかれさま　ミナ」（名古屋地下鉄東山線）
「北高バス、おつかれ　ナミ　サユリ」（名古屋地下鉄東山線）
「千種男バスの皆様！お疲れね。明日もFightよ。さやか　ともみ　あきこ」（名古屋地下鉄東山線）
「おはよー　今日は朝からいい気分なの　by柊（Tu-gumi）」（名古屋地下鉄東山線）
「××様　いろ2心配欠けてごめんネ。私は、げんきだよ。とりあえず解決したよ。by×××」（名古屋地下鉄東山線）
「洛中試合がんばった　byみんな　12：38」（京阪本線）
「テニス部の皆様お疲れさま。ミーティング出れなくてご免なさい。　きよ」（京阪本線）
「GWV女子パーがんばれ　SVN＊2」（JR山の手線）
「団長・洋一　昼にいけなくてゴメン　山田」（小田急線）
「イノッチへ　きのうありがと！」（JR中央線）
「8／31　××君．優奈　あーあつかれた。今までありがとう。またかしてね。では♡」（京葉線）
「さべ　きのうはごちそうさまでした　おいしかったよ」（総武線）

表2　「挨拶メッセージ」の類型と割合

「お疲れさま」	12	44.4%
「がんばれ」	5	18.5%
「ごめん」	4	14.8%
「おはよう」	3	11.1%
「ありがとう」	3	11.1%

このタイプのメッセージの内容の多くはクラブ活動に関するものであり、高校生がクラブの仲間を大切にしていることをうかがわせる。伝言板に見られる「挨拶」という儀礼的なメッセージは多様であるように見えるが、すべて、「お疲れさま」「がんばれ」「ごめん」「おはよう」「ありがとう」の五つに区分できる（**表2**）。

⑤対話――「バンビー　昨日、いいな。でら行きたかった。楽しかったナ」

ここに分類するのは伝言板をメモのように利用している例である。次はおそらく携帯電話をかけながらメモしたもの。

「（判読不能）よ。もうセーター出しちゃったよ。けい

（判読不能）で、８：00だっけ？（判読不能）ナー。めちゃ書きにくい。Ｎ／Ｎ」（小田急線）

同時に複数の人物が伝言板の前にいて伝言板上で対話しているものが、東京、名古屋、京阪でみられた。同時に複数の人物が伝言板の前にいて伝言板の上で対話するというのは、大人とくに男性から見たら理解しにくい行為であろうが、女性の手書き文字文化の一つの形と考えられるかもしれない。

「ＢＡＬへいくの？（タロリン）　えーわかんなーい。（マルチャン）」（阪急京都線）
「３：27　ＰＭ　ごめん　マサコちゃん
３：27　ＰＭ　どうしてごめんねっていうの　わたしともみちゃん　なんにもしてないよ。　正子より」（ＪＲ中央線）
「今日は雨だね。ザンネン　ひとみ
⇨ほんと雨だね。晴れたらよかったのに　でも、明日雨降らないといいね　れいこ」（名古屋地下鉄東山線）
「バンビー　昨日、いいな。でら行きたかった。　楽しかったナー
今日も車校３時間行って来るよ。　運転するのむずかし。今度会うのってどこになる？
私は別に名古屋じゃなくてもいいよ。
ひろから聞いたけどテッと飲み会やるな　まわし」
（名古屋地下鉄東山線）

上の三番目までは女の子同士の対話、四番目は遠距離恋愛の恋人たちの会話であろう（なお「でら」は「たいへん」「とても」の意味の方言）。

⑥つぶやき――「スキャナなし　とほ」

表題としたのはＪＲ秋葉原で採取したメッセージ、秋葉原の電気街にスキャナーを求めに来たが目当ての機種が見つからなかったのか。

このタイプのメッセージは、特定の誰かに伝えるでもなく、また見知らぬ誰かに届くことが何ほどか期待されているわけでもなく、「落書き」とも言いきれないものである。一般に「落書き」は多分に他者を意識しているところがあるが、この種のメッセージにはそれが欠けている。天野祐吉氏の言うように「私自身のための広告」とも考えられる。

「朝から何も食べてなくておなかすいた　oo shin」（ＪＲ中央線）
「ミツマメ　クズモチ」（ＪＲ総武線）

「今日は一日中試験（T-T）」（名古屋地下鉄東山線）

これまで伝言板を利用者の側から見てきたが、次に設置者の側から見てみよう。伝言板は駅という公共的な空間に設置され一定の管理下にあるという点で、弱いながらも「制度化」されているメディアなのである。

4　伝言板設置の現状と未来

(1)　調査方法

この調査ではメッセージの採取とともに先述の各鉄道会社に対しインタビューを行なった。

質問した項目は以下の通りである。

(a)　伝言板の設置時期

伝言板が駅にいつ頃から設置されたのか、或いはいつ頃には設置されていたか。

(b)　現在の設置台数、設置台数の変遷

管理する駅のうち、どれだけの駅に伝言板が設置されているか、またその台数はいくつあるのかを問い、これまで設置或いは撤去したことを記録する書類が存在すればその推移を聞くことにした。

(c)　伝言板を設置している目的

なぜ、伝言板を設置する必要があったのか、設置の目的。

(d)　利用件数とその推移

一日あたりどれだけの利用件数があるのか、またそれは時期ごとにどのように推移しているか、統計資料が存在するならば聞くことにした。

(e)　今後の伝言板の設置についての会社の考え方

携帯電話・ポケットベルが普及してきたことによって、伝言板を設置する鉄道会社は今後どのように対応しようとしているのかを問うものである。

(2)　回答

①阪急電鉄（本社広報室）

一九六三（昭和三八）年一一月から広告つきの伝言板の設置を開始している。それ以前にも伝言板は設置していたが、それがいつから設置していたかについては本社でも不明である。設置台数は現在、九路線八四駅中三七駅に設置しており、台数は四七台で、設置する目的は乗客の利便性を向上させるためである。なお、設置台数の変遷・利用件数とその推移は記録がないために不明である。

伝言板に関するこれからの方針は、現在設置しているものは継続して使用するが新たに設置する方針はない。その理由として携帯電話やポケットベルの普及により利用頻度が減少していることや伝言板へのいたずら書きが多いことがあげられる。

②京阪電気鉄道（本社運輸部営業係）

伝言板の設置時期は正式な資料はないため断言できないが、駅の開業時に設置していると思われる。現在の設置台数は、京阪線（京阪本線・鴨東線・交野線・宇治線）の四路線五六駅中に六三台設置されている。なお、設置台数の変遷と利用件数とその推移は不明である。

設置目的と理由は旅客サービス・伝達サービスの一環であり、今後の方針としても撤去することはなく、設置を続けてゆく。また、現在定期券拾得を知らせる黒板が伝言板と別にあり、これらを一体化した黒板を徐々に設置してゆく予定である。

③東京急行電鉄（本社ＣＳ推進部東急１０９センター）

設置時期は資料がなく不明である。現在の設置台数は八路線九九駅中八八駅に設置している。しかし、電鉄（営業管理課）が伝言板を管理しているのは一六駅にすぎず、残りの七二駅の伝言板に関しては伝言板の製造などを行なう別会社「東急エージェンシー」が管理している。

設置の目的とその理由は、旅客サービスと駅員の負担軽減である（後者は伝言板を設置することで乗客の言付け依頼をなくすという意味だろうか）。設置台数の変遷・利用件数とその推移は不明である。

これからの伝言板に対する方針としては、設置する必要性はないと考えている。そのため、新たに設置されることはまずあり得ないが、撤去してゆくという方針もあるわけではない。それは、伝言板には広告がつけられているためで、新たな広告主が現われれば設置されることも考えられる。いずれにせよ、伝言板は伝言板として設置されているというより広告に付随したものとして取り扱われている。

また、新駅や駅改修の際については、大きな駅の場合は設置し続けるが、そうでない場合は必要かどうかそのつど、本社で考慮するという。

④小田急電鉄（本社広報部）

設置開始時および、現在設置している駅設置台数の変遷、利用件数とその推移は不明であるが、駅の改修などの際に撤去している（実地調査で小田原線の一六駅で伝言板を確認している）。したがって、現在駅に設置している伝言板も駅の改修が行なわれれば撤去されることとなる。理由は携帯電話やポケットベルなどの普及によって利用件数が減少していることやいたずら書きの増加などであり、伝言板の代替策として構内放送を実施している。

また、同社では昨年七月から本社内に利用者からの声や問い合わせに応える「ボイスセンター」を設置しているが、今のところ伝言板撤去に関しての苦情・問い合わせは一切ない。このことから電鉄としては、現在伝言板は利用者にとって重要なものと捉えられていないと認識している。

⑤帝都高速度交通営団（営団地下鉄）（本社総務部広報課）
伝言板の設置は現在の銀座線～上野間が開通した一九二七（昭和二）年当時からで、現在の設置台数は全八路線の一二七駅すべてに設置されている。それだけでなく改札口ごとに最低一枚設置されており、設置台数は約三〇〇にも上る。これは鉄道営業法によりすべての駅の改札口に伝言板を設置することが義務づけられていたため（現在この規定は同法より削除されたという）（後述）で、したがって設置台数に変動はない。設置の目的は鉄道営業法で定められた規定であったことと、通信手段の補助としてである。

利用件数とその推移は不明である。これからの方針としては、利用件数は減少しているが撤去することについて何の決定も下されていない。可能性としては一駅に一台程度に削減することなどが考えられる。

⑥西武鉄道（本社運輸部営業係）
設置開始は詳細は不明だが運輸営業開始時（一九一五年）からであると思われる。設置台数の変遷は不明である。現在の設置台数は一二路線九二駅中、約四〇駅である。設置される駅も都心ではなく郊外の改良等が行なわれていない駅ばかりである。かつては全駅に設置していたが、記入された伝言を書き換えるなどのいたずらがあり、かえって利用者の迷惑だったことや各駅に公衆電話を設置するなどして一〇年ほど前から伝言板の設置を見合わせている。結果として都心部の駅から撤去してゆく形となっている。

今後の方針としても同様で新駅設置や駅改修などでむしろ撤去してゆきたい、としている。

利用件数とその推移は不明である。

⑦近畿日本鉄道（本社広報室）
伝言板は駅ごとに管理しており、本社並びに管理局では現状を把握していない。また、伝言板に関する調査も社内で実施しておらず、今後の方針についても未定である。

⑧西日本旅客鉄道（JR西日本）・京都支社（京都支社広報室）

（JR西日本に関しては、同社の路線が本社でなく支社および地方鉄道部によって管理されるため、本社からの紹介により京都支社でJR京都線〔東海道本線〕の吹田－京都間について質問した）。

伝言板は駅の備品ではないため記録が残っておらず、設置時期に関しての詳細は不明。しかし、昭和四〇年代後半にはすでに駅に見られた。

現在の設置駅は吹田－京都間の一一駅中、三駅である。設置の理由は公衆電話が普及していないころの連絡手段として設置したと思われる。今後については携帯電話やポケットベルの普及により台数は減少しておりこの傾向が続くものと思われる。いたずら書きなどもあり、駅の改修の際に撤去する可能性もある。

(3) 回答のまとめ

これらのアンケート結果を質問項目ごとにまとめれば次のようになる。

(a) 伝言板の設置時期・設置根拠

伝言板の設置時期については、民鉄各社ともあまり定かではない。これは国鉄と異なり詳細なことに関して役所的にそのつど規定などを作成する必要がないためであろう。営団地下鉄からの回答にあったように一九二七年頃、もしくはそれ以前に鉄道営業法で伝言板の設置が義務づけられていれば、どの鉄道会社もかつては各駅の改札口ごとに設置していたことになる。

(b) 現在の設置台数、設置台数の変遷

現在の設置台数に関しては概数によるところもあったが小田急電鉄・近畿日本鉄道を除いて回答を得ることができた。各社ごとの伝言板設置駅の割合を**表3**に示してみた。なお、京阪電気鉄道の数値は京阪本線・鴨東線のみのもので、西武鉄道の設置駅数は概数である。

表3　各社ごとの伝言板設置状況

社名	設置駅	総駅数	設置駅率
阪急電鉄	37	84	44%
京阪電気鉄道	35	42	83%
東京急行電鉄	88	99	89%
東京営団地下鉄	127	127	100%
西武鉄道	40	92	43%

このように全駅全改札口に設置している営団地下鉄以外は東急、京阪と続いている。阪急、西武はいずれも新たに設置はしない方針であり、現段階でここまで設置率が下がってきていると見ることができよう。また、東急も同様の見解を示しているため現在は八九%と高いが今後の低下が予想される。

設置駅の傾向としては西武鉄道からの回答に代表されるように、

長く駅の改修などが行なわれていない駅に多いといえる。したがって、今後の方針が方針だけにこれらの駅が改修される際に伝言板を撤去する可能性も高い。

また、東急ではほとんどの伝言板の管理を別会社に委託しているが、このようなシステムを採用する例は他の鉄道会社では見られなかった。

一方、設置台数の変遷についてはどの会社も資料を作成しておらず、不明との回答であった。

(c) 伝言板を設置する目的

設置目的はほとんどの回答が旅客サービスや伝達サービスであった。駅はその役割・性質からも人が集まる場所で待ち合わせ場所となることは昔からあった。また公衆電話や携帯電話・ポケットベルが普及する以前の伝達手段として設置し始めることとなった、というのがその具体的内容である。

また、阪急と東急などでは伝言板に広告を掲載しており、営業的な目的からも伝言板を設置している。

(d) 利用件数とその推移

これも設置台数の変遷と同様に、すべての鉄道会社において調査・統計がとられていないため不明であった。

(e) 今後の伝言板設置についての考え方

ほとんどの会社において、新たに設置することはないこと、伝言板の必要性が失われてきたことを指摘する回答であった。多くあげられた理由は、携帯電話やポケットベルの普及により伝言板をわざわざ利用する必要がなくなったこと、それに伴う利用件数の減少、いたずら書きが多い、伝言板を駅から撤去しても利用者からクレームがない、といったものがあった。しかしながら、現在設置してある伝言板を早急に撤去したいと回答した会社は西武鉄道だけで、現在設置しているものはそのまま設置し、駅改修などを機に撤去するというものが多い。一方、これからも設置を続けてゆくと回答したのは京阪のみであった。

このような現状認識のなかから伝言板の設置台数が増加する要因を見つけ出すことは難しい。

しかし、私たちの調査によれば、「利用の件数の減少」や「いたずら書き」については別の面がある。駅によってチョークなどを伝言板に備えているところと窓口で借りなければならないところがある。チョークなどを備えている伝言板は利用が活発であり、窓口で借りなければならないところは利用が少ない。利用が増えれば「いたずら書き」も増える傾向にある。しかし約七割は駅での待ち合わせに関する利用であり、またそれ以外もすべて一概に「いたずら書き」と言い切れないのである。公共施設としては、掲示板的利用・挨拶・対話・つぶやきなどを許容する寛容さがあってもよいのではないだろうか。

5　コミュニケーション文化としての伝言板

日本の駅には伝言板が置かれている。少なくとも現在の日本では伝言板のある駅はまだ多い。欧米ではこのようなメッセージ伝達のシステムは存在しない。「駅で待ち合わせるなんてとんでもない！　駅は危険なところです」というのがたいがいの欧米人の反応だった。日本の鉄道の駅は安全なのだ。だから待ち合わせの場所になる。

伝言板を調査していると日本の駅の安全性が見えてくるだけではない。遅れてくるのはその人の責任だからリスクは遅れてきたものが負うべきだ、とは考えない。待ち合わせで遅れてくる相手に対する心遣いという日本人の行動の特徴もまた見えてくる。先に行く者が遅れた者に謝っているメッセージも多く見られた。また、匿名の多数の人が行き交うなかにいくつもの小さな物語が潜んでいることも見えてくる。さらにまた、公共の空間と私的なコミュニケーションとを接合させる奇妙なバランスもまた、公共性についての問題性を示唆している。

しかし、鉄道各社はほとんど伝言板を置き続けることには消極的であり、駅を「街のフォーラム・情報ターミナル」として展開しようとする構想においても、伝言板はまったく視野に入れられていない。

手紙や電話などの他のコミュニケーション・メディアと比較すれば、伝言板の特質は次のようにまとめられるであろう。

①手書き文字によるコミュニケーションであること
②利用者が制限されていないこと、かつ無料で利用できること
③基本的に個人から個人へのパーソナルなレベルでのメッセージであること
④他者に見られる可能性が暗黙に前提されていること
⑤公共空間に設置され一定の管理下にあるという点で制度化されていること

これらの特質のなかでも「手書き文字」(chirograph)という特質がもっとも基礎的であろう。私たちは伝言板のメッセージをデータベース化したが、そのさい手書きのもつ意味あいを捨象せざるを得なかった。字の大きさ、力強さ、字の丁寧さなど、断念せざるを得なかった要素は多い。しかし、必ずしも普遍化を要求していないこのような要素にこそ「手書き」の神髄があることを忘れてはならないだろう。

中世・近世の「落首・落書」や、井伏鱒二の『黒い雨』に記録されている被爆直後の広島の橋の欄干に張りつけられた

紙片（「幸之助、祇園の叔母の内へ来い、父」「お父さん、お母さん、居所を知らせて下さい、廿日市桜尾、阿部様方、真弓」「級友諸君の安否をきづかう、毎日十時頃ここへ来る、高工二A組、小川泰造」……）などに見られるように、手書き文字は日本の歴史と文化の何ほどかを表現していた。もとより現在の伝言板がこれらと同じような歴史的・文化的意味をもつわけではないが、こうした流れのなかにあることだけは忘れないようにしたい。

電子的音声、電子的文字の威力が増しているなかでも、「手書き文字の文化」（chirographic culture）は、葉書や手紙、手帳、メモ、下書き、書式の決まった文書への記入といった形で生き延びている。しかし、伝言板は、公共的な空間で公認されている非広告的な「手書き文字文化」のほとんど唯一の形態ではないだろうか。伝言板はしだいに携帯電話やポケットベルによって取って替わられていくのかもしれない。私たちはその消えゆくメディアのごく一部を記録することができたに過ぎないのかもしれない。しかしたとえそうだとしても伝言板がその一端を担ってきた「手書き文字の文化」の水脈そのものは、電子的音声メディアとしての携帯電話によっても、電子的文字メディアとしてのポケットベルによっても取って代わられることはありえない。「手書き文字の文化」はどこへ行くのだろうか。

▩参考文献

和久田康雄『やさしい鉄道の法規――JRと私鉄の実例』成山堂書店、一九九七年。

原田勝正『駅の社会史――日本の近代化と公共空間』中公新書、一九八七年。

運輸省鉄道監督局民営鉄道部監修『三訂　民営鉄道通達集』ぎょうせい、一九八四年。

関西鉄道協会都市交通研究所『鉄道経営ハンドブック』清文社、一九八〇年。

原田勝正・小池滋・青木栄一・宇田正編『鉄道と文化』日本経済評論社、一九八六年。

岡並木監修『駅の新しい機能――広場化・情報化』上・下、地域科学研究会、一九八八年。

【付論二】 木下杢太郎の思想展開におけるジンメルの芸術論

1 はじめに

哲学者・社会学者のゲオルク・ジンメル（Georg Simmel、一八五八年－一九一八年）は、一九〇〇年前後「モデルネ」の社会文化状況を正面から考察したことで知られている。ジンメルのこの時代診断は同時代の人びとに対して「驚くべき複合的な作用」[1]をもたらした。ここでは、パンの会など耽美派として知られる木下《きのした》杢《もく》太《た》郎《ろう》（本名太田正雄、一八八五年－一九四五年）のジンメル論を素材として、ジンメルのモダニズム論と日本のモダニズムとの交錯を考えたい。

医学を専門としつつも、良い意味での「ディレッタント」としてあるいは教養人として、文芸・美術の創作と評論においても多くの業績を残した木下杢太郎は、G・ジンメルの二本の論文を翻訳している。雑誌『藝術』第一号（一九一三年〔大正二年〕四月発行）に掲載された「瓶の把に就いて（ゲオルク・ジンメル氏）」と、雑誌『早稲田文學』第九五号（一九一三年〔大正二年〕一〇月発行）に掲載された「ゲオルヒ・ジンメルのロダン論（附メニエ論）」[2]であり、両者とも翻訳のもととなっているのは、一九一一年に出版された『哲学的文化』（*Philosophische Kultur, Gesammelte Essays*）に収録されている「把手」（"Der Henkel"）と「ロダン――ムニエについての前書きとともに」（"Rodin - mit einer Vorbemerkung über Meunier"）である。また雑誌掲載には至らなかったが、同書に収録されている「ミケランジェロ」（"Michelagelo"）の翻訳にも着手していた[3]。

木下杢太郎の訳業は決して少なくはない。ホフマンスタールの短編などの文芸作品、ユリウス・マイアー＝グレーフェ（Julius Meier-Graefe）の論文「新印象派論」などの芸術批評論文、リヒャルト・ムーター（Richard Muther）の著作の翻訳『一九世紀仏国絵画史』（*Ein Jahrhundert Franzosischer Malerei*, Berlin, 1901）、さらに「ルイス・フロイス日本書簡」といったキリシタン学関係資料など多くの訳業を残している。

木下杢太郎とジンメル思想との関係については、杢太郎研究においては事実の紹介以上に取り上げられることはなかった。例えば、野田宇太郎の『木下杢太郎の生涯と芸術』においても、一九二一年（大正一〇年）に出版した『地下一尺集』に「ジンメルの「瓶の把に就て」を深く共感するところがあって翻訳[4]」したという事実が言及されているのみである。

訳業と思想の展開とは多かれ少なかれ何らかのつながりをもっているが、次のような事情は、杢太郎にとってジンメルは決して周辺にとどまるものではなかったことを示唆している。

まず、後年に書かれた様々な回想的なエッセイでジンメルへの特別の思い入れが語られていることに注意したい。「予も最も愛する哲学者なるゲオルグ・ジンメル」（9, 34）という仕方で紹介していること、ジンメルの評論を「洒脱の評論」（9, 240）とし自らの評論の一つの規準と考えていたこと、またジンメルの著作を「一時甚だ愛読」（23, 31）した等の表現である。また、一九二三年八月にハイデルベクルの古書店で「六七年来遠《とおざ》かつてゐた」ジンメルなどの著作を見つけて、「其頃の熱情、其頃の憧憬が再びわたくしの記憶に蘇つた」（12, 35）との記述もある。さらに付け加えるならば、晩年杢太郎が指導する学生の読書会「時習会」では論語やプラトンと並んでジンメルの論文も選ばれていたという報告もある。[5] これらはジンメルの文章そのものが杢太郎を長く魅了していたことを示している。

さらに、翻訳された一九一三年（大正二年）という時期に注意したい。この時期は、後に「我我の最も得意の時代であつた」（1, 7）と回想される一九一〇年を過ぎ、パンの会の熱狂も一段落し、スバル群像の青年たちがそれぞれ転機を迎え、杢太郎自身は医局時代に入っていた時期であるが、創作と評論においてきわめて充実した時期である。明治末から一九一六年（大正五年）の満州赴任までの時期の文芸活動を杉山二郎は、「このころから大正五年の渡満まで、木下杢太郎の文筆活動は新人作家と言ったイマージュから、中堅作家のイマージュに変貌した」と特徴づけている。

『昴（スバル）』『朱欒（ザンボア）』『アララギ』『ホトトギス』『三田文学』『中央公論』『太陽』『新小説』『秀才文壇』『女性』といった月刊文芸雑誌や新聞などに、詩・小説・戯曲・美術評論・文芸評論の類を続々と発表している。そうした創作活動のうちわけは、詩が二七篇（内翻訳詩もある）、小説は一九篇、戯曲が一〇篇、文芸批評は一三篇、美術評論は二三篇となり、ほとんど毎月

何かしら発表していた。(6)

木下杢太郎「画界近事六・山脇信徳氏作品展覧会」（『中央公論』第二六年六号、一九一一年六月）を発端とする、山脇信徳と武者小路実篤とを相手としたいわゆる「絵画の約束論争」(7)もこの時期の一九一一年（明治四四年）六月から一九一二年（明治四五年）二月でのことである。

ジンメルの文章への高い評価や翻訳された時期の特徴は、ジンメルの論文の翻訳が彼の主軸となる活動のなかに組み入れられていたことを示している。

本論は、木下杢太郎の思想展開のなかでジンメルがもつことになった文化史的・精神史的意味を明らかにすることを目標としている。その意味は、個人の思想展開における出来事がもつ内容にとどまらず、明治末ないし世紀転換期の文芸思潮の展開のなかで芸術批評の営みとドイツ社会思想とが交差した出来事としてより普遍的な内容をもっているであろう。こうしたより普遍的な内容を明らかにするために、杢太郎のテキストにおけるジンメルに関する言説を中心に分析し、ジンメルの思想が参照される文化史的・精神史的文脈ないし問題連関を解明することとしたい。

結論を先取りして言えば、杢太郎のジンメル受容は相互に関連する三つの文脈のなかで行なわれている。その第一はロダン芸術の受容という文脈であり、第二はヨーロッパ思潮の系統的な理解という文脈であり、第三はニーチェ思想の受容と克服という文脈である。少なくともこの三つの文脈において、個人的な意味にとどまらず文化史的な内容をもつ交わりなのである。

北原白秋は若き杢太郎の創作活動について次のように評したことがある。

> 彼は比類稀な詩境の発見者であつた。だが惜しい事にはあまりにその効果を整理為ようとしなかつた。彼の逐次の新発見は殆ど目まぐるしいばかりであつた。だが彼はただ前へ前へと前進するばかりであつた。だから彼の背後には、常に勿体ない程複雑は複雑の儘に、美は美のままにただ燦燦爛爛と取り散らされてあつた。(8)

この言葉を借りて言えば、本論は「複雑は複雑の儘に取り散らされてある」テキスト群から杢太郎とジンメルとの接点を再構成する試みである。

2　ロダン受容の文脈

杢太郎がジンメルの文章と出会ったのは、ドイツの美術史家ユリウス・マイアー＝グレーフェ(9)の『近代芸術の発展史』（*Entwicklungsgeschichte der modernen Kunst: vergleichende Betrachtungen der bildenden Künste, als Beitrag zu einer neuen Aesthetik*, Stuttgart, J. Hoffmann, 1904）の初版においてである。

中学・高校・大学時代でのマイアー＝グレーフェなどの美術史関係の読書について、「北原白秋のおもかげ」において次のように語られている。

> 当時の交遊のうちに山崎春雄君が有つた。油絵に巧みで、日本の当時の大家の間で、黒田清輝氏を夙く理解した。同君は読書家で、大学の図書館で印象派に関する洋書を博く漁つて其趣味をわれわれに伝へた。後に「十九世紀仏国絵画史」といふ標題で僕が訳して出版したリヒヤルド・ムウテルの本などは山崎がいち早く見付け出したのである。またマイヤ・グレフエ、テオドオル・ヂユレエ、さういふ評論家をわれわれは山崎のあとについて漁つた。（18, 130）（『改造』第二四巻第一二号、一九四二年〔昭和一七年〕一二月）

リヒャルト・ムーターの『一九世紀絵画史』を読んだ時期については「明治四十一年頃」（23, 25）と特定されているが、マイアー＝グレーフェの『近代芸術の発展史』については、「ムウテルに比して遅れる」（23, 27）とされている。一九〇九年（明治四二年）一一月二七日付の日記に「九時訪校、それより二時間のやすみは図書館にて Graefe の Gaugin 論をよむ(10)」という記述があるので、ムーターから一年ほどして一九〇九年にマイアー＝グレーフェを読み始めたと考えてよいだろう。一九〇八年（明治四一年）から一九〇九年（明治四二年）という時期は「パンの会」の初期の最盛期と重なっている。

こうして杢太郎は、マイアー＝グレーフェの『近代芸術の発展史』を通してジンメルを知ることになるのだが、それは第二巻の「ロダン」章で引用されていたジンメルのロダン論である。そこでのジンメルの文章の印象、さらに翻訳の経過について次のように語っている。

> ゲオルグ・ジンメルの名は著者は始めてマイヤ・グレフエの書を通じて知つたのである。彼が近世芸術発達史のロダン論中に引いたるジンメルの論は其拮屈なる行文中に極めてしやれた見解を発表して居た。後に著者は彼が論集「哲学的文化《フィロソフィシエ・クルツウル》」を得るに及んでその中の二三の文章を翻訳した。本書中のロダン論は其一である。是れの果してマイヤ・グレフエの引用せるものと同一であるや否

やは、今これを較ぶべき便宜がない。蓋しジンメルが文章の光彩陸離たるは、其哲学的用語の美、其一半の功を配つべきである。語彙乏しく哲学的教養なき著者の所訳の如き虎を写し猫に類するの嗤笑を免れることは出来ない。（23, 27－28）（『印象派以後』日本美術学院、一九一六年〔大正五年〕一〇月、「序」）

ジンメルの文章を「極めてしやれた見解」として受け取りつつ、その文章の魅力の一因を「哲学的用語の美」に見出していることは注目に値するが、ここではまずもって、杢太郎自身も疑問を抱いていた問題、つまりマイアー゠グレーフェの『近代芸術の発展史』で引用されていた論文と杢太郎が翻訳した『哲学的文化』に収録された論文との関係について確認しておきたい。

　マイアー゠グレーフェが一九〇四年の初版『近代芸術の発展史』[11]第二巻のロダン章において、約七ページにわたり引用紹介[12]した元のジンメルの論文、したがって杢太郎を魅了した文章は、一九〇二年九月二九日付の『ベルリン日刊紙』（*Berliner Tageblatts*）の付録『時代精神』（*Der Zeitgeist*）に掲載された「ロダンの彫刻と現代の精神動向」（“Rodins Plastik und die Geistesrichtung der Gegenwart”[13]）である。これに対して、杢太郎が翻訳した論文は、すでに述べたように、一九一一年発行の論文集『哲学的文化』（*Philosophische Kultur*）に収録された「ロダン――ムニエについての前書きとともに」（“Rodin - mit einer Vorbemerkung über Meunier”[14]）である。そしてこの論文の骨格をなすのは、ベルリンで発行された月刊誌『北と南』（*Nord und Süd*）一九〇九年五月号に掲載された「ロダン芸術と彫刻における運動のモチーフ」（“Die Kunst Rodins und das Bewegungsmotiv in der Plastik”）である。

　第一の「ロダンの彫刻と現代の精神動向」（一九〇二年）と第二の「ロダン芸術と彫刻における運動のモチーフ」（一九〇九年）および第三の「ロダン――ムニエについての前書きとともに」（一九一一年）の三つの論文は、ミケランジェロとロダンとの対比という分析視角などの点で共通している。だが第一の論文が、「個性と法則性との葛藤」の解決者としてロダンを位置づけ、さらに詳細に「法則性」の一九世紀的な形である「自然主義と慣習主義」に対する精神の勝利をロダンから読み取っているのに対して、第二の論文は「われわれの内面の反応に従って世界を本来的な内的世界として体験し解釈するのであり、確固とした内容を魂の流動的な諸要素に解体し、魂からはあらゆる実体が洗い流され、魂の諸形式のうちには運動の諸形式のみがある」[15]ような「モデルネの本質」の表現としてロダン芸術を位置づけている。第三論文は第二論文を土台として両者を統合し、さらに「純粋な運動の芸術的無時間性」といった概念を追加するなど叙述を精緻にしているが、その際、第一論文にあった「個性と法則性との葛藤」という問題はレンブラントとロダンの差異の解明の文脈に限定され、その分「自然主義と慣習主義」の克服というテーマが強調されることになる。第一論文でこのテーマの説明に含まれていた「技術は人間をふたたびその奴隷にし、人間をあまりに外面的な関心に結びつける」[16]といった現代社会のよりリアルな問題性についての記述は割愛され、芸術と現実生活との関係についての記述はより抽象化され、全体としてロダンから「生の哲学」を読み取ることに重点が置かれている。

李太郎はジンメルの論文を翻訳する以前から文芸美術評論においてしばしばジンメルを援用している。そのなかでも次の三つの批評においてとくに比較的詳細にジンメルを引用し検討しているが、いずれもロダン芸術の理解に関する文脈においてである。

第一に、李太郎が評論においてジンメルを最初に援用するのは、『白樺』第一巻第八号（一九一〇年一一月）ロダン特集号に掲載された「写真版の RODIN とその聯想」であり、ジンメルのロダン論を次のように紹介している。

而して Rodin の芸術も又 Kathedral の彫刻では無いと言はれて居る。尚また Rodin の此態度を多くの評者は時代の精神と結合させて居る。殊に独逸の哲学者の G. Simmel などいふ人は、個人主義と Gesetzmässigkeit との争は十九世紀の重大問題であつたが、久しく法律乃至自然科学の法則的観念即平等主義に厭きてゐた人々は個人の自律にあくがれてゐるが Rodin の彫刻のミケランヂエロ以来の新形式が矢張その発現であると云ふやうに説いてゐる。――自然主義――個人主義、是等の近世の精神的産物は皆 Rodin の芸術の Medium となるものであると云ふ事である。（7, 279–280）

また別の機会に同様の内容を、「ジンメルと云ふ独逸の哲学者はロダンの彫刻を以て順法（Gesetzmäßigkeit）の古への美徳に反抗して個人の自律を唱へ始めた近世道徳観の象徴なりしとて賞讃するに至つた」（8, 56）[17]と述べているように、李太郎がジンメルのロダン論から学び取ったものはまずもって、「個性と法則性との葛藤」という一九世紀の動向の構造であり、芸術を含む時代精神ないし文化の構造なのである。しかし、この当時の李太郎自身のロダン論において重点は作者の人格に置かれていることに留意しておきたい。

かの錯雑たるRodinの作品、乃至「地獄の扉」までも、か丶る精神文明を背景として観照する場合に一段とそのSoliditätを増すのである。けれども予等の切に知りたく思ふのはこの時代精神と、この芸術との中間に立つて、両者を結合する所の作者の性格であらう。乃至作者の自然観相の態度であらう。（7, 280）

欧米でロダンの評価が高まるにつれて日本での紹介も明治中期から徐々に増えていき、荻原守衛、有島壬生馬、高村光太郎、中村不折らの紹介の積み重ねに基づいて、一九一〇年（明治四三年）年一一月に雑誌『白樺』がロダン特集号を刊行するに至るが、その多くの論考が示すように、ロダンは彫刻家にとどまらず、詩人、宗教家としてさえ受けとめられていた。留学の機会をもたない自分が鑑賞するのは「写真のRODIN」にすぎないという醒めた立場を取っているとしても、作者の性格と自然観を「切に知りたく思ふ」杢太郎もこのような高揚した「人格主義」的な受容圏のなかにあったのである。

ロダンに関する評論におけるジンメルの援用の第二は、「運動のモチーフ」に関わる第二・第三論文の論点であり、「松本博士新著「現代の日本画」を読む　附　日本美術及美術史上の諸問題」では、『哲学的文化』所収のロダン論から引用されている。

此文章を読んで、吾人はゆくりなくも独逸の哲学者ゲオルク、ジンメルが「運動」を標準として、巧みに彫刻の推移と時代との関係を論じたる彩筆を想起する。／ジンメル曰く「希臘の彫刻は其真正なる古典的なる諸像に就て見るに、能く希臘精神の固定統一たる本質的実在を理想としたるに準拠してゐる」。（8, 399）（『太陽』第二一巻第一一号、一九一五年〔大正四年〕九月、「文藝評論欄）

第三は、再び第一論文からであり、「現代の芸術的意義」における現代文化の葛藤の基本構図について、マイアー゠グレーフェの『発展史』での引用文から重引されている。

現代の彫刻の論は殆どロダンの論を以て終始すると称して不可はない。／ロダンに就ては、予は九月の本誌に於て松本博士の著書を批評せし論中にゲオルグ・ジンメルの説を引用する所があつた。／而かも予はそれとは別のロダン論を、予も最も愛する哲学者なるゲオルグ・ジンメルより再び聴かむと欲す。（千九百〇二年九月二十九日発刊、伯林日刊のDer Zeitgeistの所載――マイヤア・

グレフェエの共著に引用せる所に拠る）〔…〕ジンメルの論は例に依つて余りに冥想的である。而しロダンの作品を以て、現代の文化に於ける最大の葛藤――即ち精神と物質との争ひを反映すると見るは当つてゐる。少くともジンメルの言は、ロダンの芸術がそれほどの人間味を看客に影響するといふことの、有力なる証明になるのである。（9, 35－36）（『太陽』第二一巻第一三号、一九一五年〔大正四年〕一一月、「文芸評論」欄）

引用されているのは第一論文の魂・精神による外界・自然の領有とその限界、芸術による自然に対する精神の優位性の完成を論じた部分であり、第一論文固有の部分である。主観による客観世界の領有というカントの認識論的な企図を、実践的に達成したのは現代の技術である。しかし、

技術は人間をふたたびその奴隷にし、人間をあまりに外面的な関心に結びつけるので、外面的なものが魂の中へ立ち現れるより以上に、魂が外面的なものの中に現れている。〔…〕魂があの目標に向かう技術や科学や社会体制の道程において、避け難く経験する失望や後退は、測り難いものへの芸術の憧れを、遂には、我々のすべての外的な環境に芸術を浸透させるという情熱にまで高めた。というのは、芸術の中にのみ、存在という所与の素材に対する精神の勝利が、完成して現れるからである。[18]

第二の批評と第三の批評でのジンメルへの言及から次のことを読み取ることができる。つまり杢太郎がジンメルのロダン論から学び引き出した第二のものは、芸術作品から時代精神の動向を理解する方法の普遍性であり、このような方法を、ロダン論から拡大して、ロダン論を典型としつつ、芸術一般に適応可能な思想史的な評論方法として応用することを杢太郎は意識的に試みるのである。[19]

第二の文脈に移る前に、「ロダン論」に先立って翻訳され、雑誌掲載された「把手論文」について見ておこう。

『哲学的文化』に収録された「把手　美学的試論」（"Der Henkel. Ein ästhetischer Versuch"）の初出は、一九〇五年八月二六日付の新聞 *Der Tag* である。「それ自体としては取るに足らないものにたいしても妥当性をもつことによって本来の姿を現すという象徴的関係[20]」を探求するジンメルの方法がよく見てとれる代表的エッセイの一つである。水差しの完結した形態の一部分でありながら、一つの道具として生活のなかで機能するための媒介の役割を果たす部分でもあるという把手の意義の二重性に着目し、芸術的世界と機能的世界との統合を象徴するものとしてそれを解釈する。このような

「把手の象徴的意義」からジンメルは、道具としての機能性に依拠する「機能美」と唯美主義的な狭義の美とを統合する「超美学的な美」ないし「最高審の美」[21]のリアルな可能性を見出すのである。

杢太郎は「陶器」に関する六つの批評[22]を残しているが、もっともまとまった陶器論を含んでいるのは一九一四年（大正三年）三月二二、二九日の『読売新聞』掲載された「陶器に関する考察　富本憲吉君の作品展覧会を観る」であり、ジンメルの把手論をもっとも詳細に参照しているのもまたこの論文である。杢太郎は医学的人体観になぞらえて、陶器を第一に「形態学ないし解剖学」的な観点から、第二に「生理学」的な観点から検討する。第一に、陶器は安定した土台の上に「重心が下方に沈んで居る」仕方で据えられることによって「独立した様子」と「個体味」(8, 231) を得る。表面の絵や模様、さらに顔料釉薬の類なども「陶器としての有機的統一」(8, 231) に貢献しなければならない。第二の生理学的観点とは機能論のことであり、杢太郎は機能を芸術的機能と実用的機能に区分し、実用的機能について、皿や鉢が「物を上に載せるだけ」の低級の機能しかもたないが、瓶、壺、茶碗などの場合は液体の「保護者となり、運搬者」(8, 233) となるなどのように機能は高級で、したがって複雑になるとする。機能の複雑性が「瓶、壺の品位になり、個体味になる」(8, 233)。「然しながらこの実用の性のみが余計に主張せられるといふと、陶器は自己の独立性、個体味を減却する。何となれば、瓶にせよ、碗にせよ、是等は自ら動くこと能はずして、人の手を籍りて始めて其職責を果すのである。即ち実用一方の目的で作られた陶器は道具としての印象よりは止めないことになる」(8, 233)。

こうした芸術論に基づいて富本憲吉の作品における実用性に着目し、それが「芸術的完体に或る現実性を賦與するの役をするだけ」の「潜伏的能力」(8, 233) であり、作品が「陶器の実用性をも巧に其芸術的機能の一属性としてしまつた」(8, 234) こと、このことによって「氏の陶器の趣致はいよいよ東洋的になつた」(8, 235) と特徴づける。なぜならば「潜伏的能力」は「東洋の空の観念が「静止せる生乃至活動」を蔵してゐると相類似してゐる」(8, 235) からである。

ジンメルが把手を端緒として、機能的な美と芸術至上主義的な美とを統合する新たな生の哲学における美を見出したのに比して、杢太郎は、富本憲吉の陶器に、実用性をも芸術的機能に包摂する東洋の美を発見するのである。

さらに、美と用との一致ないし機能美を取り込んだ新たな美の観念を論じているより一般的な芸術論にジンメルの残響を聞き取ることもできる。一九一五年（大正四年）一月一日発行『太陽』に掲載された「文芸の批評に就て」のなかで、「水瓶の説（美と用との関係）」という一節を立てて、独自の芸術観を試みている。第一次大戦による混乱のなかで、耽美的と実利的傾向の分離が進行しているが、「両者の一致するに至る点」(8, 285) を探求し、「実用性に適する瓶の形が、また真の美に適ふ」(8, 285)、「猿とか鶴とかの動物の形をして、その頭や頸が外れて容器の蓋となると云ふやうなものよりも、寧ろもつと実用的に造られたもの丶方に美が存して居る」(8, 286)、「用と美とは必しも相反するものでなく、寧ろ両者は密接に抱合し、用を離れて美なく、また一層高等の美は能く用を容る丶と云ふ観照の境地が存するのに気付く」(8, 286)。この考え方は、「美の本態を以て「無関心」となし、芸術の価値をその遊戯的性質に置」(8, 287) く芸術観、さらに「人間の数多くある欲望のうち、進化に適せざる無益のものは芸術的幻想を以て之を補ひ、他の有用なるもの丶みを実際の努力で満して行かうといふ考」(8, 287) を超える新しい芸術観である。

3 ヨーロッパ新思潮の構図

新田義之は、多彩な杢太郎の活動の底に共通の問題意識として「伝統的日本文化と西欧文化との出会いから生ずる問題」[23]があることを指摘しているが、異国情調、中国文化研究、キリシタン研究と展開する杢太郎の研究において、ゲーテの『イタリア紀行』をはじめとしてドイツ、フランスを中心としたヨーロッパの思潮についての理解は変わることのない知的な基盤となっている。[24] エキゾチズム・異国情調はヨーロッパ世界に対してだけではなくむしろ自国に対しても発見されなければならない世界認識の方法にまでなっている。「日本の美術も常に外国の芸術的文化と接触を保つて居ないと、必らず停滞し、退化しまた萎縮する」(9, 190)[25] ということは社会と文化全般にも通用する杢太郎の変わらない信念であった。

ジンメルの芸術論は第一にロダンにとどまらず芸術批評の一つの規準として、また第二に、とくに第一次大戦前後は、ヨーロッパの新しい思潮ないし現代文化の動向を理解する一つの準拠点として見出されている。

杢太郎が雑誌・新聞で美術評論を公表し始めるのは一九〇八年（明治四一年）頃からである。雑誌では石井柏亭、森田恒友、山本鼎《かなえ》によって創刊された美術文芸雑誌『方寸』と石川啄木、北原白秋、木下杢太郎、吉井勇らによって創刊された『スバル（昴）』、新聞では『読売新聞』が当初のおもな舞台となる。初期の評論から濃淡はあっても変わらず批評の規準として取り上げられているのはヨーロッパの芸術動向についての理解についてである。

例えば、一九〇九年（明治四二年）五月発行の『スバル』第五号に掲載された「現代日本の洋画の批評について」では、次の批評すべき三つの点とそれぞれについての観点があげられており、第一のデッサン、色、構図の批評、第三の「現代の日本は洋画に向つて何を望んで居るかと云ふ事を批評する」（7, 127）「社会的方面」からの作品批評と並んで、第二の規準として、画家の「気稟《きひん》」[26]（Temperament）ないし「天才」と、「作者の智力、思想、見識、趣味」があげられている。ここで彼が問題にするのはまず作者が「外囲自然（幼年より現代に至る社会の智並びに情的生活）から如何なる滋養物質を吸収したか、又現代の社会精神と如何に交渉して居るか、乃至それが如何に作品の上に現はれたかといふ事」（7, 124）であるが、次に杢太郎が注目する作者の「思想」とは、絵画が表わす宗教的な主張といったことではなく、「自然主義」が高度な文化の所産であるといったことについての知識、また新印象派の「原色配整の理」が、トーマス・ヤング（Thomas Young）、ドーヴェ（Heinrich Wilhelm Dove）、シュブルール（Michel-Eugene Chevreu）、ヘルムホルツ（Hermann von Helmholtz）等の色彩理論の成果に基づいていることの理解といった知識である。この点で杢太郎は日本の一般公衆の芸術鑑賞能力の水準の低さを理由として、現代日本の洋画家はある程度「思想家」でなければならないとまで言うのである。

彼の欧州に於ては国民一般の智力も高く、社会の芸術鑑賞力も進歩して居る。故に画家個人の智力、思想等はそれ程進歩して居なくても可いが、芸術批評の進歩して居ない日本では、画家自らが凡ての事をしなければならないから、従つて、画家が一定の度まで思想家であるといふ事が必要である。もつと具象的に云へば、現今の日本の洋画家は、一方には欧洲絵画の趨勢を知り、一方には日本現代の時代思潮を理解し、両者の間に意識して調停を求めるといふ覚悟が無くてはならぬ。（7, 125－126）

もとより画家に対するこのような要請は、批評に対する要請でもあり、杢太郎の美術批評ははじめから一種の「専門性」を追求するものであり、「芸術も亦他の人間の諸活動のやうに進歩する。専門的に発達もする。故に必ずしも予備知識なき人に解せられるものでは無い」（7, 216）。という基本的認識に立っていた。その専門的な評論は「善い」とか「悪い」とかいふやうな漫然たる批評」（7, 122）ではなく、「その断定に達するまでの論証」（7, 122）を公表することのできる批評でなければならない。

しかし、ヨーロッパの動向に対する無知というより、逆に、印象派に続き象徴派、新印象派、未来派などなど、次々に輸入される新たな動向に翻弄されるなかで、ヨーロッパ思潮の動向についてのより骨太の、あるいは抽象度のより高い理解がジンメルと関連づけられるのである。

その第一は「主知主義から主意主義への転換」という動向である。一九一二年（明治四五年）二月二七、三〇日の『読売新聞』に掲載された「予感及び模索」において、信念が定まらず、次々に輸入されるヨーロッパの新しい画家の作品に振り回される現代日本の画家が無意識に予感し模索しているものの正体を「主知主義」から「主意主義」への転換であるとし、次のように述べている。

> 人間を離脱した純客観の態度は人間本位の思想と代らうとする。凡ての現実を意志に外ならぬと見た古賢の説は再び高く評価せられ始め、真理と云ふ名の代りに生活と云ふのが近世の相言葉となり、ジンメルと云ふ独逸の哲学者はロダンの彫刻を以て順法（Gesetzmässigkeit）の古への美徳に反抗して個人の自律を唱へ始めた近世道徳観の象徴なりとして賞讃するに至つた。（8, 56）

第二は、この「主意主義」を一つの形として含むより広汎な「反科学的思想」の潮流についてである。「最近時事」（一九一五〔大正四年〕六月一日発行『太陽』第二一巻第六号の「文芸評論」欄）でこの潮流は次のように分析される。

「軽浮なる非科学的思想」（8, 345）については論外であるが、一方では「最初反抗的、デモクラチッシュなりし科学が、今や昔時の侶伴から離れて、金力と相提携」（8, 348）している現状があり、他方で、科学が本来的に認識であって行為の規範や当為を導くことができないのだから、道徳的な色彩の濃い「曖昧な科学的精神といふもの、中には不純物がある」（8, 347）。だから「各種の反科学的思想はそれ故科学全体に対するものではない。寧ろ科学として本質的でない、他の科学に伴随する混在物に対するものである」（8, 350）ことを見逃してはならない。こうして杢太郎は「反科学的思想」に次の七つの要素を分析する。①「平俗の常識主義」、②「一種のロマンチック」、③三段論法的論理に対する疑念、④「論理学的のものを目的論的のものに代へやうとする」（8, 352）主意主義、⑤「自然主義的或は物質的デモクラチックの思潮」への反抗、⑥「科学の利用に因る商工主義に対する反抗」、⑦「科学思想に反対する国家主義」である。ジンメルが参照されるのは第四の主意主義に関してであり、次のように述べられている。

「初めに真であつて然るのち有用なのではない。初めて有用なるが故に後真となつたのである。」とは独逸のプラグマチストたるゲオルグ・ジンメルの言である。今や認識の世界に対して行為の世界の顕出を叫ぶ声が漸く高まつた。かのベルグソンの如きも、其科学的経験を立論の基礎とする点に於て、毫も反科学的と云ふことは出来ないけれども、従来の科学的精神たる、真理を外界に置く思想に反対して、之を生活の内部に認むるといふ点に於て亦之と其基調を同じくするものとすべきである。（8, [27]352）

ジンメルをプラグマティストとして位置づけることは妥当でないが、ジンメル・ベルクソン的な「生の哲学」も「未だ十分に科学的客観主義を滅すことが出来なく、また之と調和しないが為めに、丁度多数国語の並立の煩はしさに堪へずして之を一に帰せんとするエスペラントが起り、却つてまた一国語の多きを加へたやうに、彼は科学の客観主義と対立して、却つて思想界に二元主義を作つたのである」（8, 352）という評価は正当であろう。

この点では、杢太郎自身はジンメルやベルクソンと距離をとっている。生の哲学的な「反科学」の立場ではなく、彼は「我国に於ては未だ科学及び科学的精神に反抗すべきほどの科学及び科学的精神の流行は無い」（8, 354）のだから、「少し流行遅れながら、我々は到底科学主義者であり、また自然主義者である」（8, 354）との方向を選択し、これが医学者でもある杢太郎の特徴をなしている。

第一次大戦は日本の知識層にとっても深刻な問題として受けとめられたが、例えば和辻哲郎は第一次大戦の根本に一九世紀の文化の問題性を見出し、「自然科学の発達」と「人間の自然的性質の解放」を「現戦争の真因」[28]とみなした。その上で「戦争がすんでも戦争前と同じに、あの文化が急調子に進んで行くだらうと考へるのは、とても堪らない」[29]との感想を述べている。

この和辻の方向性と杢太郎のそれとの差異は明確である。和辻が生の哲学的な思潮に近いところにいるのに対して、自然科学への信頼は杢太郎の評論の土台であり、その評論を理解する重要な鍵なのである。「予は少年より近きころまで甚だしく subjektiv であったが幸ひ予の余り好まなかつた Wissenschaft（殊に Naturwissenschaft）を捨てずに、兎に角それを固執した事が予を多少 objektiv にしてくれたのを今では感謝してゐる事」[30]（8, 35）を自分の評論の特色の一つとして表明している。

第三に、「物質対精神」という構図である。第一次大戦を契機として、杢太郎においては、ジンメル的な論理は芸術にとどまらず現代文化の原理的な構図として受けとめられるようになるが、この際、現代文化の構図は極端にまで切り縮められている。

「現代の芸術的意義」（一九一五年〔大正四年〕一一月『太陽』第二一巻第一三号の「文芸評論」欄）ではまず、ジンメルの第一のロダン論について、「ジンメルの論は例に依つて余りに冥想的である」が「而しロダンの作品を以て、現代の文化に於ける最大の葛藤——即ち精神と物質との争ひを反映すると見るは当つてゐる。少くともジンメルの言は、ロダンの芸術がそれほどの人間味を看客に影響するといふことの、有力なる証明になるのである」（9, 35）と評価するにとどまらず、このロダン論の枠組み「精神と物質との争ひ」を現代文化全般に拡大する。

「現代の文化の特徴は、之を厭世的に観れば精神と物質との争闘」（9, 36）であり、両者を架橋するのは、精神の側では「実証派の考察法」であり、物質の側では工業的「器械」である。しかし「器械的工業の発達は社会に於ける金権の跋扈を将来する。即ち現代文化の特徴は之を科学と金権なりと極言しても、必しも不当ではない」（9, 37）。精神と物質との対立は科学と金権との対立という形をとる。そして杢太郎は「而して元来自由たるべき精神は何に依つて、以て自家の無儀の発動を現はすべきや」（9, 37）と問うて、ジンメルと同様に、精神文化全体のなかでの芸術の役割に期待するのである。

4　ニーチェ思想とジンメルの「小景大観」

(1)　杢太郎とニーチェ思想

杢太郎はロダン研究のなかでジンメルを知るのだが、ジンメル、ロダン、ニーチェを同じ文脈で取り上げたことはない。しかし、『白樺』ロダン特集号の「ロダンに関する独乙書に就て」では、ジンメルはまさにロダンとニーチェとの関係を論じた哲学者として紹介されているのである。「初めてロダンとニイチエの関係を説いたと云ふ伯林の哲学者 GEORG SIMMEL の論文も一九〇二年の秋 "ZEITGEIST" 誌上に載せられ」（『白樺』ロダン号、一九五頁）ていると紹介しその内容を次のように要約している。

○ロダンとニイチエ　『ニイチエ《ママ》』が吾々の道徳は多くある中の一に過ぎないので其傍にまだいくらも他の種類の道徳が存在し得ると云ふことを示した様にロダンは制作によつて人が彫刻の唯一の様式だと考へて居るクラシツクの様式は絶対の型ではなく歴史的の型であつて其傍に別の歴史的条件の下に別のものが存在し得ると云ふこ

とを明にした』（ジムメル[31]）

この紹介文の内容はたしかにジンメルの第一論文に含まれるものである。この紹介文の筆者は別の箇所に「虎耳馬」とあるので児島喜久雄と推定されるが、この号に杢太郎の「写真版の RODIN とその聯想」も掲載されていることを勘案すれば、杢太郎と児島との交友関係まで考慮しなくても、杢太郎がここで指摘されている内容に無知であったはずはないことは確かであろう。

杢太郎は、同世代の和辻哲郎や阿部次郎のように、ニーチェを主題として研究を行なってはいない。しかし、多くの同時代人と同様に、自らの思想へのニーチェの影響については幾度も語っている。

初期のニーチェ紹介者である高山林次郎（樗牛《ちよぎゆう》）に心酔したのは、二〇歳前後、一九〇四年（明治三七年）（日露戦争）頃であった。「『パンの会』と『屋上庭園』」（一九三四年〔昭和九年〕）に次のような記述が見られる。

> 我々の廿歳前後、即ち文芸に対する欲求が多少形を成したのは明治三十七年頃で、其頃の文学では紅葉、一葉、鏡花などが尤も解し易い作家であつた。間もなく高山林次郎が現はれて多くの青年の心を捉へた。我々もその笛に踊らされた仲間である。煩悶といふ言葉が流行し、世間は或る種の青年を「煩悶青年」と名付け、徳富蘇峰が此傾向に就いて教誨した。この頃の青年は蘇峰の言ふことを余り聴かなかつた。青年たちは好んで「個人主義」を云々した。（15, 348）

だが、杢太郎が自らニーチェを読むようになるのはおもに一九一〇年（明治四三年）前後であることは、日記から確認できる。次の日記はどのような心情でニーチェを読み進めていたかを示している。

> 図書館にて Nietzsche, Jenseits von Gut und Böse を読む。／Nietzsche は兎に角吾人に力を与へる。自分に頼れといふことを教へる。尤も貴く、価値ある人も、自分以外の人では駄目だといふことを教へる。自分以外のものは、宗教でも道徳でも、凡て破壊す可き Convention だといふことを教へる。〔…〕Nietzsche は常に予を Convention の圧迫より自由にす[32]。

ニーチェの名はすでにギリシャ悲劇についての文脈で一九〇七年（明治四〇年）の「東京の河岸」（7, 21）に登場しているが、上記の日記は、杢太郎がニーチェを深刻に受け止めたのは、個人主義や反「順俗主義（Konventionalismus）」の文脈においてであること、したがってジンメルのロダン論において注目した問題構成と通底する問題意識においてであったことを示している。

「順俗」や「煩悶」というとき、杢太郎において個人を抑圧するものは、現実的な貧困や資本主義、また抽象的な伝統一般でもなく、「勢力ある世間の階級」（13, 139）[33]、年長の世代と彼らが支配する政治体制のことを意味している場合が多い。年上の世代、つまり明治期前半に青年であった世代に対する心理的抵抗を伴った世代意識は、一方では、現実政治と私生活における抑圧の経験に基づくものであり、他方では、近代日本の文化の変容を理解する鍵ともなっており、杢太郎における不変のテーマの一つである。

一九〇九年（明治四二年）四月一〇日、深川永代橋畔の永代亭で開かれたパンの会は、上田敏や永井荷風も参加して賑やかな会となったが、社会主義者の会合かと疑って刑事が二人来たという噂が立った。杢太郎は「たしかにそんな人二人がゐて隣の日本室で酒を飲んでゐたが、果して噂の通りであつたかどうかは疑はしい」（13, 160）[34]と回想しているが、真偽はともかくとしてもそのように皆が受け取ったとしても不思議ではない時代の雰囲気というものがあったのだろう。同年七月には鷗外の『ヰタ・セクスアリス』を掲載した雑誌『スバル』第一巻第七号が発売禁止処分となり、翌一九一〇年（明治四三年）二月には、木下杢太郎・北原白秋・長田秀雄が編集同人となっていた雑誌『屋上庭園』第二号が白秋「おかる勘平」の風紀紊乱という理由で発売禁止処分となり、結局資金難のため廃刊に追い込まれる。『屋上庭園』は「いはば官憲力を以て圧伏せられてしまつた文芸上の小運動であつた」（15, 352）。そして同年五月からいわゆる大逆事件の容疑者の逮捕が始まる。

このような動きに杢太郎も反発もするが動揺もする。一九一〇年頃は「日本の中老の階級は実に Politismus を中心として蠢動して」おり、「個人の放釈など云ふ問題は殆ど顧られないといふよりもむしろ社会主義の亜流として排斥せられ」（8, 35）[35]るという状況のもとでは、「Rodin の輸入は少し早過ぎる」（7, 271）という皮肉さえ口をついてしまうのである。この圧力に対して文芸は無力であった。

国家的色彩を帯びない真理は真理でない。かう云ふ強大な磁力が我々の精紳的方向に圧迫を加へてゐるが、その際に経験する我々の心の煩悶はまだどの哲学者からも、どの文学者からも説明せられ、慰薄せられ、或はなだめられて居ない。／やはり文学は、何かかうしやれたものになつて居る。（8, 344）（「文壇近時」『文章世界』第一

○巻第五号、一九一五年〔大正四年〕五月一日発行、「四月の文壇」)

明治以降のヨーロッパ的思潮の流入のなかで、「年少のもので割合に日本在来のトラヂションに染着しないもの」(9, 175)は、積極的にマックス・シュティルナーやニーチェ、ボードレールやヴェルレーヌを理解していったが、「かう云ふ思想精神は明治前年の青年(今の老年)から力強く圧迫せられた」(9, 176)[36]。

杢太郎は後年の回想において幾度か若き日の自らの政治・社会に対する態度、また芸術に対する態度のなかに矛盾や動揺があったことを隠してはいない。一九一五年(大正四年)「批評家と「夜」と(対話)」において、仮想の対話者に「貴方は一方には自然主義者のやうであり、また一方には精神創造説の主張者のやうであり、また宿命論者のやうであり、科学主義者のやうであり、また芸術主義者のやうである」(9, 41)と自らを分析させている。また「満州通信第一信」(9, 284–295)[37]において、「わたくしの心は或時は自家撞着、また或時は前後矛盾の自責の為に烈しく動揺する。而もこの動揺はいつも決して或る実行意志の為めの醗酵状態たるものではなかつた」(9, 290)と述べるが、「却つて戯曲等創作の動力となつた」(9, 290)とも分析している。政治・社会・芸術における態度の矛盾や自家撞着は創作の原動力となったのであるが、何かしらの社会的行動につながるものではなかった。

スバルの青年は欧羅巴の文芸、欧羅巴の個人の自由といふものを渇仰の的にしてゐた。その頃の日本は今に比すると一層封建的の気分が濃厚であつた。文学に親しむ青年に対する世間(世間の仮面を屡々近親の者がかぶる)の圧迫は後年の社会主義の場合に似てゐた。〔…〕かかる関係はこれより四五年あとの青年とは大に異るものがあつた。そして「パンの会」の如きは、実は文芸運動の竈として仏蘭西のカフェエを模さうとしたものであつた。しかしこの青年の群は概して意力が弱く、闘志が少かつた。或者は妥協的であり、或者は懶惰であつた。後年の独逸の父子劇に於けるが如く家庭と争ふやうな者は無かつた。(15, 57)(「森鷗外」昭和七年一一月一五日、『岩波講座日本文学』の一分冊)

だが、年長世代への反発、慣習と個人主義との対立という問題意識、またこの問題意識を支えたニーチェ思想はどのように処理されたのであろうか。これらが抑圧されただけでなく、幾分かは昇華されたのだとしたら、それはどのような仕方によってであろうか。

李太郎がニーチェへの懐疑を表明するに至るのは一九一一年頃、例えば、次のように、宗教などの文化的権威から自立した芸術がその発展のなかでしだいに自律性を強め市民との関係を失ってしまったことへの疑問においてである。

小生は考へるのです。絵画が今全然独立したので、問題が純技巧的の方面一方に走つた。だから其末は力のない美の万能主義になつた。昔は宗教とか文学とかいふものが絵を制限したが、今はそれがない。絵は段々と画工の為めの絵になつて一般市民と関係が薄くなる。それと渡りをつける為めに今の世の思想上の問題を絵に入れるが可い。〔…〕ニイチエに代へるに今の社会問題を以つてせよ。とまづかう小生は云ふのです。(7, 404)(「一寸一言」『昴』一九一一年〔明治四四年〕八月)

そして、一九一二年頃ニーチェへの懐疑とともにトルストイへの関心が深まる。

厭きた時にはトルストイを読む。始めはまたヅアラツストラを読みかけたが予にはこの露西亜人の思想の方が縁が近いやうに思はれた。ニイチエを読むと力強くなつたやうにも感じ、また自ら鞭撻するやうな気も起きるが、いつの間にか其等は皆偽だというやうな考がしてならぬ。それに反してトルストイのものは「真」——而かも温味のある人間界の真であるやうに予には思はれる。それで近ろは考を偽ることはしまいといふ漫然たる思想に支配せられてゐる。いはば今非常に道徳的な気分に居る。併しそれがいやな窮屈な義務でなくて、なんとなく心地いい感じである。も少し深くトルストイの中へ入つて行かうと思ふ。(8, 37)(「海国雑信(北原白秋に送る)」『朱欒』第二巻第二号、一九一二年〔明治四五年〕二月)

「個人と法則性」あるいは「個人と社会」との葛藤は、李太郎の場合、資本主義や階級社会といった社会制度の変革によって解決されるべき問題として扱われることはなく、ひたすら倫理と道徳の問題として受けとめられている。しかも、無批判的に受け入れる以外に道のない伝統の既成性という問題ではなく、個人の内面世界によって解消されねばならない問題、言い換えれば既成の道徳を相対化する個人の道徳意識の組み替えによって解消しうる問題として受けとめられているのである。

トルストイ受容によってニーチェの相対化と道徳意識の組み替えが可能となったのかもしれない。しかし以下では、このような移りゆきの背景にあるか、少なくともそれと並行しているもう一つの可能性について考えてみたい[38]。それは、ジンメルの思想がこの転換に深く関わっている可能性であり、具体的には、鷗外の『青年』に描き出された「積極的新人」と「利他的個人主義」という立場にジンメル思想が関わっている可能性である。

(2) 鷗外『青年』におけるニーチェとジンメル

鷗外の『青年』は、文学者となる志をもってY県から上京した「小泉純一」が、様々な人びととの出会いと交流を通して文学に生きる意志と思想を固めていく姿を描いた一種の青春小説であり、思想小説である。『青年』は雑誌『スバル(昴)』一九一〇年(明治四三年)三月号から一九一一年(明治四四年)八月号まで一四回にわたって連載され、一九一三年(大正二年)二月に籾山書店より単行本として出版された。一九〇九年(明治四二年)一一月二七日、鷗外訳のイプセン『ジョン・ガブリエル・ボルクマン』の自由劇場による公演の初日に純一が有楽座に出かけたことが、物語の展開の重要なきっかけになるなど、物語の背景の時事性も一つの特徴となっている[39]。

森鷗外『青年』のなかで、主人公小泉純一に友人大村荘之助が語る次の一節に注目したい。

哲学者というものは、人間の万有の最終問題から観察している。外から覗《のぞ》いている。ニイチェだって、この間話の出たワイニンゲルだってそうだ。そこで君の謂《い》う内界が等閑にせられる。平凡な日常の生活の背後に潜んでいる象徴的意義を体験する、小景を大観するという処が無い。そう云う処のある人は、Simmel《シムメル》なんぞのような人を除《の》けたらマアテルリンクしかあるまい[40]。

この一節には興味深くかつ重要な認識が集中している。ニーチェ哲学は人間を外から覗いていて内界を無視している、「平凡な日常の生活の背後に潜んでいる象徴的意義を体験する」ことが重要である、そのようなアプローチをしているのはジンメルとメーテルリンクである、このような認識を鷗外は主人公の友人大村に語らせているのである。

以下、ここに含まれているすべての連関を十分に解明することはできないが、①小説『青年』登場人物のモデルの推定、②『青年』におけるニーチェ問題、③ジンメルにおけるニーチェとメーテルリンク、の順で、この複雑な連関を解きほぐすことを試みたい。

鷗外の『青年』の登場人物のモデルとなった実在の人物の特定は、研究史の一つのテーマになっている。主人公「小泉純一」のモデルを石川啄木とすることについてはいくつもの保留が必要であろうが、主人公の親しい友人となる医学生「大村荘之助」のモデルが木下杢太郎（太田正雄）であることについては多くの論者の一致がある。(41) なかでも野田宇太郎は『青年』の「モデル小説としての記録的な価値(42)」に注目し次のように述べているが、そのなかで彼が紹介している日夏耿之介の回想は「大村荘之助」像のすぐれたリアリティーを示していてとくに興味深い。

> 「青年」は夏目漱石が１９０９年（明治42年）に朝日新聞に発表した「三四郎」の刺戟もあって書かれた小説ともいわれるが、「三四郎」が漱石の身辺に集った主として東大関係の学生やその周辺の群像を書いているように、鷗外は自分の身辺の青年群像を書いている。何れも時代は明治末年である。／「青年」が「スバル」に連載中からの愛読者の一人だった日夏耿之介から直接わたくしが聞いたところによると、その中の大村荘之助は当時から杢太郎がモデルだという専らの評判で、耿之介は主人公の小泉純一よりも大村荘之助に興味を持って読んだという。(43)

『青年』では、純一と大村は「個人主義」や「利己主義」について考えを巡らせていくが、純一が疑問を提起し、大村が思考を進めてそれに答える形で対話が進行する。大村の思考の到達点が一方では「積極的新人」の概念であり、他方では、「利他的個人主義」という道徳的立場である。

イプセンの個人主義には二面があり、一方は「あらゆる習慣の縛《いましめ》を脱して、個人を個人として生活させようとする思想」という意味での個人主義、つまり「世間的自己」の立場があり、他方は、「始終向上して行こうとする」個人主義、つまり「出世間的自己」の立場があると説く平田拊石《ふせき》――漱石がモデルであると考えられている――の講演に触発されて、純一と大村は道徳的な観点についての議論を交わす。

「新しい人はつまり道徳や宗教の理想なんぞに捕われていない人なんでしょうか」との純一の問に対して、大村は「因襲」が打破すべき拘束であるのはそれが無意識であるからで、「新人が道徳で縛られるのは、同じ縛《いましめ》でも意識して縛られるのです。因襲に縛られるのが、窃盗をした奴が逃げ廻っていて、とうとう縛られるのなら、新人は大泥坊が堂々と名乗って出て、笑いながら縛《ばく》に就くのですね」と比喩で答え、「その道徳というものは自己が造るものでありながら、利他的であり、social《ソシアル》であるのですね」と純一はこれを解釈する。既成の道徳や規範から逃避し「永遠の懐疑」か「永遠の希求」にとどまる「消極的新人」に対して、「積極的新人」の創る道徳は内発的な起源をもちつつも利他的であり社会的である。「自己が造った個人的道徳が公共的になる」のだから、「積極的新人が出来れば、社会問題も内部から解決せられるわけ」である(44)。

　さらに後に、大村はこの「積極的新人」の「利他的個人主義」の立場を、ヨーロッパ思想史のなかで必然的に生まれたニーチェ思想が含み込んでいる悪い一面である「利己主義」を克服したものとして位置づける。たしかに、ショーペンハウエルの厭世主義に対してニーチェは「この生を有のままに領略しなくてはなら」ないとし、「苦艱籠《ご》めに生を領略する工夫(45)」を求めたのだが、その工夫とは次のようなものであった。

日常生活に打《ぶ》っ附かって行《い》かなくては行けない。この打っ附かって行く心持がDionysos《ジオニソス》的だ。そうして行きながら、日常生活に没頭していながら、精神の自由を牢《かた》く守って、一歩も仮借しない処がApollon《アポルロン》的だ(46)。

　しかし、ニーチェの個人主義には「権威を求める意志」という考え方が含まれており、それは「人を倒して自分が大きくなるという思想」にほかならず、結局無政府主義的混乱をもたらしてしまうものである。「利他的個人主義」は、これを次のような形で克服する。

我という城廓を堅く守って、一歩も仮借しないでいて、人生のあらゆる事物を領略する。君には忠義を尽す。しかし国民としての我は、昔何もかもごちゃごちゃにしていた時代の所謂《いわゆる》臣妾《しんしょう》ではない。親には孝行を尽す。しかし人の子としての我は、昔子を売ることも殺すことも出来た時代の奴隷ではない。忠義も孝行も、我の領略し得た人生の価値に過ぎない。日常の生活一切も、我の領略して行《ゆ》く人生の価値である。そんならその我というものを棄てることが出来るか。犠牲にすることが出来るか。それも慥《たしか》に出来る。恋愛生活の最大の肯定が情死になるように、忠義生活の最大の肯定が戦死にもなる。生が万有を領略してしまえば、個人は死ぬる。個人主義が万有主義になる。遁世主義で生を否定して死ぬるのとは違う(47)。

「個人主義が万有主義になる」といった表現をもって空虚な言葉の遊戯とみなすこともできるし、葛藤の「架空の解決(48)」とみなすこともできるかもしれない。しかし、「圧倒的な重みをもった現実と融和すること」を「空しく試みていた」鷗外が到達した「折衷主義(49)」というほどのリアリティーはもっているのである。そして、おそらくは杢太郎においてもニーチェ思想の「急進的な」側面を克服する思想の展開、つまり個人と圧倒的な力をもつ「法則性」との葛藤という枠組みそのものを相対化してしまう思想の展開として切実なリアリティーをもっていたのではないだろうか。

「利他的個人主義」に到達する大村のこのような議論のきっかけとなったのは「どうも僕にはその日常生活というものが、平凡な前面だけ目に映じて為様《しよう》がないのです。そんな物はつまらないと思うのです」という純一の疑問であった。大村から見れば、「日常生活はつまらない」という考えこそショーペンハウアー的な厭世主義やトルストイ的な遁世主義であり、さらにニーチェ的個人主義の悪しき面としての「利己主義」に共通するものであり、「日常生活の一切」は自我が理解し獲得すべき「人生の価値」そのものである。そして、先にあげたジンメルに言及している箇所も、この議論との関わりのなかでのことであり、日常生活に積極的に関わり、「平凡な日常の生活の背後に潜んでいる象徴的意義を体験する」というところにその重点があり、ジンメルの思想ないし方法が「小景を大観する」という卓抜な表現で捉えられている。[50] 日常的な社会文化現象のなかに普遍的な形式を発見する方法が、「日常生活に没頭していながら、精神の自由を牢く守って、一歩も仮借しない」というニーチェのアポロン的側面を正統に継承する方法として、したがってまたニーチェを内在的に超克する方法として理解されているのである。[51]

『青年』では、ジンメルはニーチェと対比されメーテルリンクとの共通性に注目されているわけだが、ジンメル自身が、ニーチェと対比させてメーテルリンクのモチーフに言及している箇所が「ロダン――ムニエについての前書きとともに」（一九一一年）にある。

〔メーテルリンクの〕哲学は、われわれの幸福、われわれの価値、われわれの偉大さは、異常なもの、英雄的な飛躍、傑出した行為や体験のなかにではなく、――ほかならぬ日常生活とその一様な、名もない個々の契機のなかに宿っている、と主張する。それは社会民主主義の根底にあるものと同じモチーフである。それによれば、人間における本質的なものは人間どうしが共通にもつものであって、それゆえ、今日まで差異、傑出、特殊な個人的天分と結びついてきた主観的価値と客観的諸価値は、ほかならぬ平等という基礎のうえで、個々人すべての所有するところとなりうるのである。[52]

ジンメルによればメーテルリンクは「ニーチェのおそらくもっとも独特な対蹠者《たいしょ》[53]」として位置づけられるべきであり、メーテルリンクにとって、現存在の最高の価値は日常生活のなかにあり、英雄的なものや異常なものは日常的なものの精神性を捉えるための手段にすぎない。したがって、『青年』執筆時に鷗外もしくは杢太郎がジンメルのこのようなメーテルリンク理解を知っていたか否かについて確定することはできないにしても、ジンメルとメーテルリンクの両者をニーチェと対比させることは無理でないばかりか卓見であるとさえ言える。(54)

慣習の圧迫に対抗する力をニーチェからくみ出すことはできたにしても、現存社会の慣習を「圧迫」として受けとめざるを得ない個人性を日常生活のなかでどう守り抜くのか、永遠の懐疑も永遠の希求も、さらに永遠の革命でさえ幸福と品位の「本来の場所」(55)に到達することができないのだとしたら、日常生活のなかに生きている最高の価値を発見する以外に方途はない、このようなニーチェ思想からの転換をジンメルとメーテルリンクが触発したことを『青年』から読み取ることができるのである。

ロダン受容、ヨーロッパ新思潮の理解、ニーチェ思想の超克、これらはいずれもヨーロッパ世界との同時代性をもって提起された普遍的な思想的課題であるとともに日本では後発近代化という特殊状況下での思想的課題であった。そして杢太郎によって日本でのこれらの課題への取り組みのなかにG・ジンメルが組み入れられたのである。

この考察の最後に、日夏耿之介《ひなつこうのすけ》にとって、杢太郎とジンメルとは印象深くかつ緊密に結びついていたことを示す二つのエピソードを紹介しておきたい。日夏耿之介は最初の詩集『転身の頌』（一九一七年〔大正六年〕）を杢太郎に献呈するに際して送った書簡で杢太郎の仕事に強く影響を受けてきたことについて次のように述べている。

わたくしは貴下の嘗ての詩歌及小説戯曲集の熱心な読者の一人としてわたくしの貧しい生長の中に負ふ貴下に対する心の負債の一片を償却いたす手段の一と存じて熱心に進上いたしたいと存じたのであります。特にわたくしは貴下のゲオルク・ジムメルが内観的文化史の紹介を記憶致してをります。一昨夜もわたくしの友人灰野庄平とその事を談り、幸に奉天に居られる貴下が于闐《うてん》(56)、新疆《しんきょう》の中亜美術の新研究を試みられるならば今の支那学者の堆積的研究以上真にわたくしらの私かに密かに待望してゐる芸術上文化史を得られる事と考へたのであります。(57)

日夏耿之介にとって杢太郎が満州赴任後に着手する中国文化研究はジンメルのロダン論の基本構造を作っている社会心理的要因を重視した「内観的文化史」の方法の延長にあるはずのものだった。

また、その全般的なスタイルにおいてジンメルと李太郎には相似るところのあることも、日夏耿之介は見逃していない。

ジンメルは、希臘《ギリシア》古陶の把手や日本古窯のニウまで、その社会学哲学に援引する清明にして繊細なる詩人的形而上家であつたが、ジムメル好きの木下君は又、大同石仏や中国古画の賞鑒《しょうかん》(58)にあたつても、こちたき哲学史的思弁を労さずに、自ら哲学的思惟が、その賞鑒の背後周辺に揺曳《ようえい》磅礴《ほうはく》(59)してゐる感じある精明にして繊細なる学匠詩人であつた。(60)

註

●序章

（1）内閣府『国民生活に関する世論調査』「今後の生活の力点」「希望する生活」などの項目、総務庁『社会生活基本調査』「旅行・行楽」の項目、公益財団法人日本生産性本部『レジャー白書』「観光・行楽部門」に関わる項目、公益財団法人日本交通公社『旅行年報』「日本人の旅行に関する意識」の項目等を参照。『レジャー白書』によれば少なくとも一九八二年（昭和五七年）以降、国内観光旅行は参加人口、参加希望率、潜在需要などにおいてつねに上位にあり、海外旅行は成長性指標ないし潜在需要において一位を維持している。

（2）昭和四二年二月二日〜昭和四二年二月一二日に調査された「国民生活に関する世論調査」Q10b への回答（http://survey.gov-online.go.jp/s41/S42-02-41-25.html）。

（3）本書では、「昭和初期」は一九三四年（昭和九年）頃まで、「昭和前期」は一九四五年（昭和二〇年）頃までを示している。

（4）本書では「モダニズム」概念を、一定の財産と教養をそなえた「市民」に担われた「モダニティー」理念が「大衆」的規模で実現・普及・定着していく過程、その思想・運動・制度に関わる過程として理解している。このような理解は次のような南博の「日本モダニズム」理解と時期区分の考え方では重なっている。南博は「日本モダニズムは、明治以後の日本で、最初の近代化現象である文明開化と、戦後の占領期にみられるアメリカニゼーションという、二つの大きな近代化のうねりの中間にみられる、もうひとつの近代化のうねりである」として、日本の社会文化領域の近代化を、①文明開化的近代化、②「日本のモダニズム」、③アメリカ化的近代化という三つの時期に区分したうえで、「日本のモダニズム」をさらに三つの時期に区分している。

それ〔日本のモダニズム〕は、明治末にあらわれた、『明星』（第一次明治三十三〜四十一年）や「パンの会」（明治四十一〜四十五年）の耽美派などに代表される前期モダニズムにつづく、大正の教養主義、文化主義の背景から生まれたとみなされる。

これに対して、大正中期からしだいに高まり、昭和五（一九二〇）年の『モダン日本』創刊に象徴されるようなモダニズムの本格派がはじまり、やがて、エロ・グロ・ナンセンスとして特徴づけられた時期をモダニズム全盛期とし、昭和十二（一九三二）年のダンスホール禁止を、ひとつの目じるしとする衰退がはじまる。それ以後は、ファシズムの圧力下にモダニズムは潜行する。

しかし、モダニズムは、ファシズムと戦争の暗い時期にも、まったく息の根を止められたのではなく、いわば地下モダニズムとして生命をつないでいった。たとえば戦没学生の一句「ジャズ恋し早く平和になればよい」を見よ。

右のように日本的モダニズムは、前期モダニズム、本格モダニズム、潜行モダニズムの段階をたどり、やがて戦後の占領モダニズムとしてのアメリカ的近代化にたどりつくことになる。（南博「日本モダニズム研究の方向――おぼえがき」南博編『日本モダニズムの研究』ブレーン出版、一九八二年、viii－ix頁）

本書は明治末から第二次大戦終結後までの「モダニズム」を対象としているが、南博による「前期モダニズム、本格モダニズム、潜行モダニズム」という時期区分に準拠すれば、「前期モダニズム」に重点を置きつつ、「本格モダニズム」と「潜行モダニズム」を展望するということになる。

「日本のモダニズム」については多面的な研究が進められており、南博のモダニズム概念や時期区分とは異なる視点も提起されている。例えば、竹村民郎『大正文化　帝国のユートピア――世界史の転換期と大衆消費社会の形成』三元社、二〇〇四年、竹村民郎・鈴木貞美編『関西モダニズム再考』思文閣出版、二〇〇八年、参照。

（5）中村雄二郎『共通感覚論』岩波書店、一九七九年、参照。

（6）近代日本の旅行文化に関連する研究はすでに少なくない蓄積がある。本研究が参照している基本的で総合的な先行研究は次のようなものである。柳田國男『明治大正史世相篇』、『柳田國男全集　第五巻』筑摩書房、一九九八年所収、南博・社会心理研究所『大正文化　１９０５－１９２７』勁草書房、一九六五年、南博編『日本モダニズムの研究』ブレーン出版、一九八二年、南博・社会心理研究所『昭和文化　１９２５－１９４５』勁草書房、一九八七年、中川浩一『旅の文化誌――ガイドブックと時刻表と旅行者たち』伝統と現代社、一九七九年、白幡洋三郎『旅行ノススメ――昭和が生んだ庶民の「新文化」』中公新書、一九九六年。

●第一章

（1）日本交通公社社史編纂室編『日本交通公社七十年史』日本交通公社、一九八二年（昭和五七年）、四六頁。

（2）田山花袋『東京近郊一日の行楽』博文館、一九二三年（大正一二年）、一頁。

（3）本書に掲載している絵葉書の年代は、宛名面のレイアウト・消印・切手・写真の内容などによって推定している。

（4）「大祭日汽車及び馬車」『東京朝日新聞』一九〇一年（明治三四年）三月二三日。

（5）大正時代（一九一二年－一九二六年）における宿泊を伴う娯楽旅行とほぼ同義の「温泉旅行」の参加率について、青木宏一郎は、東京市民に限定しても一－一〇％程度であるが、「紅葉狩り等の行楽」「登山・遠足」「海水浴・水泳（河川等）」は参加率一〇－二五％、「散歩」は二五－五〇％、「花見時の行楽」は五〇％以上と推定している。青木宏一郎『大正ロマン――東京人の楽しみ』中央公論新社、二〇〇五年、三〇〇頁。

（6）「歓楽の春に酔ふ　けふの人出二百万」『東京朝日新聞』一九二二年（大正一一年）四月四日。

（7）「晴れた、晴れた　日曜の人出１００万　きょうから開けた行楽の春」『読売新聞　夕刊』一九二八年（昭和三年）四月九日。

（8）速水融・小嶋美代子『大正デモグラフィ――歴史人口学で見た狭間の時代』文春新書、二〇〇四年、二二頁、および、関戸明子『近代ツーリズムと温泉』ナカニシヤ出版、二〇〇七年、二四頁、参照。

（9）増田廣實『近代移行期の交通と運輸』岩田書院、二〇〇九年、三四七頁。

（10）「7月1日の東海道鉄道全通で影響を受ける日本郵船会社が旅客運賃を低減」『読売新聞』一八八九年（明治二二年）六月二七日。

（11）『日本国有鉄道百年史　第一巻』日本国有鉄道、一九六九年、四六四頁。なお、東京圏と関西圏とのあいだの所要日数は次のように短縮されてきた。明治四年頃には徒歩や駕籠で一四日、明治一四年貨物のみ長距離馬車で七日、同時期蒸気船で三－四日であった。同書、一六二－一六三頁参照。

（12）「関西汽船と山鉄の競争」『読売新聞』一八九八年（明治三一年）八月二九日。

（13）「汽車と汽船の大競争　讃岐鉄道対同盟汽船の運賃対策」『読売新聞』一九〇三年（明治三六年）五月二八日。

(14)「汽車と汽船の競争」『東京朝日新聞』一九〇三年（明治三六年）五月二八日。

(15)「沿岸航運廃滅（鉄道院の煩悶努力）」『東京朝日新聞』一九〇九年（明治四二年）六月二三日。

(16) 一九二八年（昭和三年）発行の谷口梨花『旅行礼賛』（実業之日本社）は、別府温泉への交通について、「向ひ地の山陽からも、四国からも、京阪神地方からは瀬戸内海を紅丸、紫丸が客を運ぶ」（三一四頁）と紹介している。

(17)『東京朝日新聞』一九〇四年三月五日、広告欄、参照。また、日本交通協会編『国鉄興隆時代――木下運輸二十年』日本交通協会、一九五七年では次のように指摘されている。「この競争は、日本の鉄道史上でも、珍しい大規模な鉄道競争のケースとなった。その後も鉄道間には、いろいろ競争があったが、この時ほど激しく鍔ぜりあいを演じたことはない。また、この時ほど社会的に問題化したこともない。まさに未曽有のできごとであった」（一六頁）。

(18) 中西健一『日本私有鉄道史研究　増補版』ミネルヴァ書房、一九七九年、一九四頁。

(19) 伊東壮「不況と好況の間」南博・社会心理研究所『大正文化――１９０５－１９２７』勁草書房、一九六五年、一八三－一九五頁参照。

(20) 日本における工場法の経過については、千本暁子「日本における工場法成立史――熟練形成の視点から」『阪南論集社会科学編』四三巻二号、二〇〇八年三月、丹野勲「明治・大正期の工場法制定と労務管理」神奈川大学『国際経営フォーラム』No.22、二〇一一年七月を参照。

(21)『生活水準の歴史的推移』（総合研究開発機構、一九八五年）の「月間休日日数」の項および、財団法人余暇開発センター編『時間とは幸せとは――自由時間政策ビジョン』通商産業調査会出版部、一九九九年の「図61　年間労働時間の推移」などを参照。

(22)「三越呉服店　三越の定休日」『東京朝日新聞』一九一九年（大正八年）九月一九日、広告。

(23)「御存知ですか各商売屋の公休日　警視庁が調査した休日表」『読売新聞』一九一九年（大正八年）一二月日。

(24)「商店工場の公休日　これを何ういう風に利用され何ういう風にその日が過されるか　公休日を定めぬ商店や組合が多い」『大阪毎日新聞』一九二〇年（大正九年）五月二〇日。

(25)「調査票に現れた労働状態　取纏め中の労働調査」『東京朝日新聞』一九二四年（大正一三年）一〇月一二日。

(26) 生活改善同盟会編集兼発行『生活改善の栞』一九二四年（大正一三年）、一二七頁。

(27)同上書、二一頁。
(28)「公休日利用方法研究　市の社会教育課にて」『大阪朝日新聞』一九二〇年（大正九年）四月二七日。
(29)「今年の労働会議（一～七）　四つの議題」『国民新聞』一九二四年（大正一三年）二月二五日－三月七日。
(30)「商店工場の公休日　これを何ういう風に利用され何ういう風にその日が過されるか　公休日を定めぬ商店や組合が多い」『大阪毎日新聞』一九二〇年（大正九年）五月二〇日。
(31)山中忠雄編『回顧録』ジャパン・ツーリスト・ビューロー（日本旅行協会）、一九三七年（昭和一二年）、二四二頁。
(32)白幡洋三郎「異人と外客――外客誘致団体「喜賓会」の活動について」吉田光邦編『一九世紀日本の情報と社会変動』京都大学人文科学研究所、一九八五年（昭和六〇年）所収、参照。
(33)同上書、八九－九〇頁。
(34)『五十年史』、九九頁。
(35)『日本交通公社七十年史』、三三頁。
(36)「日本旅行文化協会発会式」『旅』一九二四年（大正一三年）四月号、八二－八三頁。
(37)三好善一について、青木槐三は次のように紹介している。「三好は種田に可愛がられた画家出身の器用な人で、旅行界に名の売れていた消息通であったから、その名を覚えている人もあろう。／戦後も元気で、上野の飴屋横町あたりで姿を見かける」（青木槐三『国鉄繁昌記』交通協力会、一九五二年、二七七頁）。
(38)例えば、白幡洋三郎『旅行のススメ――昭和が生んだ庶民の「新文化」』中公新書、一九九六年、五三頁以下。
(39)『日本交通公社七十年史』、四二－四三頁。
(40)村上義一「日本旅行文化協会に就いて」『旅』一九二四年（大正一三年）九月号、三－四頁。
(41)三好善一「終刊号に寄す　旅の生長を回顧して」『旅』一九四三年（昭和一八年）八月号、六四頁。
(42)佐藤正雄「編輯後記」『旅』一九二四年（大正一三年）四月号、八四頁。
(43)村上義一「日本旅行文化協会に就いて」『旅』一九二四年（大正一三年）九月号、二頁。
(44)野村龍太郎「日本旅行文化協会創立に際して」『旅』一九二四年（大正一三年）四月号、二－三頁。
(45)村上義一「世界的旅行気運の促進」『旅』一九二四年（大正一三年）五月号、二－四頁。

(46) 猪股忠次「公共生活に対する目覚め」『旅』一九二六年(大正一五年)二月号、二一―三頁。
(47) J・ハーバーマス『公共性の構造転換』細谷貞雄・山田正行訳、未來社、一九七三年(第二版、一九九四年)、参照。
(48) 同上書、参照。
(49) 「日本旅行文化協会発会式」『旅』一九二四年(大正一三年)四月号、八三頁。
(50) 芳賀宗太郎「日本旅行協会の使命」『旅』一九二七年(昭和二年)一月号、五頁。
(51) 指向性の差異が最初に表面化するのは、三年後に「日本旅行文化協会」が「日本旅行協会」へと名称変更した際の事業内容の変化においてである。創立当初の会則第四条で、「本会ハ健全ナル旅行ノ趣味ヲ鼓吹し之ニ関スル諸種ノ問題ヲ研究シ兼テ本邦ニ於ケル文化の向上ヲ図ルヲ以テ其目的トス」と規定されていたが、その具体化としての事業項目は、次のように再整理されていた。

一、月刊雑誌「旅」の発行。これは会の宣伝機関として、また各種事業の総合的発表機関とし、主力を尽くすべきものである。
二、講演会　臨時各地に巡回講演す。
三、出版　名勝案内記、歴史物語等出版物の引き受け。
四、調査　各旅行地、名勝地、旅館等の調査。
五、交通に関する宣伝　活動写真の巡回講演。
六、建策　民衆側の代表機関として秩序ある研究の下に組織立てる要望を当局者に建策す。

(「日本旅行文化協会発会式」『旅』一九二四年〔大正一三年〕四月号、八三頁)

この事業目的は「日本旅行協会」では次のように変更される。『旅』が出版事業の一つとなり優先順位が下がることと、「民衆側の代表機関」と「建策」が消えることが注目される。

一、健全なる旅行趣味、旅行道徳を鼓吹し文化の向上を図ること
二、一般公衆の為め交通機関の進歩、旅客待遇の改善に努力すること
三、旅行計画の相談、団体旅行の取扱
四、名勝旧蹟遊覧地旅館等の紹介

五、旅行案内書、地図の出版、旅行に関する講演会、展覧会、活動寫真会、開催
六、毎月機関雑誌『旅』及鉄道省編纂汽車時間表発行
（芳賀宗太郎「日本旅行協会の使命」『旅』一九二七年（昭和二年）一月号、六頁）

(52)「日本旅行文化協会発会式」『旅』一九二四年（大正一三年）四月号、八三頁。

(53) 建部遯吾『社交生活と社会整理』新日本社、一九二六年（大正一五年）、一〇三-一〇五頁。

(54) 柳田國男「旅行の進歩および退歩」（一九二七年（昭和二年））『青年と学問』岩波文庫、一九七六年所収、五七頁。

(55) 柳田國男の現代観光旅行批判と旅行論については、第五章を参照。

(56) 野村龍太郎「日本旅行協会創立に際して」『旅』一九二四年（大正一三年）四月号、三頁。

(57) 佐藤正雄「本誌が辿って来た路」『旅』一九四三年（昭和一八年）八月号、六八-六九頁。

(58) 秋田貞男「回顧雑記」『旅』一九四三年（昭和一八年）八月号、二頁。

(59) 三好善一「温泉の利用と科学的知識の用意」『旅』一九二八年（昭和三年）一二月号、二頁。

(60) 生方敏郎『明治大正見聞史』中公文庫、一九七八年（初版一九二六年）、二六一頁。

(61) 井原知「緊縮時代の旅行とその準備」『旅』一九三〇年（昭和五年）一月号で、当時の大衆娯楽について次のように描かれている。「今から八九年前、横須賀、呉、佐世保等の軍港地に於ける筋肉労働者の多くが求むる慰安は酒と女とであつた。従つて月末に入ると全市殆ど火の消えたやうな寂れ方であるに反し一度彼等のポケットに給料袋が這入ると忽ちに全市は歓楽の巷と化し至るところに絃歌湧き、豊潤な酒の香満ちて俸給日前とは全然別世界の観を呈したものである。／然るに数年前より其の傾向は漸次薄れて絃歌の声が余り目立たないやうになつて来た。／それは彼等の足が期せずして活動写真館に集まる様になつた為である、活動写真館が彼等の唯一の慰安場に変つたのである」（一〇三頁）。

(62) 新井堯爾（鉄道省監督局業務課長）「旅の社会化民衆化」『旅』一九二四年（大正一三年）七月号、二一-三頁。

(63) 澤壽次・瀬沼茂樹『旅行１００年――駕籠から新幹線まで』日本交通公社、一九六八年、一七八頁。

(64) 夏目漱石『坊っちゃん』岩波文庫、一九二九年、一九-二五頁。

(65) 日本旅行倶楽部編『旅行讀本　改訂版』日本旅行協会、一九四〇年（昭和一五年）、四一頁。なお、「心付け」については次のように説明されている。「心付けと茶代とは全然別個のもので、心付けは女中なり番頭なりに対する世話になった謝

礼とも言ふ可き性質のものです。宿泊中何か特別に世話をさせたとか、又子供連れなどで普通以上に厄介になつたら多額の心付けを出し、普通でも人並みの心付けは出したいものです。女中などは旅館によっては主人から手当を受けず心付けだけが唯一の収入である者もありますから相当の謝意は出来るだけ表はして頂きたいものです。心付けの金額は旅館によって宿泊料の一割申受けてゐるところがありますが、この制度のない旅館では、お客の身分や、部屋によって相違はありますが、大体宿泊料の一割乃至二割といふところでせう」（日本旅行倶楽部編『旅行讀本　改訂版』日本旅行協会発行、一九四〇年〔昭和一五年〕、四一頁）。

（66）茶代廃止を目指した様々な運動の経過については次の論文が詳しい。平出裕子「旅館の茶代廃止にみる近代の慣行の変化――「万朝報」、ジャパン・ツーリスト・ビューロー、生活改善同盟会の取り組み」日本生活文化史学会編『生活文化史』第五六号、二〇〇九年九月号、五一‐七四頁。なお茶代の起源について『柳田國男全集　第五巻』筑摩書房、四七三頁参照。

（67）山中忠雄編『回顧録』ジャパン・ツーリスト・ビューロー（日本旅行協会）、一九三七年（昭和一二年）、二一七頁。

（68）松崎天民「茶代不廃止論」『旅』一九二五年（大正一四年）七月号、三〇‐三二頁。

（69）三好善一「茶代廃止管見」『旅』一九二六年（大正一五年）四月号、二一‐三頁。

（70）岡本一平「宿屋に就いての感想」『旅』一九二五年（大正一四年）一月号、三七頁。

（71）権田保之助『民衆娯楽論』巖松堂書店、一九三一年（昭和六年）、一〇四頁。

（72）芳賀宗太郎「旅館と服装」『旅』一九二七年（昭和二年）四月号、二一‐三頁。

（73）生活改善同盟会編集兼発行『生活改善の栞』一九二四年（大正一三年）、一一〇‐一一一頁。

（74）和田弘「旅館における客のプライバシーということ」『旅』一九二八年（昭和三年）四月号、二頁。武川乃隣「旅と宿屋　サラリーマンから宿屋への希望」『旅』一九三二年（昭和七年）五月号、二二頁。次の論文も参照。大久保あかね「近代旅館の発展過程における接遇（もてなし）文化の変遷」公益財団法人日本交通公社『観光文化』二一七号、二〇一三年四月号所収。

（75）中川浩一『旅の文化誌――ガイドブックと時刻表と旅行者たち』伝統と現代社、一九七九年、一九八‐二〇三頁。

（76）芳賀宗太郎「団体旅行の目的と効用」『旅』一九二七年（昭和二年）二月号、二一‐八頁。

(77) 一九一三年（大正二年）に団体運賃が改定された際に当時の営業課長であった木下淑夫は「団体旅行と団体賃金」という論考を発表しており、そこでは「団体旅行による功徳」として異分野の人との交流機会であることと並んで団体行動の訓練があげられている（『国鉄興隆時代』日本交通協会、一九五七年、一九〇－一九一頁）。
(78) 同上書、四頁。なお、国鉄の営業改革に長らく取り組んだ木下淑夫の団体旅行論については、『国鉄興隆時代――木下運輸二十年』日本交通協会、一九五七年、参照。
(79) 三好善一「特に団体旅行の統率者へ望む」『旅』一九二五年（大正一四年）九月号、三頁。
(80) 三好善一「旅行団体について（1）」『旅』一九二七年（昭和二年）二月号、一一頁。
(81) 上杉慎吉（法学博士）「旅行と相互教育」『旅』一九二四年（大正一三年）六月号、二－三頁。
(82) 『日本旅行倶楽部とは』一九三九年（昭和一四年）。
(83) この団体の経緯はやや複雑であり、混乱した記述も見られるので、『日本交通公社七十年史』によって整理しておきたい。一九二〇年（大正九年）、ジャパン・ツーリスト・ビューロー内に厳選された旅行愛好家の団体として「日本旅行倶楽部」が設けられる。一九三二年（昭和七年）四月、ジャパン・ツーリスト・ビューロー内に大衆的な団体として「ツーリスト倶楽部」が設立される。一九三四年（昭和九年）一〇月、日本旅行協会とジャパン・ツーリスト・ビューローとの合併に伴い、「日本旅行倶楽部」と「ツーリスト倶楽部」が名称を交換し、新たな大衆的な「日本旅行倶楽部」が誕生し、『旅』の発行主体となる。「ツーリスト倶楽部」は自然消滅する。
(84) 『日本交通公社七十年史』、四四－四五頁。
(85) 参考までに、三好善一や佐藤正雄が「日本旅行文化協会」の前身とみなしていた一九二一年（大正一〇年）創立の「東京アルカウ会（東京アルコウ会）」は、現在では、東京都山岳連盟に加盟しており、さらにその上部団体は、日本山岳協会、日本体育協会である。また戦前期の登山関係団体については、高橋定昌『日本岳連史――山岳集団50年の歩み』出版科学総合研究所、一九八二年、参照。
(86) ジャパン・ツーリスト・ビューロー（日本旅行協会）創立二十五周年パンフレット、一九三七年（昭和一二年）三月発行。

●第二章

(1) 柳田國男『明治大正史　世相篇』(一九三一年)、『柳田國男全集26』ちくま文庫、一九九〇年、一八八－一八九頁。
(2) 同上。
(3) 同上。
(4) 神崎宣武『江戸の旅文化』岩波新書、二〇〇四年、石川英輔『ニッポンの旅――江戸達人と歩く東海道』淡交社、二〇〇七年、参照。
(5) 宇田正『鉄道日本文化史考』思文閣出版、二〇〇七年(平成一九年)、参照。
(6) 安川茂雄『近代日本登山史』あかね書房、一九六九年、三五三頁。
(7) 同上書、四六一頁。
(8) 本書第一章を参照。
(9) 日本旅行協会編『旅』一九二七年(昭和二年)一一月号「旅行団体名簿(一)」、一二月号「旅行団体名簿(二)」、一九二八年(昭和三年)一月号「旅行団体名簿(三)」、一九二九年(昭和四年)二月号「各地旅行団体名簿(一)」、三月号「各地旅行団体名簿(二)」。
(10) 神戸の登山団体については次の文献を参照。落合重信・伊藤利勝『神戸裏山登山史略』神戸市レクリエーション協会、一九六三年、棚田真輔『スポーツ人風土記(兵庫県上巻・中巻)』道和書院、一九七五年、棚田真輔編著・松村好浩監訳『神戸背山登山の思い出』交友プランニングセンター、一九八八年、棚田真輔・鵤木秀夫・松村浩貴「居留外国人による神戸スポーツことはじめ考」神戸商科大学経済研究所(神戸商科大学研究叢書LVI)、一九九六年。また、明治末頃の動向については、小川功「京都探勝会等に見る旅行愛好団体の生成と限界――地域・コミュニティが生み出した明治期の観光デザイナーたち」滋賀大学経済学会『彦根論叢』第三九六号、二〇一三年、参照。
(11) 『明治大正昭和大阪人名録(上)明治編(中)大正編(下)昭和編』日本図書センター、一九八九年。
(12) 日本アルカウ会編『山岳美』一九二二年(大正一一年)、広告欄二頁。
(13) 同上。
(14) 大阪探勝わらぢ会『道づれ』一九二二年(大正一一年)、九頁。なお本書は一八七二年(明治五年)創業の地図出版社

「和楽路屋」ないし「わらぢ屋」の創業者日下伊兵衛が発行兼印刷者となっている。
(15)「アルプス探検に成功した日本の一青年」『東京朝日新聞』一九二一年(大正一〇年)九月一三日。
(16)『朝日新聞』一八八〇年(明治一三年)九月二〇日。「高き処へ上る人の多いといふはそれでは国人が文化の域に進みし徴なるべしとは外の事でないかの富士山へ登るもの、今年ほど多きは維新以来なき処にして去る六月一日より八月卅一日までに登山せし人数は二万四百六十人其内婦人が四百十一人なりとぞ」。
(17)「新を追ふ　登山熱　外人には北海道方面　温泉嶽が大流行だが、全盛は尚日本アルプス　各登山口の設備完成」『東京朝日新聞』一九二一年(大正一〇年)七月三日。
(18)木暮理太郎は槇の成功の影響を次のように述べている。「大正十年に在瑞西の槇有恒君が嶮難を以て聞えた前人未踏のアイガー東山稜の登攀に成功し、之が我国に報ぜられて若き登山家の心を躍らせ、岩山登攀の傾向を助長させたことは疑いない」。木暮理太郎『山の憶い出　下』平凡社、一九九九年(初出一九四一年)、五四〇頁。
(19)日本旅行協会編『旅　十周年記念号』一九三三年(昭和八年)四月号、八頁。
(20)『大阪朝日新聞』一九二一年(大正一五年)六月二七日。なお休憩時間中には「三越音楽隊演奏」があった。
(21)「山岳会第一大会の記」『山岳』一九〇八年(明治四一年)六月号、第三年第二号所収、一六三—一六四頁。
(22)『山岳』一九一二年(明治四五年)五月号、第七年第一号、一八六頁。
(23)小島烏水『アルピニストの手記』平凡社ライブラリー、一九九六年(初出一九三六年)、三三一頁。
(24)「三高山岳会主催講演会」『山岳』一九一三年(大正二年)一二月号所収、第八年三号、一八九—一九三頁。
(25)小島榮「関西大会の記」『山岳』一九一五年(大正四年)三月号、第九年第三号所収、一五五頁。
(26)一九一四年(大正三年)一一月三日『大阪朝日新聞』記事、『山岳』一九一五年(大正四年)三月号、第九年第三号、「雑報」欄「夜の山岳会」、一四五頁による。
(27)小島榮「関西大会の記」『山岳』一九一五年(大正四年)三月号、第九年第三号所収、一六〇頁。
(28)「大阪に於ける山岳講演会」『山岳』一九一五年(大正四年)九月号、第一〇年第一号、雑録欄所収、「各地登山会彙報(一)」、二八〇頁。
(29)『山岳』一九一五年(大正四年)九月号、第一〇年第一号、雑報、二八八—二九〇頁。

（30）『山岳』一九一五年（大正四年）一二月号、第一〇年第二号、「各地の山岳会彙報（二一）」「京都組合銀行徒弟講習所山岳幻灯講演記事」一四二―一四三頁。
（31）『山岳』一九〇六年（明治三九年）四月号、第一年第一号、雑録欄所収、頁数は付されていない。
（32）志村烏嶺・前田曙山『やま』岳書房、一九八〇年（初出一九〇七年）、七〇―七一頁。
（33）同上書、七二頁。
（34）武田久吉『明治の山旅』創文社、一九七一年、七六頁。
（35）ウェストンたちが笠ヶ岳登山の際に村民から妨害されたことについては、安川茂雄『近代日本登山史』あかね書房、一九六九年、八〇頁以下を参照。また「講中登山」全般についても、本書はまとまった記述を含んでいる。また高橋定昌『日本岳連史――山岳集団50年の歩み』出版科学総合研究所、一九八二年、八二頁以下も参照。さらに維新後の一時期かえって講中登山が活発になる時期があることについて、安川茂雄『われわれはなぜ山が好きか――ドキュメント「日本アルプス登山」70年史』小学館、二〇〇〇年、五八―五九頁、参照。「信仰登山は明治以前から存在していたものの、このような講中登山の組織が盛んになったのは明治十年代で、廃藩置県から日本国内に関所などなくなり、旅行が自由になったための影響かともみえ、全国各地にさまざまの講中が組織されていた」。またこれらとは異なり、土地の有力者への事前の挨拶が摩擦を回避するのに有効との経験もある。『山岳』第一年第一号所収の石川光春「飯豊山行」には次のような経験が紹介されている。「明日雨なほ止まんともせず、出発の気頓《とみ》に挫けて唯天を仰ぐのみ、午後より天霽《は》るゝに乗じ区長山内某及び社務所を訪ひ具に来意を陳じて山の様子などを問ひ待る処多し、蓋区長及紳官は土民を左右するその手中にあるにより之に覩りて人足を得べく或は種ゝ便宜を得べければなり、且無断にて登山せば彼等が感情を損ひて便あしければ登山するもの是非をとなひ置くこそよけれ」（二六頁）。
（36）志村烏嶺・前田曙山、前掲書、一七九―一八〇頁。
（37）小島烏水、前掲書、二四頁。
（38）『山岳』一九〇六年（明治三九年）四月号、第一年第一号、附録、一頁。
（39）信仰登山が山の高低といった知識にさえ結びついていないことは、木暮理太郎も指摘している。木暮理太郎、前掲書、三三〇頁。

(40) 小島烏水「山岳崇拝論」『山岳』一九一三年（大正二年）四月号、第八年第一号、三－四頁。
(41) 木暮理太郎、前掲書、五三三頁。
(42) 同上。
(43) 同上書、五三四頁。
(44) 同上書、五三六－五三七頁。
(45) 小島烏水『山岳紀行文集　日本アルプス』近藤信行編、岩波文庫、一九九二年、四九頁。
(46) 小島烏水「山を讃する文」（一九〇五年（明治三八年））、同上書、一三〇頁。
(47) 小島烏水「山岳崇拝論」『山岳』一九一三年（大正二年）四月号、第八年第一号、一九－二〇頁。
(48) 木暮理太郎、前掲書、四二五頁。
(49) とくに田部重治について、三田博雄は次のように述べている。「今日国民の間にもっとも広く普及しているスポーツは登山であるといわれるが、その登山の普及のうえに田部が果たした役割は絶大である。なぜなら、誰でもが容易に登れる低山登山を基礎づけ、これを美しい文章に綴り、多くの読者を魅了したのだから」（三田博雄『山の思想史』岩波新書、一九七三年、一一六頁）。
(50) 菅沼達太郎「秩父の山と山友達」『山と渓谷』一九三〇年（昭和五年）九月号、第三号（秩父特輯）所収、三五頁。
(51) 柳田國男「峠に関する二、三の考察」一九一〇年（明治四三年）近藤信行編『山の旅　明治・大正編』岩波文庫所収、二四九頁。
(52) 『R.C.C. 報告　Ⅲ』R.C.C. 本部、一九二九年、二九六頁。この批判の背景について、安川茂雄は「もはや登山人口はおびただしい数にのぼり純正アルピニズムの行方は混迷しつつあるのが実情だった。すでにこういった状況は昭和初期より近郊に低山の多い関西においてはとくに兆候著しく、この風潮に対して水野祥太郎は弾劾文として『R.C.C. 報告　Ⅲ』中に「午後三時の山」なる一文をしたためた」と解説している（『近代日本登山史』あかね書房、一九六九年、四五三頁）。
(53) 「雑録　各地登山会彙報　(5)」『山岳』一九一七年（大正六年）九月号、第一一年第三号、二一三頁。
(54) 高橋定昌『日本岳連史――山岳集団50年の歩み』出版科学総合研究所、一九八二年、八七頁。
(55) 「登山団体の組織と批判」『山と渓谷』創刊号、一九三〇年（昭和五年）五月、三九頁。

(56)「日本山岳会初期の探検登山時代の雰囲気を伝えたグループとして、独自の個性をつくりだしたのが霧の旅会であった。同会は大正八年に松井幹雄を中心に山崎金次郎、田沢昌介、田尻春男などが発起人となり、武田久吉、木暮理太郎などの登山傾向の信奉者の登山団体であった」(安川茂雄『近代日本登山史』あかね書房、一九六九年〔昭和四四年〕、四五四頁)。また上田茂春「霧の旅会々誌『霧の旅』」上田茂春編『山書研究39号』日本山書の会、一九九四年所収を参考。

(57) 上田茂春、前掲論文、三五頁より。

(58) 田部重治「登山の概念」松井幹雄編『霧の旅』霧の旅会発行、第十三年第三十九号、一九三二年(昭和七年)六月、四頁。

第三章

(1) 前田愛の『都市空間のなかの文学』筑摩書房、一九八二年などの著作、海野弘の『モダン都市東京——日本の一九二〇年代』中央公論社、一九八三年、『東京風景史の人々』中央公論社、一九八八年などの著作。

(2) 本章では、小林清親については次のような文献を参照している。

・吉田漱『開化期の絵師　小林清親』緑園書房、一九六四年。
・『季刊　浮世絵　第10冊　小林清親特集』緑園書房、一九六四年。
・『みづゑ　明治の浮世絵　芳年・清親・国周』一九七三年一一月増刊号、美術出版社。
・吉田漱編『最後の浮世絵師　小林清親』蝸牛社、一九七七年。
・酒井忠康『開化の浮世絵師　清親』せりか書房、一九七八年。
・酒井忠康監修『江戸から東京へ　小林清親展』読売新聞社、一九九一年。
・「小林清親写生帖」麻布美術工芸館、一九九一年。
・前田愛「清親の光と闇」『都市空間のなかの文学』ちくま学芸文庫、一九九二年。
・『近代版画芸術の黎明　清親と明治浮世絵展』ドゥファミリィ美術館、一九九二年。
・山梨絵美子『日本の美術　No.368　清親と明治の浮世絵』至文堂、一九九七年。
・静岡県立美術館編『明治の浮世絵師　小林清親展』静岡県立美術館、一九九八年。
・飯野正仁「清親の東京、巴水の東京」『美術フォーラム21　特集　帝都の美術——都市の肖像』一八、二〇〇八年、九七－一〇〇頁。
・佐藤康宏「小林清親の東京名所図――《海運橋》を中心に」『美術フォーラム21　特集　帝都の美術――都市の肖像』一八、五五－五九頁。
・町田市立国際版画美術館監修『謎解き浮世絵叢書　小林清親　東京名所図』二玄社、二〇一二年。

（3）　例えば、前田愛「清親の光と闇」『都市空間のなかの文学』ちくま学芸文庫、一九九二（一九八二）年、吉田漱「東京名所と武蔵百景――清親風景画の特質」酒井忠康監修『江戸から東京へ　小林清親展』読売新聞社、一九九一年は、「清親の東京風景版画の秀れた絵画性と詩質を評価したのはまず木下杢太郎であり、また永井荷風であった」（一〇頁）として、清親再評価の功を杢太郎に帰している。飯野正仁「清親の東京、巴水の東京」『美術フォーラム21　特集帝都の美術――都市の肖像』醍醐書房、二〇〇八年、所収なども同様である。

（4）　小林清親に関する杢太郎のこれらの論考に見られる「予覚の時の楽しさ」という見方は、現在でも、清親論の重要な準拠点として位置づけられている。例えば、酒井忠康は「清親版画私考」（『みづゑ』No.824、一九七三年一一月号増刊「明治の浮世絵――芳年・清親・国周」、美術出版社所収）において、清親の作品に「ほの暗い気分」（八四頁）、「明治維新の社会的変動の中で、どうにも処理のできなかった、ひとつの退廃とでも呼ぶほかないような感覚」（八四頁）を読み取っているが、これは杢太郎の「予覚の時の楽しさ」という見方に対してなのである。

（5）　野田宇太郎『新東京文学散歩』日本読書新聞、一九五一年、五三頁。「東京は坂と水と、水に架かる橋の都と云ふことが出来る。坂は山ノ手の風景で概して散文的であるが、水と橋とは概して韻文的で下町の情調を形造つてゐる。これを近代文学の性格の中に求めてみると、山ノ手に自然主義が興り、下町に藝術至上主義が興つたことを先づ指摘せねばならない」。

（6）　野口冨士男編『荷風随筆集（上）』岩波文庫、一九八六年、六七頁。

（7）　小林哥津「「清親」考」吉田漱編『最後の浮世絵師　小林清親』蝸牛社、一九七七年所収、一三七－一三八頁。なお、小林哥津は明治末期の「東京名所図」再発見当時の様子を次のように伝えている。「明治九年からの五年間が、清親版画の全盛期であった。その数もまた大そうなものだ。年譜にあげられてゐるものの他にもまだまだあるといふ事だ。これらの絵はどのくらいの値だんで売られてゐたものかよく判らないが、人の話によると、多分何銭とかいふものだったらしい。それが、どうした理由か、明治も末になって大変値が出たとかで、昔の職人――刷師、彫師、又は絵草紙屋であった連中などやっきとなってさがし廻るさわぎがあった。／勿論その連中の家にあった少し色目の上りの悪いものや、やれと云はれてゐたずれのあるものなどが襖や小屏風の破れふさぎになってゐたものなどもひっぺがして、売ってしまったと、きいてゐる。／家にもその連中がさがしに来て、「先生、何しろ一円といふ値になってるんですよ」と、云つたとか、きいている。当時の一円の値うちはどんなものなのか、今日になっては、私には一向わからないが、何とも浅ましいような気がしてならない」（同上書、六一頁）。また、富本憲吉は、李太郎の清親訪問後の様子などに関して次のように伝えている。「初めて〔李太郎に〕会つたのは古い事で、彼が未だ大学の学生時代からだと記憶します。／上野公園のなかのバラック建美術館へ、若い勢のよい彼が入つて来て、今、小林清親と云ふ絵かきの処に行つてこれを貰つて来たと、鉛筆の素描を一枚見せて呉れました。小林氏の事は当時の若い人にもモウ忘れがちでしたが、当時外国から帰つて早々の私は、かへつて外国で小林氏の描いた隅田川風景の版画などを見、一度遇つて見たいと思つて居たので、是非連れて行つてほしいと依頼して置きました。然し終にその事はたす期会なく、その鉛筆をさし絵にする書物の装釘を大田君から私が依頼されました。「和泉屋染物店」の表紙画がそれだと記憶します」（富本憲吉「思ひ出」『文藝　太田博士追悼号』河出書房、一九四五年〔昭和二〇年〕一二月号、四一－四二頁）。

（8）　山梨絵美子「失われゆくものの自覚と喚起の装置としての絵画――高橋由一、小林清親を中心に」『季刊日本思想史』NO.77、ぺりかん社、二〇一〇年、一七頁。

（9）　野口冨士男編『荷風随筆集（上）』岩波文庫、一二七頁。

（10）　鈴木理生『江戸の橋』三省堂、二〇〇六年、参照。

（11）　長田秀雄「パンの会の思出など」『文藝』通巻第一一号、河出書房、昭和二〇年一二月号、七八頁。李太郎自身も後年幾度かこの地域の彷徨を回想している。例えば次のように。「当時別に江戸趣味の流行の徴があつた。殊に日本橋、深川辺の諸溝渠は、豊春、広重、清親の趣を忍ばせたのである。実に東京の風物情景は江戸絵的印象派的観照に対する絶好の対境であつた」（23, 26）。

（12）　野田宇太郎は明治末期の荒布橋付近を次のように描いている。「隅田川の河口の永代橋あたりから、川を遡って日本橋方面に毎日貨物や鮮魚海草野菜類を運んだ和船は鎧橋を潜り日本橋川の拡がりに出る。貨物は兜橋と江戸橋の間の三菱倉庫に揚げられ、鮮魚海産物野菜類は荒布橋や魚河岸、又は荒布橋を潜って堀留の方へ運ばれる。秋から冬になると伊豆あたりから蜜柑を積んだ金色の船が兜橋を潜って海運橋あたりの果物問屋の裏倉庫に運びこまれる。そしてその荷を運んで来た船頭衆や他国者の仲仕人夫は荒布橋のあたりにたむろして、付近の居酒屋の縄のれんを潜ったり、下町の寄席に足を向けたりして、夜ともなればそこらあたりの町中にゴリキイの「どん底」的な享楽の世界が展開する、というのが明治末年の日本橋河岸風景であったらしい」（野田宇太郎『木下杢太郎の生涯と芸術』平凡社、一九八〇年、二六九－二七〇頁）。

（13）「それともまた」の意。

（14）弓なりになった様子。

（15）「中心」の意。

（16）渋沢青淵記念財団竜門社編『渋沢栄一伝記資料　第29巻』渋沢栄一伝記資料刊行会、一九六〇年、六一七頁。

（17）同上。

（18）Philip, Terry, *Terry's Guide to the Japanese Empire, including Chōsen（Korea）and Taiwan（Formosa）*, Houghton Mifflin Company, 1914, p.134.

（19）野口冨士男編『荷風随筆集（上）』岩波文庫、一九八六年、五〇－五一頁。『日和下駄』は著者により幾度も推敲がなされており、岩波文庫『荷風随筆集』は、中央公論社発行（一九四九年〔昭和二四年〕五月二五日）の『荷風全集　第一〇巻』に基づいている。籾山書店版の初版（一九一五年一一月一五日発行）に基づく岩波書店版『荷風全集　第11巻』において上記引用箇所は、次のように記されている。「運河の眺望は深川の小名木川辺に限らず、いづこにおいても隅田川の両岸に対するよりも一体にまとまつた感興を起させる。〔…〕私はかゝる風景の中で日本橋を背にして江戸橋の上より菱形をなした広い水の片側には荒布橋つゞいて思案橋、片側には兜橋を見る眺望をば、その沿岸の商家倉庫及び街上橋頭の繁華雑沓と合せて、東京市内の堀割の中で最も偉大なる壮観を呈する処と思つてゐる。殊に年の暮の夜景なぞは、沿岸の街の灯火と橋上を往来する車の灯とが徹宵水の上に入り乱れて揺き動く有様銀座通りの灯火なぞよりも遥に美麗である」（『荷風全集　第11巻』岩波書店、一九九三年、一四五頁）。両版の数多くの差異のうちで、「兜橋」が「鎧橋」に変えられていることが重要であり、「兜橋」でなく「鎧橋」としなければ「菱形をなした広い水」が地形として意味をなさなくなることによる修正と思われる。東京逓信管理局編纂「東京市日本橋区全図」を参照。

（20）北原遼三郎『明治の建築家・妻木頼黄の生涯』現代書館、二〇〇二年、二〇四頁。

（21）ユルゲン・ハーバーマス『第2版　公共性の構造転換』細谷貞雄・山田正行訳、未來社、一九九四年、一八頁参照。

（22）同時代人として北原白秋もまた、この時期同様の指向性をもっていた。「丁度その頃〔『屋上庭園』を発行した頃〕は皆で、築地、日本橋、永代橋、浜町の河岸縁などを漫歩したり、或いは日本橋辺りの裏通りの古い旧家の白い壁の傍へ新しいペンキ塗の西洋料理などの立つているのを見て、その新旧の対照をひどく喜び入つたものであつた。何か知ら、町の中に、古い江戸と新しい東京都のゴッチヤになってゐるその色合いを愛するの余り、よく、裏町なんかを歩き廻つたものであつた」（北原白秋「「都会情調」と「異国趣味」——「屋上庭園」の追憶」『読売新聞』一九一八年七月三〇日－八月二日、『白秋全集35』岩波書店、一九八七年、一〇四頁）。「無論、彼にはその幼時よりかの不可思議国に対する熱烈なる思慕と憧憬とがあつた。彼は常にその発見者としてその熱意と歓喜とを以て、絶えず探索し渉猟した。かくして彼はたゞ転々として彷徨し漫歩した」（北原白秋「食後の歌序」大正八年一〇月、『白秋全集16』岩波書店、一九八五年、一八三頁）。「近代化」という行き先不明の前進を始めた都市に背を向けるのではなく、そのような都市に積極的に関わろうとする姿勢を仮に広い意味で文化的な「モダニズム」の一つの指標とするならば、日本におけるその初期の一つの形態を木下杢太郎たち「パンの会」に集った青年たちの指向に見出すことができるだろう。

　なお、石井柏亭は次のように当時を回想している。「杢太郎は、「赤い煉瓦の官庁や、ぴかぴか真鍮の光る銀行のかげに歌沢や新内の悪の華がそんなに萎れないで咲いて居る、」「こんな変てこな対照で混雑してゐる時代を仮に不可思議国と名付けて」興がつたが、私はさう云ふものを漫画以外の画の対象としたくはなかつた。だからパンの会の空気を嫌ひはしなかつたが、それに耽溺することはなく、多少傍観者的態度を保つて居た」（石井柏亭「木下杢太郎追憶」『芸林閒歩』第一巻第一号、東京出版、一九四六年（昭和二一年）四月、一六－一七頁）。

（23）『明治大正史　世相篇』『柳田國男全集　第五巻』筑摩書房、一九九八年所収、四一九－四二〇頁。

●第四章

（1）Ian Ousby, *The Englishman's England: Taste, Travel and the Rise of Tourism*, Pimlico, 2002, p.13.

（2）「ガイドブック」そのものを文化の観点から否定的に捉える論者は多数いるが、旅行の発展を「旅行の衰退と観光の発展」と見るD・ブーアスティンにとってもガイドブックは疑似イベントとしての観光の一つの象徴にほかならない。「近代の観光案内書は、観光客の期待を増大させてきた。それはウィルヘルム皇帝からチチェカステナンゴの村人に至るまで、その土地の人々に観光客がいつ、何を期待しているかの詳細な項目別リストを提供してきた。それは観光客が見物する芝居のための最新の脚本であるともいえる。その先駆者はいうまでもなく、ライプチッヒのカール・ベデカー（一八〇一－五九）である。彼の名前は、彼の作った本の代名詞となった。イギリスのトマス・クックがガイド付きの団体観光旅行を完成させていた頃、ベデカーは活字によるパッケジ・ツアを提供し始めた。ベデカーは一八二九年、最初ドイツ語で書かれたコブレンツの案内書を出版した。一八四六年には最初の外国語版がフランス語で出版され、一八六一年には英語版が現われた。第二次世界大戦が始まるまでに、ベデカー社は一〇〇以上の異なる案内書を二百万部以上も売り上げた。英語、フランス語、ドイツ語で書かれたこれらの案内書は、中流階級が勃興しつつあった国々で読まれた。中流階級は、つつましい予算と限られた教育にもかかわらず、「大旅行」をしようと一生懸命努力していたのである」（D・J・ブーアスティン『幻影の時代――マスコミが製造する事実』星野郁美・後藤和彦訳、東京創元社、一九七四年、一一四頁）。

（3）一九二〇年（大正九年）に鉄道院は鉄道省に昇格する。

（4）中川浩一は「和文の旅行案内書としては他に類をみない、詳細かつ綿密な作品」と評価している（中川浩一『旅の文化誌――ガイドブックと時刻表と旅行者たち』伝統と現代社、一九七九年、一九九－二〇〇頁）。また、山本光正「旅行案内書の成立と展開」『国立歴史民俗博物館研究報告　旅――江戸の旅から鉄道旅行へ』二〇一〇年（平成二二年）、所収、参照。

（5）『公認汽車汽船旅行案内』大正四年二月号、広告一六頁。

（6）青木槐三・山中忠雄編著『国鉄興隆時代――木下運輸二十年』日本交通協会、一九五七年、一二三頁。

（7）「木下の改善案は、上記三社を合同せしめて一社となし、理想的な旅行案内を編集させ、これを公認として刊行させるというプランで、即ち、三社は合同によって経営力を強化し、資本を集めて旅行案内の実質的改善（用紙、印刷、製本等）を計ること、これに対し国鉄は、私鉄関係者とも計って、内容の整備、検閲に一層の便宜を与えるということであった」（青木槐三・山中忠雄編著、前掲書、一二三頁）。時刻表の歴史については、高田隆雄監修、松尾定行・三宅俊彦『時刻表百年史』新潮文庫、一九八六年などを参照。

（8）『読売新聞』一九一九年（大正八年）七月四日。

（9）「千余部もあって当にならぬ旅行案内を改良　ツーリスト・ビューローで展覧会　此夏は各学校や外人の旅行が多い」、

『時事新報』一九一九年（大正八年）六月一日付。この展覧会についての他の情報は、『日本交通公社五十年史』日本交通公社、一九六二年（昭和三七年）、一〇〇頁、および『ツーリスト』三八号、一九一九年（大正八年）七月、八五頁、「案内記展覧会の廊下にて」を参照。

(10) 紀行文がガイドブックの役割を果たしていた実態については、次のような報告もある。「今から思うと明治から大正へかけての旅行者は案内書の上に於いては、何と間に合わせものを使って旅行していた事だろう。彼等にはその事自身のために生まれた案内書がなかった。彼等は多くの場合音羽、花袋、桂月、麗水等々諸家の紀行文を案内にして旅行していた。恐らく彼等は、それに依って甲地から乙地への里程、内地の旅館等がはっきりと呑込めはしなかったであろうと思う」（雲牀荘「待ちに待った――『日本案内記』（東北篇）出づ」『旅』一九二九年（昭和四年）七月号、一一一頁）。

(11) 松川二郎「間違だらけの旅行案内（上）（下）」『読売新聞』一九二五年（大正一四年）八月八日、八月一〇日。

(12) 上田文齋『内国旅行　日本名所図絵　東京名所独案内』富山堂、一八九〇年（明治二三年）、八二－八三頁。

(13) 『大正十三年版　鐵道旅行案内』鉄道旅行案内編纂所発行、二一－三頁。

(14) 同上書、二三頁。

(15) 一九一九年（大正八年）鉄道院編纂『神まうで』、一九二〇年（大正九年）鉄道院編纂『温泉案内』、一九二二年（大正一一年）『お寺まゐり』、一九二四年（大正一三年）『日本北アルプス登山案内』、一九二四年（大正一三年）『スキーとスケート』など。

(16) 『五十年史』日本交通公社、一九六二年。

(17) 同上書、八〇頁、「第3節　日本案内記の編纂」。また『日本国有鉄道百年史　第八巻』では次のようにまとめられている。「日本案内記等の刊行　大正15年、観光宣伝の一つとして鉄道省では『日本案内記』の編纂を計画し、運輸局旅客課でその案を練り翌昭和2年4月から編纂に着手した。この『日本案内記』は、日本全国の名勝・史跡・産業・経済・人情・風俗・地質その他各般の事項を旅行案内書式に収録しようとするもので、内容の正確・完備を期するため文学博士黒板勝美・理学博士山崎直方その他専門家に調査および編纂を委嘱した。この計画は最初全国を6部に区分し、全6巻3か年継続事業とし着手したが、その後種々の事情によって計画が変更され全8巻となった。すなわち、昭和4年に東北編を出版したのを最初に同5年関東編、同6年中部編、同7年近畿編（上）、同8年近畿編（下）、同9年中国・四国編、同10年九州編、同11

年北海道編をもって全8巻を完成した。なお、この案内記は完成までに10年に近い歳月を費やした関係で、最終巻刊行当時は最初のころに刊行した東北編や関東編などはすでに現況と著しい相違部分が生じていた。そこで第8巻完成と同時にこれらの改版を発行することとし、昭和12年に東北編を最初として逐次改版し刊行した。なお、この『日本案内記』は全部博文館から翻刻発売された」(三四五―三四六頁)。

(18) 鉄道省『日本案内記』博文館、一九三〇年(昭和五年)、(復刻版、中外書房、昭和五〇年)、九五頁。

(19) 『日本国有鉄道百年史　第八巻』、三四五頁。

(20) 木下淑夫「『汽車の窓から』に序す」、谷口梨花『汽車の窓から』博文館、一九一八年(大正七年)、一頁。

(21) 森寅重・長井愛爾編著『興味を本位とした新鉄道旅行案内　本州西部九州の巻』評論之評論社、一九二六年(大正一五年)、一―二頁。

(22) 日本交通公社社史編纂室編『日本交通公社七十年史』日本交通公社、一九八二年(昭和五七年)、九頁。「喜賓会」全般については次の論文を参照。白幡洋三郎「異人と外客　外客誘致団体「喜賓会」の活動について」吉田光邦編『一九世紀日本の情報と社会変動』京都大学人文科学研究所、一九八五年所収。

(23) 山中忠雄編『回顧録』ジャパン・ツーリスト・ビューロー(日本旅行協会)、一九三七年(昭和一二年)、二四四頁。

(24) 抄訳は、『チェンバレンの明治旅行案内　横浜・東京編』楠家重敏訳、新人物往来社、一九八八年。なお、庄田元男『異人たちの日本アルプス』〈山書研究35〉日本山書の会、一九九〇年は、*A Handbook for Traveller in Japan* の初版(一八八一年〔明治一四年〕)から最終第九版(一九一三年〔大正二年〕)までの各版についての詳細な研究である。また、岩佐淳一「旅行とメディア――戦前期旅行ガイドブックのまなざし」『学習院女子大学紀要』二〇〇一年第三号、所収、参照。

(25) 「一八九三年五月一六日付ラフカディオ・ハーン宛手紙」、*More letters from Basil Hall Chamberlain to Lafcadio Hearn and letters from M. Toyama, Y. Tsubouchi and others*, compiled by Kazuo Koizumi, Tokyo : Hokuseido, 1937, p.67.

(26) 太田雄三『B・H・チェンバレン――日欧間の往復運動に生きた世界人』リブロポート、一九九〇年、二〇三―二〇四頁参照。

(27) これらについては中川浩一、前掲書、二一八頁以降の「日本を外国に紹介したガイドブック」の項、および横浜開港資料館編『世界漫遊家たちのニッポン――日記と旅行記とガイドブック』横浜開港資料館、一九九六年(平成八年)を参照。

（28）原タイトルが英語であり正式の邦語名称はない。『鉄道院版英文東亜交通案内書』『東アジア旅行案内』等の名称もあるが、本書では、①“Official”という語を重視し、翻訳については『公認時間表』との用語の類似性に着目し「公認」とし、かつ②「東アジア」を「東亜」と表記した当時の用法を尊重して、『公認東亜案内』と訳すことにする。

（29）経歴については、*Who was Who in America 1932–33*, p.2259、参照。

（30）山中忠雄編、前掲書、八〇頁。

（31）「第二次桂内閣時代　1908～16年」鶴見祐輔著、一海知義校訂『正伝　後藤新平　第5巻』藤原書店、二〇〇五年、「伯の鉄道院総裁となるや、ただちにこの『英文東亜案内』編纂の事業に着手した。それは普通の案内記と異なる遠大なる計画であった。ドイツの『ベデカー案内記』に範を取ったけれども、その構想はベデカーより遥かに雄大であった。ベデカーが、実際旅行の便覧たる目的に終始して執筆せられたるに反し、該案内記は美術、哲学、文芸、茶の湯、庭園、演劇、能狂言のごときにいたるまで、日本の特色を各方面から委曲に説明して、文化的色彩を濃厚に盛り上げたものであった」（二三七頁）。

（32）青木槐三・山中忠雄編著、前掲書、二九八頁。「この東亜案内は、来遊の外客のために、ひとり日本のみならず、鮮満、南洋と、ひろく東亜圏内の観光をも堪能せしめようとする木下の意図から発意されたもので、この編集事業は、明治四十年秋から始められ、実地調査のため、同年九月に、工藤謙が鮮満及び支那へ、三上真吾が南支及び南洋方面へ、大正三年虎居徳三が南支へ、大正四年鶴見祐輔が南洋へ特派された」。

（33）一九四一年（昭和一六年）に名称を *Japan: The Official Guide* として改訂される。

（34）『公認東亜案内』第一巻序文。

（35）同上。

（36）鉄道省とは別にジャパン・ツーリスト・ビューローが作成した英文の日本ガイドブックや英文京都ガイドブックにおいても、マレーやベデカーがつねに参照されていた。「案内記の作成に就ては生野氏はすぐれた意見を持つてゐた。自分もビューロー入所早々京都案内の作成を命ぜられたが、実地踏査の前に生野氏かち京都に関する文献にひと通り眼を通すこと、就中、モーレーとテリーの案内記に注意すること、距離、見物所要時間、料金等を的確にすること、出先では市役所やホテルに於て最新の各種統計や外人に特に興味ある資料を得ること、出發前大体の組骨をつくり、それを携行して実地踏査せよと親切に教へられた」（山中忠雄編、前掲書、八一頁）。

（37）『公認東亜案内』第二巻序文。

（38）Thomas Philip Terry, *Terry's Japanese Empire including Korea and Formosa with chapters on Manchuria, The Trans-Siberian Railway, and The Chief Ocean Routes to Japan*, Houghton Mifflin Co., 1914, Foreword. このガイドブック作成のための来日したテリーに、ジャパン・ツーリスト・ビューローは資料提供している。「大正2年度〔…〕個人斡旋で特記すべきは案内記作者として世界的に有名在米人テリー氏の来訪であった。同氏は既に独力で最も実用的な英文日本案内記を編纂されていたが、同氏の著書を通じて更に広く正しい日本を世界に知らしめるため同氏に対して種々資料を提供した」（日本交通公社『五十年史』一九六二年（昭和三七年）、五四頁）。

（39）中川浩一はこのような弱点から、テリーのガイドブックを「失敗作」と断じている。中川浩一、前掲書、二三一頁参照。

（40）テリーのガイドブックの利用について次のような記述がある。「汽船のデッキ・チエーヤでは眠れるかというと、太平洋じゃそんなにきっぱりと眠るわけには行かないようだ。あの深い海水は快適な響きを立てて滑って行き、船客は船客でメロン、ハム、卵、トースト、コーヒー――それからテリーの有名な日本案内記を消化しようとして身体を楽にしている。〔…〕椅子へ帰ってまたぞろテリーを繙くことにする。「仏教は俗人に理解されるような文学を有していない」なんてところから始めて、ものの二十頁も読む」（イー・シー・メイ「船中暦日なし」ジャパン・ツーリスト・ビューロー編『外人の見た日本の横顔』ジャパン・ツーリスト・ビューロー、一九三五年（昭和一〇年）、四二〇－四二一頁）。またテリーのガイドブックについて、エドワード・サイデンステッカー『東京　下町山の手』安西徹雄訳、ちくま学芸文庫、一九九二年のなかでは次のように言及されている。「イギリスの旅行記作家フィリップ・テリーは、日本橋をニューヨークのブロードウェイに準《なぞら》えているが、別に褒めようというのではない」（九〇頁）。「E・フィリップ・テリーは、かならずしも正確とは言えぬとしても、非常に精彩に富んだ日本案内記を書いたが、吉原は、あのヴェスビアスの噴火で一瞬にして埋もれた古代ローマの町、ポンペイに似ていると形容している」（三五四頁）。「E・フィリップ・テリーの日本案内記は大正九年の出版だが、東京ではナイトライフは期待しないほうがよいと書いている」（三六一頁）。

　また横浜開港資料館編発行『世界漫遊家たちのニッポン――日記と旅行記とガイドブック』一九九六年（平成八年）では、横浜で発行されていた英字新聞『ジャパン・ガゼット』一九一九年二月一〇日号の記事「ガイドブックス、ガイドブックス」の内容が紹介されている。この記事は「よく知られたマレーのガイドブックが再刊されそうにないのは、鉄道院のガイドブックとの競合によるのが一因だとし、鉄道院のものは、あまりにも日本人の視点から書かれていると批判している。第三の競合者として登場するのがテリーのガイドブックである。テリーの分厚い本はたしかに〝情報のかたまり〟かもしないが、誇張と過剰な賛美に満ちている、と批判はさらに手厳しい。この種の日本びいきの本は、一時的には旅行者を呼び寄せ、いま現在の利益にはなるかもしれないが、遅かれ早かれ反動が生じることは避けられないだろう、と評者はむすんでいる。そのマレーでさえ、ある旅行者に言わせれば、形容詞を使う段になると「美しい、精妙な、崇高な、輝かしい……」等々と舞い上がっていると批判されているのである。しかし推薦している場所、地域などは信用できると認めている。それでもマレーが復活することはもはやなく、テリーの本は版を重ねていったのであった」(三三頁)。

(41) 実際に夫婦で吉原観光にでかけたアメリカ人観光客もいた。ハリー・カー「日本を語る」ジャパン・ツーリスト・ビューロー編『外人の見た日本の横顔』ジャパン・ツーリスト・ビューロー、一九三五年(昭和一〇年)、七四七－七八四頁。

(42) 『公認東亜案内』第三巻、pp.62–63。

(43) 同上書、p.63。

(44) 同上書、p.65。

(45) Terry, *"Terry's Japanese Empire"* 1914, pp.134–147.

(46) 同上書、p.134。

(47) 同上。

(48) 同上書、p.123。

(49) 同上書、p.134。

(50) Terry, *"Terry's Japanese Empire"* 1933, p.134。

(51) Terry, *"Terry's Japanese Empire"* 1914, p.141。

(52) 同上書、p.142。

(53) 同上書、p.143。

（54）同上。
（55）同上書、p.144。
（56）同上。
（57）同上書、pp.144–145。
（58）同上書、p.147。
（59）同上。
（60）同上。
（61）「鉄道院版英文東亜交通案内書に就いて」『ツーリスト』一九一六年九月二一日号、四一頁。
（62）「案内記展覧会の廊下にて」『ツーリスト』一九一九年（大正八年）七月、三八号、八五頁。
（63）M・マクルーハン『メディア論——人間拡張の諸相』栗原裕・河本仲聖訳、みすず書房、一九八七年、八頁。
（64）ヴォルフガング・シヴェルブシュ『鉄道旅行の歴史——十九世紀における空間と時間の工業化』加藤二郎訳、法政大学出版局、一九八二年、七六－七七頁。
（65）同上書、七九頁。
（66）同上書、八〇頁。
（67）永嶺重敏『〈読書国民〉の誕生——明治30年代の活字メディアと読書文化』日本エディタースクール出版部、二〇〇四年。

●第五章

（1）Daniel J. Boorstin; *The Image A Guide to Pseudo-Events in America*, Vintage Books, 1992（Atheneum edition 1962）, p.79.（D・J・ブーアスティン『幻影の時代——マスコミが製造する事実』星野郁美・後藤和彦訳、東京創元社、一九七四年、九一頁）。訳文は一部変更した箇所がある。
（2）佐々木土師二『旅行者行動の心理学』関西大学出版部、二〇〇〇年、第6章、第7章参照。
（3）青木槐三『国鉄繁昌記』交通協力会、一九五二年、二六七頁。

（4）一九三一年（昭和六年）に社団法人日本温泉協会に変更、雑誌『温泉』発行。
（5）青木槐三・山中忠雄『国鉄興隆時代――木下運輸二十年』日本交通協会、一九五七年（昭和三二年）、二八一頁。
（6）山中忠雄編『回顧録』ジャパン・ツーリスト・ビューロー（日本旅行協会）、一九三七年（昭和一二年）、二〇二－二〇八頁、日本交通協会編、前掲書、二七一－二七三頁、参照。
（7）日本交通公社社史編纂室編『日本交通公社七十年史』日本交通公社、一九八二年（昭和五七年）、六六頁。
（8）澤壽次・瀬沼茂樹『旅行１００年――駕籠から新幹線まで』日本交通公社、一九六八年、一八六頁以降。
（9）次の文献も同様である。山本鉱太郎「大正～昭和期のガイド・ブック」『人はなぜ旅をするのか　第九巻　陸海空〝旅行〟の時代』日本交通公社出版事業局、一九八二年、九二－九八頁。「明治末から大正初期にかけては、旅の本といえば山水ものがかなり流行った。山水とは自然の風景という意味で、旅の著書によく使われた。〔…〕花鳥風月をめでる山水が中心の旅の本も、大正中ごろから昭和のはじめにかけて趣味の旅をテーマの本がそろそろ出はじめた。旅をする人すべてが美しい風景だけを求めているわけではなく、古寺巡礼、味覚探求、温泉めぐりなどさまざまな目的があるわけだ」（九二頁）。
（10）個別分野の案内記を踏まえて総合的なガイドブックである『日本案内記』全八巻が、昭和四年の東北編から、同五年関東編、同六年中部編、同七年近畿編上、同八年近畿編下、同九年中国・四国編、同一〇年九州編と順次刊行され、昭和一一年の北海道編をもって完結した。
（11）例えば、松川二郎『科学より見たる趣味の旅行』有精堂書店、一九二六年（大正一五年）。
（12）趣味概念の意味変容については次の論文が詳しい。井村彰「趣味の領分――雑誌『趣味』における坪内逍遥・西本翠蔭・下田歌子」科学研究費補助金研究成果報告書『日本の近代美学（明治・大正期）』、二〇〇四年三月。
（13）南博「文明から文化へ」南博・社会心理研究所『大正文化　１９０５－１９２７』勁草書房、一九六五年、五一頁。南博も言及しているように大正期の「趣味」について考える際に重要なのは、一九〇六年（明治三九年）日露戦争後の状況のなかで発行された雑誌『趣味』である。この雑誌の目的は、「主として音楽、演劇、話術、絵画、建築、庭園、装飾、遊戯、流行等に関して一世の指導者となり兼ねて理想的読物と娯楽とを家庭に供し以て二十世紀の我が国家に貢献する」（易風社編『趣味』彩雲閣、一九〇六年（明治三九年）六月号一巻一号、「『趣味』発行の趣旨」）こととされている。「音楽、演劇、話術、絵画、建築、庭園、装飾、遊戯、流行」が「趣味」の領域として取り上げられているわけだが、このような「趣味」

の理解のなかに、井村彰はしだいに一般化していくことになる「趣味」という言葉の意味転用を見ている。「Taste を原語とする主体の能力としての「趣味」は、「趣き」という意味を媒介として、「趣き」を備えた活動という意味に転化していく。それは具体的には芸術や芸能という領域に属する活動である。ただし、それは職業としての芸術や芸能の活動ではない。「趣味」という言葉が能力ではなく活動の意味で使われるのは、プロフェッショナルな活動ではなく、あくまでもアマチュアの活動の場合である。それは、「趣味」という語が流行語になる以前は「道楽」という言葉で呼ばれた活動であった。「道楽」から「趣味」への転換は、生計を圧迫する低級な娯楽から生活を豊かにする高尚な娯楽へのイメージ転換をもたらしていったのではないか。そこに hobby としての趣味の含意が芽生えていくことになる」(井村彰、前掲論文、一八七頁)。

(14) 山本鉱太郎「大正~昭和期のガイド・ブック」『人はなぜ旅をするのか　第九巻　陸海空〝旅行〟の時代』日本交通公社出版事業局、一九八二年、九四頁。

(15) 松川二郎『珍味を求めて舌が旅をする』日本評論社、一九二三年(大正一二年)、二一-三頁。

(16) 「新民謡運動」については、筒井清忠『西條八十』中央公論新社、二〇〇五年、第六章を参照。

(17) 駅にスタンプが設置されるようになった経過については、近藤東は「駅名スタンプに就いて」『観光美術』観光美術協会、一九四〇年(昭和一五年)二月中旬号で、「駅名スタムプの蒐集の流行は、昭和八、九年頃を最高とし、〔…〕駅名スタムプの最初は、福井だと聞いてゐる。今、その文献を探したが見当らなかった」(四〇頁)としているが、富永貫一は「芽ばえ行く駅のスタムプ」『ツーリスト』一九三二年(昭和七年)一一月号で、福井駅が巡礼の朱印帳にヒントを得て一九三一年(昭和六年)五月五日より開始したとしている。ほぼ同時期に始まった逓信省風景入りスタンプとともに全国に広がった。

(18) 例えば、一九二四年(大正一三年)一〇月号、三好善一「旅行小論」、一九二五年(大正一四年)二月号(二巻二号)、田山花袋「昔の旅について」。

(19) 『旅』一九二六年(大正一五年)四月号(三巻四号)、扉:休息・解放・旅行、一頁。

(20) 『旅』一九二八年(昭和三年)七月号(五巻七号)、二頁、「「旅」について」(伊福部隆輝)。

(21) 『旅』一九二八年(昭和三年)一月号(五巻一号)、六〇頁、「旅にあこがれる　生活更新の泉として」(芳賀融)。

(22) 『旅』一九三〇年(昭和五年)八月号、一頁、扉(佐藤正雄)。

（23）『旅』一九三四年（昭和九年）一月号（一一巻一号）、六頁、「旅行を礼讃す」（鐵道次官久保田敬一）。
（24）『旅』一九三四年（昭和九年）一一月号、六二―六三頁、「旅行礼讃」（西川義方）。
（25）「［婦人付録］「婦人と社会」旅行の季節▽旅行と読書▽旅行の必要」『読売新聞』一九一八年（大正七年）三月二七日。
（26）谷口梨花『家族連れの旅』博文館、一九二三年（大正一二年）、一頁。
（27）『東京朝日新聞』一九二一年（大正一〇年）七月四日。
（28）「鉄道省が収入減対策に家族旅行割引」『読売新聞』一九二九年（昭和四年）五月一八日。
（29）「この書がかつてつとめたような手引きの役目は、もう必要がなくなっている」（和辻哲郎「改版序」『古寺巡礼』岩波文庫、一九七九年、六―七頁）。
（30）以下の論文を参照。根来司「『古寺巡礼』の成立――文体と語彙」『国語語彙史の研究』第十集、和泉書院、一九八九年、所収。中島国彦「古寺巡礼の季節」『近代文学にみる感受性』筑摩書房、一九九四年。浅田隆・和田博文編『古代の幻――日本近代文学の〈奈良〉』世界思想社、二〇〇一年。中島国彦「『古寺巡礼』と『大和路・信濃路』をつなぐもの――堀辰雄「大和路」ノートの検証を中心に」『日本近代文学』第72集、二〇〇五年。苅部直「和辻哲郎の「古代」――『古寺巡礼』を中心に」同上書、一七七―一八九頁。
（31）「この書の取り柄が若い情熱にあるとすれば、それは幼稚であることと不可分である。幼稚であったからこそあのころはあのような空想にふけることができたのである。今はどれほど努力してみたところで、あのころのような自由な想像力の飛翔にめぐまれることはない。そう考えると、三十年前に古美術から受けた深い感銘や、それに刺戟されたさまざまの関心は、そのまま大切に保存しなくてはならないということになる」（和辻哲郎、前掲書、七頁）。和辻自身がこの本の普遍的な長所を「自由な想像力の飛翔」「空想」若さゆえの想像力に認めていたことは興味深い。
（32）和辻哲郎『古寺巡礼』岩波書店、一九一九年（大正八年）、一六―一七頁。
（33）教養の意味については次の箇所を参照。「青春の時期に最も努むべきことは、日常生活に自然に存在しているのでないいろいろな刺激を自分に与えて、内に萌えいでた精神的な芽を培養しなくてはならない、という所に集まって来るのです。／これがいわゆる「一般教養」の意味です。数千年来人類が築いて来た多くの精神的な宝、芸術、哲学、宗教、歴史によって、自らを教養する、そこに一切の芽の培養があります。「貴い心情」はかくして得られるのです。全的に生きる生活の力強さはそこから生まれるのです」（和辻哲郎「すべての芽を培え」『偶像再興・面とペルソナ　和辻哲郎感想集』講談社文芸文庫、二〇〇七年、一八五－一八六頁）。
(34) 和辻哲郎『古寺巡礼』、岩波書店、一九一九年（大正八年）、三六頁。
(35) 亀井勝一郎『大和古寺風物詩　改訂版』新潮文庫、一九五三年（昭和二八年）、二〇六頁、「あとがき」。
(36) 保田與重郎『保田與重郎文庫17　長谷寺・山ノ邊の道・京あない・奈良てびき』新学社、二〇〇一年、二〇頁。
(37) 和田博文「保田與重郎――「大和は国のまほろば」」浅田隆・和田博文編『古代の幻――日本近代文学の〈奈良〉』世界思想社、二〇〇一年、所収、参照。
(38) 保田與重郎、前掲書、二一頁。
(39) 同上書、二一－二七頁。
(40) 和辻哲郎「享楽人」『偶像再興・面とペルソナ　和辻哲郎感想集』講談社文芸文庫、二〇〇七年（一九二一年）、二五三－二五四頁。
(41) 柳田國男の研究において「旅行」は注目されてきた。例えば、宮本常一「柳田國男の旅」『新文芸読本　柳田國男』河出書房新社、一九九二年、所収。後藤総一郎監修、柳田国男研究会編著『柳田国男伝』三一書房、一九八八年、「第七章　旅と学問」。
(42) 柳田國男『青年と学問』岩波文庫、一九七六年、四五頁。
(43) 同上書、五七頁。
(44) 柳田國男『明治大正史世相篇』、『柳田國男全集26』ちくま文庫、一九九〇年、一八九頁。
(45) 同上書、一八八頁。
(46) 柳田國男「旅行の進歩および退歩」（一九二七年（昭和二年））『青年と学問』岩波文庫、一九七六年、所収、五七頁。
(47) 後藤総一郎監修、柳田国男研究会編著前掲書、「第七章　旅と学問」でも「ユニークな三つの段階」を指摘している（五一六頁）。なお、白幡洋三郎『旅行のススメ――昭和が生んだ庶民の「新文化」』中公新書、一九九六年、のように、柳田の所論において「旅」と「旅行」が概念的に区分されているという解釈もあるが、そのような傾向はあるにしても一貫しているとは言いがたいので、本書ではその解釈は前提していない。

(48) 後藤総一郎監修、柳田国男研究会編著前掲書、五二〇頁。
(49) 柳田國男『明治大正史世相篇』、一八八頁。
(50) 同上書、一九一頁。
(51) 同上書、一九九頁。
(52) 同上。
(53) 同上書、二〇二―二〇三頁。
(54) 同上書、一九九頁。
(55) 同上書、二〇三頁。
(56) 同上書、二〇〇頁。
(57) 柳田國男「旅行の進歩および退歩」『青年と学問』、所収、五一頁。
(58) 同上書、五三頁。
(59) 同上書、五二頁。
(60) 柳田國男『明治大正史世相篇』、『柳田國男全集26』、二〇三頁。
(61) この延長上にあるのが「旅行組合」という一種の協同組合の構想であった。柳田國男「旅行の進歩および退歩」『青年と学問』岩波文庫、一九七六年、五七頁。
(62) 『三木清全集第一巻』岩波書店、一九六六年、三四三―三四四頁。
(63) 同上書、三四四―三四五頁。
(64) 同上書、三四六頁。
(65) 同上。
(66) 『旅』一九四一年（昭和一六年）四月号、二―五頁。この論考は、大和書房刊の著作集には収録されていない。
(67) 同上誌、三頁。
(68) 同上誌、四頁。
(69) なお、このような変化は權田自身の研究についても妥当する。つまり、初期の「民衆娯楽」研究において、旅行はほとんど射程に入っていないが、昭和一〇年代の「國民娯樂」研究においては明確に「新興娯楽」として位置づけられるようになる。例えば一九四一年（昭和一六年）の『國民娯樂の問題』では次のように述べられている。「国民大衆の生活を創り出す抑々の原因の一つであった交通機関の発達そのものが、已に新しい娯楽の種類を創り出している。それは旅行趣味の娯楽化である。鉄道省をはじめ、市電、郊外電鉄、遊覧バス、遊覧船が旅行遊山の趣味の範囲を拡大すると同時に、その享楽者の範囲をも著しく拡大した。ハイキング、キャムピング、ロッククライミング、スキー、スケート等々が性別を超越し、年齢別を無視し、職業階級別を度外視して弘く愛好の的となっている」（『權田保之助著作集　第三巻』、二三頁。その他、一六四頁、一七八頁など）。

（70）權田は一九四二年に『ナチス厚生団』を出版している。

（71）『權田保之助著作集　第三巻』、一〇九頁。

（72）同上書、一一〇頁。

（73）同上。

（74）同上。

（75）權田保之助『民衆娯楽論』巌松堂書店、一九三一年、一〇〇頁。

（76）Daniel J. Boorstin : *The Image A Guide to Pseudo-Events in America*, Vintage Books, 1992（Atheneum edition 1962）, p. 78. D・J・ブーアスティン『幻影の時代——マスコミが製造する事実』星野郁美・後藤和彦訳、東京創元社、一九七四年、九〇頁。

●第六章

（1）交通公社の『五十年史』および『日本交通公社七十年史』での記述を除けば、櫻本富雄が紹介しているだけであろう。櫻本富雄『探書遍歴　封印された戦時下文学の発掘』新評論、一九九四年、「第二四章　『交通東亞』を読む」参照。

（2）日本交通公社『五十年史』日本交通公社、一九六二年（昭和三七年）、二四五-二四六頁。

（3）日本交通公社社史編纂室編『日本交通公社七十年史』日本交通公社、一九八二年（昭和五七年）、八六-八七頁。

（4）旅行が遊覧であるので自粛せよという意見はすでに一九三七年（昭和一二年）の日中戦争の全面化直後からあったが、

その時点ではまだ、反論する意見も強かった。例えば次のような主張。「支那事変が勃発してから遊覧旅行などは不謹慎だといふので、大分旅行客が減つたといふことだが、私の立場から観れば、旅行は何も遠慮すべき事ではない。〔…〕人はよく遊山々々といふが、遊山は必らずしも悪いことではない。遊山には色々の目的がつきまとつてゐる。週末旅行は一週間の疲労を癒す為めで、つまりレクリエーションである。病気をしたとき薬を服用するやうなものだ」（西村眞次「旅の真髄」『旅』一九三七年（昭和一二年）一一月号、一二―一三頁）。

（5）「日本厚生協会」については、以下の文献を参照。高岡裕之編『資料集　総力戦と文化　第2巻　厚生運動・健民運動・読書運動』大月書店、二〇〇一年、高岡裕之『総力戦体制と「福祉国家」――戦時期日本の「社会改革」構想』岩波書店、二〇一一年、また都筑真・淺野哲也・村井友樹・佐藤亮・大熊廣明「戦時下における日本の厚生運動――厚生大会（1938-1940）を中心として」筑波大学体育科学系紀要、二〇一一年。

（6）高岡裕之編前掲書、二〇〇一年、三頁。

（7）同上書、一四―一五頁。

（8）同上書、一五頁。

（9）『五十年史』、一八八―一八九頁。

（10）青木は第一回厚生大会の会議委員も務めている。

（11）青木槐三『人物国鉄百年』中央宣興株式会社出版局、一九六九年。

（12）『東京朝日新聞』一九三八年八月一日夕刊掲載の広告によれば、都新聞社・日本旅行協会主催、内務省・文部省・鉄道省・厚生省後援の『青年徒歩旅行展覧会』は一日より一五日まで、日本橋三越の四階と五階で開催された。『旅』一九三八年九月号の「青年徒歩旅行展から」という記事に詳しく紹介されている。

（13）青木槐三前掲書、一八五―一八六頁。

（14）同上書、一八六―一八七頁。

（15）同上書、一八七―一八八頁。

（16）戦時期の鉄道輸送のデータは、日本国有鉄道編『日本国有鉄道百年史　第十巻』日本国有鉄道、一九七三年、七二三頁等を参照。

(17)『東京朝日新聞』一九四〇年(昭和一五年)五月三〇日。
(18)『東京朝日新聞』一九四〇年(昭和一五年)八月一八日。
(19)『朝日新聞』一九四〇年(昭和一五年)一二月一五日。
(20)『朝日新聞』一九四一年(昭和一六年)二月四日。
(21)『朝日新聞』一九四二年(昭和一七年)一一月一一日。一九四〇年(昭和一五年)四月から米、みそ、砂糖、マッチなど生活必需品に切符配給制が導入され、一九四一年(昭和一六年)四月から東京、横浜、名古屋、京都、大阪、神戸の六大都市で米穀の配給通帳制と外食券制が導入されたことから、食料を求めての「買出し」旅行が増えることとなり、「遊覧旅行」と並んで「買出し旅行」も「不要不急の旅」として質的規制の対象となる。
(22)『朝日新聞』一九四三年(昭和一八年)五月二九日。
(23)同上紙。
(24)『旅』一九四〇年(昭和一五年)九月号「時局下の旅」、三二頁。
(25)『旅』一九四一年(昭和一六年)九月号「今日の旅行観」、四頁。
(26)同上。
(27)『旅』一九四一年(昭和一六年)一〇月号「今日の旅行観」「遊びの旅は廃止すること」、二－三頁。
(28)『旅』一九四三年(昭和一八年)三月号「主婦の立場から遊楽旅行批判」、一一頁。
(29)『旅』一九四〇年(昭和一五年)九月号「時局化の旅」、三二頁。
(30)『旅』一九四一年(昭和一六年)九月号「旅の理念」、三頁。
(31)『旅』一九四一年(昭和一六年)一〇月号「今日の旅行観」「働くために慰安が必要」、四頁。
(32)『旅』一九四二年(昭和一七年)四月号「旅行と情操教育」「視野を拡げる」、四頁。
(33)『旅』一九四三年(昭和一八年)三月号「主婦の立場から遊楽旅行批判」、一一頁。
(34)『旅』一九四三年(昭和一八年)四月号「婦人の立場から・遊楽旅行批判」「家族中心の厚生旅行が望ましい」、一三頁。
(35)鈴木舜一は、『年少者就職の餘備的知識』(一九三二年)、『勤勞青少年の文化と教育』(一九四一年)、『南方勞働力の研究』(一九四二年)、『今日の勤勞問題』(一九四三年)、『働く者の生活設計』(一九四三年)、『働く女性のために』(一九四三年)、『勤労文化』(一九四三年)、『工場の四季』(一九四三年)などの著書がある。また、厚生運動的な観点からの旅行についてのもっともまとまった分析は、一九四一年(昭和一六年)四月号に掲載された權田保之助の「健全娯楽としての旅行」であろう。この論考については、本書第五章を参照。
(36) 『旅』一九四三年(昭和一八年)一月号「勤労者と旅」、一〇頁。
(37) 青木槐三前掲書、一九〇頁。
(38) 同上書、一九二頁。
(39) 『旅』一九四三年(昭和一八年)八月号、三頁。
(40) 『旅』一九四三年(昭和一八年)八月号、七二頁、「編集後記」。
(41) 『交通東亞』一九四三年(昭和一八年)一〇月号(第一巻・第一号)、三頁。
(42) 日本国有鉄道編、前掲書、、七二八頁。
(43) 福井福太郎「決戦鵠制下の強行調整」『旅』一九四三年(昭和一八年)七月号、八-九頁。
(44) 「何故列車時刻を改正したか」『交通東亞』一九四三年(昭和一八年)一〇月号、六頁。
(45) 志鎌一之「ドイツの許可制旅行」『交通東亞』一九四三年(昭和一八年)一〇月号、一〇頁。
(46) 『交通東亞』一九四四年(昭和一九年)一月号、五頁。
(47) 日本国有鉄道編、前掲書、七四三-七四四頁。
(48) 日本国有鉄道編、前掲書、「告示第126号　旅客及荷物運送戦時特例」、七四五頁。
(49) 「旅客輸送の決戦非常措置　国民の自粛に愬ふ」『交通東亞』一九四四年(昭和一九年)四月号、五頁。
(50) 『旅』一九四三年(昭和一八年)三月号、九頁。この同じ調査について、青木槐三は次のように述べている。「五月には東鉄で初めて旅行目的の調査をやった。調査表に氏名、年齢、目的、下車駅等を記入させたが、その目的の項は軍務、社用、通勤、通学、家事、保養、訓練、勤労奉仕、鍛錬旅行、遊覧など書かせたが、誰も遊覧保養などと書くものはいなかったが、事実は遊覧目的が五割もあるという有様であった」(青木槐三、前掲書、一九三頁)。
(51) 宮脇俊三『増補版　時刻表昭和史』角川書店、一九九七年、一六〇頁。
(52) 同上書、一六四頁。

(53)「決戦へ捧げん輸送力　千人が自粛すれば〔…〕傷に送れる帝都一日分の野菜　癌は買出部隊　旅行会をご法度に　遊覧と買出しに断」『朝日新聞』一九四三年（昭和一八年）一二月一六日。
(54)宮脇俊三『増補版　時刻表昭和史』角川書店、一九九七年、一八五頁。
(55)「五月三十一日になって、乗越しは絶対禁止だが、乗継ぎ券をホームで売ると発表した。〔…〕警察の証明も初めのうちは多少効果があったが、後には全く乱発されたり、警察に顔のきくものには無制限に出されたり、この種の方法の欠陥が判り、五カ月でやめてしまった」（青木槐三、前掲書、二一六頁）。
(56)「旅客よ・もつと自粛しよう　まだ名案のない〝前日申告制〟」『朝日新聞』一九四四年（昭和一九年）一〇月八日。
(57)「見えぬ苦闘で果たす　未曾有の重責　旅客は戦友愛の自粛を」「裏をくゞる旅客」『朝日新聞』一九四五年（昭和二〇年）七月三〇日。
(58)青木槐三、前掲書、二三七―二三八頁。しかし、艦載機の攻撃が始まっても、宮脇俊三は次のような手段を使って買い出しに出かけていた。「艦載機の来襲があってから数日後、私は級友を誘って湯河原へミカンの買出しに出かけた。〔…〕東京から湯河原まで東海道本線で行くと、乗車券の発売制限があるので、私たちは小田急で小田原まで行くことにした。私鉄には発売制限がなかったのである。小田原から先は東海道本線だが、湯河原まではわずか一五・二キロなので切符は自由に買えた」（宮脇俊三、前掲書、二〇五―二〇六頁）。
(59)記事の他に横山隆一が「をぢさん強行」を一九四三年（昭和一八年）一〇月号から一九四四年（昭和一九年）四月号まで、「強力をぢさん」を一九四四年（昭和一九年）五月号から一〇月号まで連載している。
(60)『大東亜戦争　南方画信』陸軍美術協会出版部、一九四二年（昭和一七年）九月。『大東亜戦争　南方画信　第二集　大東亜戦争便覧特集号』陸軍美術協会出版部、一九四二年（昭和一七年）一二月、参照。
(61)戦争美術については、次の文献を参照。丹尾安典・河田明久『イメージのなかの戦争――日清・日露から冷戦まで』岩波書店、一九九六年。神坂次郎他『画家たちの「戦争」』新潮社、二〇一〇年、とくに所収の川田明久「戦争美術とその時代」。針生一郎他編『戦争と美術　１９３７―１９４５』国書刊行会、二〇〇七年。もりたなるお『芸術と戦争――従軍作家・画家たちの戦中と戦後』産経新聞出版、二〇〇七年。溝口郁夫『絵具と戦争――従軍画家たちと戦争画の軌跡』国書刊行会、二〇一一年。飯野正仁編『戦時下日本美術年表　１９３０→１９４５』藝華書院、二〇一二年。

(62)『旅』一九八九年(平成元年)九月号「原生花園の命名」。
(63)赤澤史朗・北河賢三編『文化とファシズム』日本経済評論社、一九九三年、七―八頁。
(64)この時期を特徴づける国策に積極的に適応し便乗するツーリズムの展開をもって戦時下の旅行のあり方として一般化することは適切ではないだろう。この時期については、次の文献を参照。高岡裕之「観光・厚生・旅行――ファシズム期のツーリズム」赤澤史朗・北河賢三編、前掲書、所収。工藤泰子「戦時下京都における国策としての観光」『日本観光研究学会第24回全国大会論文集』日本観光研究学会、二〇〇九年。ケネス・ルオフ『紀元二千六百年――消費と観光のナショナリズム』木村剛久訳、朝日新聞出版、二〇一〇年。
(65)「創立二十三周年を迎へたジヤパン・ツーリスト・ビユーローでは、滿州国方面への事業拡帳とともに、一月以来新たに職員の選考を行つてゐたが、志願者男子二百二十三人のうち十五人、女子二十五人のうち二名の合格者を決定、観光日本の第一線に立たせる事になつた。〔…〕唯二人の女性合格者の一人日本女子大英文科四年在学の戸塚文子さん(二一)は語学といひ常識といひ男女の志願者を通じて最高点の甲上を獲てパスした輝かしい女性である」(「観光日本の第一線に立つ3名の変り種」『東京朝日新聞』一九三四年三月二〇日)。
(66)『旅』一九八五年(昭和六〇年)四月号、二一三頁、「回顧・昭和史と旅」。
(67)一部、改行をスペースに変換している。

第七章

(1)野田宇太郎『桐後亭日録』ぺりかん社、一九七八年(昭和五三年)、八八―八九頁。
(2)同上書、八九―九〇頁。
(3)同上書、九三頁。
(4)同上書、九四頁。
(5)入り交じること。
(6)「焼けただれた」の意。
(7)『木下杢太郎全集』(18, 286)。

（8）同上書、二二五頁。
（9）同上書、二二七頁。「観潮楼」については、森於菟「観潮楼始末記」『父親としての森鷗外』筑摩書房、一九六九年、所収、参照。
（10）『野田宇太郎文学散歩　第6巻　東京文学散歩　武蔵野篇　上』文一総合出版、一九七七年、三〇二頁。
（11）『藝林閒歩』昭和二一年五月号、第一巻第二号、東京出版、扉。
（12）野田宇太郎『桐後亭日録』ぺりかん社、一九七八年（昭和五三年）、二二五頁。
（13）『野田宇太郎文学散歩　別巻1　新東京文学散歩　上』文一総合出版、昭和五四年、九－一〇頁。
（14）野田宇太郎『東京ハイカラ散歩』ヘランティエ叢書、角川春樹事務所、一九九八年、二七一頁。
（15）同上。
（16）同上。
（17）『野田宇太郎文学散歩全集』（文一総合出版）各巻の巻頭「おぼえがき」の調査時期に関わる情報をもとに整理した。
（18）月ヶ瀬村史編集室編『月ヶ瀬村史』月ヶ瀬村、一九九〇年（平成二年）、七三七頁。
（19）野田宇太郎編『文学散歩25号　明治村記念号』文学散歩友の会事務局、一九六六年（昭和四一年）一〇月、「明治について」（扉）。
（20）同上誌所収「明治村」、七三頁。
（21）野田宇太郎自身はこのような用語の普及に対して、例えば次のような不快感をたびたび示した。「たまたま戦後急激に発達したマスコミがこの文学散歩を取りあげたことから流行語化し、ついに安易に古典近代現代の見境もなく文学と名のつくものを地域的に羅列するような題名盗用または模倣的書物が出版され、レジャー向きのジャーナリズムに名称を利用されるようにもなった」（野田宇太郎「文学散歩」日本近代文学館編『日本近代文学大事典』講談社、昭和五二年、四六一頁）。また「野田宇太郎　文学散歩と案内　私の著作の誤解について」（『産経時事』一九五六年二月二三日）も参照。しかし、野田自身も当初は「文学散歩」をテーマとしたバスツアーの案内訳やガイドブック的な出版も行なっていた。『東京文学散歩の手帖』学風書院、一九五五年（昭和三〇年）の趣旨をつぎのように説明している。「東京の市街を歩きながら、何か東京の文学についての案内書でもあったら都合がよいと思ふことがあります。山ノ手の坂とか下町の川や橋など、ただぼんやりと通るよりも、せめてその場所と文学との関係でも知って居るとすれば、どれだけたのしいことか知れません。日頃読書の時間だけに親しむ文学が、外出の時もたのしく自分の生活と共にあるといふことは、文化生活として欠がしたくないことと云へませう。このやうな人々の欲求を充すことと、文学を学ぶ上に今までの読書だけに頼らず、その文学が育った環境にも親しんで、一層具体的に文学を身につけようとする人々のために、私はこの手帖を書いてみました」(一頁)。

(22)「バスに乗って〝文学散歩〟説明役には野田宇太郎さん」『朝日新聞』一九五三年(昭和二八年)三月八日。

(23)「文学散歩バス　高見順」『朝日新聞』一九五三年(昭和二八年)三月一二日。

(24)「隅田川畔を文学散歩　観光バスで毎週土曜に」『読売新聞』一九五三年(昭和二八年)六月一三日。

●付論一

(1)日本国有鉄道編『日本国有鉄道百年史　第三巻』昭和四六年、四一五頁。筆者はこの情報は次の論文によって得た。片山雅木「失われつつある駅の風物詩「伝言板」」『鉄道ピクトリアル』二〇一一年一二月臨時増刊号、鉄道図書刊行会。また朝日新聞ｂｅ編集グループ編『またまたサザエさんをさがして』朝日新聞社、二〇〇七年、二六頁にも同様の指摘がある。

(2)「北越鉄道、駅内に伝言板設置▽水戸鉄道、ダイヤ改正」『読売新聞』一九〇三年(明治三六年)八月一日。

(3)『東京朝日新聞』一九〇六年(明治三九年)九月一四日。

(4)鉄道院運輸部『鉄道院線沿道遊覧地案内』一九〇九年(明治四二年)、一四頁、巻末鉄道案内。

(5)「告知板は艶文板　待合室は語らいの室　恋愛道場化の新宿駅／東京」『読売新聞』一九二七年(昭和二年)四月七日。

(6)「生なき告知板、白く笑う　ポスト・ガールも出現する新宿駅」『東京朝日新聞』一九三一年(昭和六年)二月二二日。

(7)「市民に広がる伝言板　小回りきく情報交換　暮らしのメモが圧倒的」『朝日新聞』一九七五年(昭和五〇年)九月五日。

(8)「ちょっと気になる言いっ放し世代　対話を望まず〝一方通行で〟満足　伝言板に受取人不明の落書き」『朝日新聞』一九八四年(昭和五九年)二月八日。

(9)井上ひさし『ニホン語日記』文藝春秋、一九九三年、天野祐吉「私自身のための広告」『通販生活』No.169、一九九六年一一月、朝日新聞ｂｅ編集グループ編『またまたサザエさんをさがして』朝日新聞社、二〇〇七年など。

●付論二

（1）J・ハーバーマス「ジンメルにおける哲学と文化　エッセイ集へのあとがき」、『テクストとコンテクスト』赤井正二他訳、晃洋書房、二〇〇六年、一六九頁。

（2）Georg Simmel は今日では「ゲオルク・ジンメル」と表記されるが、杢太郎においてファーストネームは「ゲオルク」「ゲオルグ」「ゲオルヒ」の三つの表記が使われている。以下引用にあたっては統一することはしない。

（3）一九一五年（大正四年）一二月一六日付和辻哲郎宛書簡「この間国華社の展覧会にて兒島君に会ひたるに、今後美術新報社を受持つことになりしといふ。予は今彼の為に Georg Simmel の Michelagelo 論を起信論の用語を多く用ゐて翻訳しつつあり」(23, 152)。

（4）野田宇太郎『木下杢太郎の生涯と芸術』平凡社、一九八〇年、一七四頁。

（5）杢太郎会編『目で見る木下杢太郎』緑星社出版部、一九八一年、一一六頁、「東大教授時代」。

（6）杉山二郎『木下杢太郎――ユマニテの系譜』中公文庫、一九九五年（一九七四年）、一五三－一五四頁。

（7）「絵画の約束論争」については以下の論文を参照。富沢成実「『白樺』の美術運動と大正という時代――「絵画の約束論争」を中心に」『明治大学図書館紀要』第三号、一九九九年、一六九－一八二頁、梶野真知子「「絵画の約束」論争と木下杢太郎」『女子美術大学研究紀要』第三五号、九一－一〇一頁、二〇〇五年、吉本弥生「「絵画の約束」論争――「印象」から「象徴」に向かう時代のなかで」人間文化研究機構国際日本文化研究センター『日本研究』第四一号、二〇一〇年、三三一－三七一頁。

（8）北原白秋「詩集『食後の唄』序文」『白秋全集16』岩波書店、一九八五年、一八四頁。

（9）ユリウス・マイアー゠グレーフェについては次の文献を参照。太田喬夫「マイヤー・グレーフェとドイツの近代美術批評――フォーマリズム批評の先駆者あるいは近代の古典主義者」『美術フォーラム21』第二号、二〇〇〇年五月。中村尚明「伝習の調停者マネ、近世人中の近世人たるセザンヌ――ユリウス・マイアー゠グレーフェと木下杢太郎：「絵画の約束」の背後に」横浜美術館他編『セザンヌ展』ＮＨＫ、一九九九年。

（10）『木下杢太郎日記　第1巻』岩波書店、一九七九年、四〇一頁。

（11）Julius Meier-Graefe, *Entwickelungsgeschichte der modernen Kunst: vergleichende Betrachtung der bildenden Künste, als Be-*

itrag zu einer neuen Aesthetik, Stuttgart, J. Hoffmann, 1904, SS., 277－283.

（12）ドイツの芸術史家アイゼンベルトはマイアー゠グレーフェのロダン章を次のように批評している。「マイアー゠グレーフェのロダン章は全くジンメルの論文の「分解され」引きちぎられた複製に他ならず、修辞的な問いかけとその内容よりももっと挑戦的に響く問いかけが全体を貫いているが、それは、著者であるマイアー゠グレーフェがこの章の若干の追加的な注釈と反論（このうちの幾つかはそれでも重要なのだが）までも全くジンメルに委ねてしまったことを覆い隠すためである」。(J. A. Schmoll gen. Eisenwerth : Simmel und Rodin, in *Ästhetik und Soziologie um die Jahrhundertwende »Georg Simmel«* hrsg. von Hannes Böhringer u. Karlfried Gründer, V. Klostermann, 1976, S. 20.)

（13）翻訳は、高木昌史編訳『世紀末芸術論――リルケ／ジンメル／ホフマンスタール』青土社、二〇〇八年所収、一六八頁以下。

（14）翻訳は、『ジンメル著作集7　文化の哲学』円子修平・大久保健治訳、白水社、一九七六年所収、一九〇頁以下の「ロダン」。

（15）高木昌史編訳、前掲書、一九〇頁。

（16）同上書、一七三頁。

（17）初出、「豫感及び模索」一九一二年（明治四五年）二月二七、三〇日の『読売新聞』。

（18）高木昌史編訳、前掲書、一七三－一七四頁。

（19）その他、ジンメルに言及している評論には次のようなものがある。「後ろの世界」（『美術新報』第一二巻第一号、一九一二年〔大正元年〕一一月）全集八巻所収。「最近時事」（『太陽』第二一巻第六号、一九一五年〔大正四年〕五月、「文藝評論」欄）、全集八巻所収。「爲藤五郎に與ふ」（四月『中央美術』第三巻第四号、一九一七年〔大正六年〕）全集第九巻所収。

なお杢太郎のロダン観は後に欧米留学中にイタリアでドナテッロ、ミケランジェロの作品を直接見たのをきっかけに劇的に変化する。「十年前日本に居て、ロダンの面白味が忽然として分るやうになつた時は私に取つて、一飛躍であり、一大喜悦であつた。伊太利でドナテロ、ミケランジエロを見た後には、ロダンがこれに附加した一物の、十九世紀分子に対して反感を抱くやうになつた。」(12, 30)（「旅」『サンデー毎日』一九二三年〔大正一二年〕一一月二五日発行）、「ドナテロ、ミケランジエロを識ることに由って、わたくしのロダンに対する敬愛の情は少しく薄らいだやうに感ぜられる」(13, 180)（「二つの訃音」『中央美術』一九二七年(昭和二年)五月)。

(20)『ジンメル著作集7　文化の哲学』一三三頁。

(21)同上書、一三三頁。

(22)「陶器に関する考察　富本憲吉君の作品展覧会を観る」(一九一四年(大正三年)三月二一、二九日の『読売新聞』掲載)全集八巻所収、「リイチ氏の陶器展覧会」全集八巻所収、「支那の陶器　北京見聞録續稿」(一九一七年(大正六年)四月二三日『大阪朝日新聞』掲載)全集九巻所収、「満州通信　第六信」(一九一七年(大正六年)七月発行『アララギ』)全集九巻所収、「セエヴル陶器館」全集一二巻所収、「西洋の陶器」全集一二巻所収。

(23)新田義之『木下杢太郎』小沢書店、一九八二年、八頁。

(24)山中千春「木下杢太郎における西洋芸術へのまなざし――明治四十年代のロマンティシズムの一断面」「近代文学資料と試論」の会編『近代文学資料と試論』第8号、二〇〇八年、四九 - 五六頁。

(25)「最近美術界」『太陽』第二二巻第一一号、一九一六年(大正五年)九月。

(26)生得的気質。

(27)上記引用の出典は不明であるが、ベルクソンへの言及との関連を考えると「アンリ・ベルグソン」(『芸術哲学』斎藤栄治訳、岩波書店、一九五五年一六八頁)における文章が土台になっているかもしれない。この論文"Henri Bergson"の初出は、Die Güldenkammer, Heft 9 vom Juni 1914.

(28)和辻哲郎「雑録　十九世紀文化の總勘定」『思潮』第一巻第一号、一九一七年(大正六年)五月、一三八頁。

(29)同上誌、一四二頁。

(30)「公衆と予と(三度び無車に与ふ)」『白樺』第三巻第二号、一九一二年二月。

(31)『白樺』ロダン号、第一巻第八号、一九一〇年(明治四三年)一一月号、一九七 - 一九八頁。三つの二重カギ括弧は原文通り。

(32)『木下杢太郎日記　第1巻』、三八〇 - 三八一頁、明治四二年四月一七日付。その他、明治三七年一月九日、明治四二年四月二〇日、明治四三年六月三日付にもニーチェへの言及がある。

(33)「我々の通つて来た時代」『改造』第八巻第一三号「明治文学のおもひ出」、一九二六年(大正一五年)一二月。

（34）一九〇九年（明治四二年）五月二五日付の『読売新聞』の「文壇はなしだね」に次のような記事が掲載されている。「雑誌スバルの詩人画家連はパンの会といふ会を立て、毎月其處らの安料理屋で開く事にしているが、ツイ此間の会が両国のさる處で開かれた時は、随分珍妙な喜劇を演つたさうだ、何でも開会の前日からパンの会々場と大書したビラを下げて置いた、處が警視廳ではパンの会と言うのに希臘時代からの故事があらうなどとそんな風流の處には氣着かぬから、パンの会と言へばこれや生活問題の討議を意味するもので、適切社会主義者の会合に違ひないと、飛んだ處へ早合点をまはして、開会当日の朝から会場の近邊へ角袖巡査を派すこと約五十名、萬一不穏な辯論や形勢があればと用意周到に固めてゐた。さて会員等はそんなこととは夢にも知らず、上田敏氏の佛国文學談など色々藝術談に花の咲いた後、宴が崩れて来ると鯨飲亂舞随分騒立てて、可い頃に散会した。馬鹿を見たのは角袖巡査で、散つた会員の後姿を見送りながら、なんのこつたとすご〳〵引揚げたさうだ」。この記事が真実だとすれば、杢太郎が書いているような「刑事二人」というような規模ではなかったのである。

（35）「公衆と予と（三度び無車に与ふ）」『白樺』第三巻第二号、一九一二年二月。

（36）「新東洋趣味」『中央公論』第三一年第八号（世界大観号）、一九一六年（大正五年）七月。

（37）初出、一九一六年（大正五年）一一月『アララギ』第九巻第一一号。

（38）ニーチェ問題の解決についてはもとより他の連関、例えばヴントの民族心理学の研究、民族的な共同体の発見などにも目を向けることも必要であろう。これらについては次の論文を参照。権藤愛順「木下杢太郎『唐草表紙』論――寂しき個人主義から民族回帰へ」（日本語日本文学特集）『甲南大学紀要　文学編』一五三、二〇〇八年、四一‐六五頁、権藤愛順「木下杢太郎と石川啄木――大逆事件を契機とする両者の再接近について」『国際啄木学会研究年報』第一三号、二〇一〇年、三二‐四五頁、参照。

（39）鷗外の『青年』の研究史の概要については、次を参照。長谷川泉『森鷗外論考』明治書院、一九九一年。小林幸夫「森鷗外『青年』論――反〈立身出世〉小説」『上智大学国文学科紀要』二四、二〇〇七年、七三‐九二頁。

（40）『森鷗外全集　第２巻』ちくま文庫、一九九五年、三三九頁。

（41）例えば、小堀桂一郎『森鷗外――文業解題　創作篇』岩波書店、一九八二年、四三頁。杉山二郎『木下杢太郎――ユマニテの系譜』中公文庫、一九九五年（一九七四年）、一〇九頁以下。澤柳大五郎『木下杢太郎記』小澤書店、一九八七年、一四頁。

(42) 野田宇太郎『青年の季節』河出新書、一九五五年、一一頁。

(43) 野田宇太郎『木下杢太郎の生涯と藝術』平凡社、一九八〇年、二八頁。また大村が杢太郎で、純一は鷗外自身であるという杏奴の理解も、野田宇太郎は紹介している(同上書、三二七頁)。なお鷗外と杢太郎との関係についてすでに多く研究がある。例えば次を参照。岡井隆『鷗外・茂吉・杢太郎――「テエベス百門」の夕映え』書肆山田、二〇〇八年。

(44) 『森鷗外全集　第2巻』ちくま文庫、二六八頁。なお、「積極的な個人主義」という言葉を杢太郎自身、絵画の約束論争のなかで使用している(8, 32)(「公衆と予と(三度び無車に与ふ)」『白樺』第三巻第二号、一九一二年二月)。

(45) 同上書、三四一頁。

(46) 同上書、三四二頁。

(47) 同上。

(48) 長谷川泉、前掲書、六三五頁。

(49) 三島憲一「鷗外と貴族的急進主義者としてのニーチェ」日本独文学会編『ドイツ文学』第四一号、一九六八年、五二頁。鷗外のニーチェ観については次の文献も参照。重松泰雄「鷗外とニーチェ」『日本近代文学』第三号、一九六五年、一〇二―一一五頁。小堀桂一郎『森鷗外――文業解題　翻訳篇』岩波書店、一九八二年。杉田弘子『漱石の『猫』とニーチェ――稀代の哲学者に震撼した近代日本の知性たち』白水社、二〇一〇年。

(50) 「把手」や「ロダン論」においてすでに試みられていたジンメルの哲学的方法は『社会学の根本問題』において「形式社会学」の方法として端的に説明されている。「人間の社会関係は、絶えず結ばれては解け、解けては再び結ばれるもので、立派な組織体の地位に上ることがなくても、永遠の流動及び脈拍として多くの個人を結び合わせるものである」(Georg Simmel, *Grundfragen der Soziologie*, 1917,『社会学の根本問題』清水幾太郎訳、岩波文庫、二一―二二頁)。

(51) 石川啄木は日記に、「平凡な日常事」についての杢太郎の発言を記録している。「現代人が平凡な日常事の文学で満足する様になつたのは、今の社会があまり複雑で広くて、とても全体が見渡されぬ。だから、現代人には現代の社会その物が不可思議国なのだ――といふ」(一九〇八年〔明治四一年〕一一月一〇日付日記、『啄木全集第五巻日記(1)』筑摩書房、一九六七年、三五七頁)。

(52)『ジンメル著作集7　文化の哲学』、一九三頁。
(53)『ジンメル著作集5　ショーペンハウアーとニーチェ』白水社、一九七五年、二六二頁。
(54)ジンメルの思想に対する鷗外の認識がどのようなものであったかを『青年』以外から知ることはできないが、鷗外は、「水のあなたより」において、ジンメルがシュトラスブルク大学に転ずるとの報道を記している。「"Georg Simmel." ベルリンからストラアスブルヒに転ずることに決心した」(『鷗外全集　第二十七巻』岩波書店、一九七四年、八七六頁)。
(55)『ジンメル著作集5　ショーペンハウアーとニーチェ』、二六三頁。
(56)ホータン、シルクロードのオアシス都市。
(57)『木下杢太郎全集　第8巻』一九八一年九月、「月報5」、四－五頁。
(58)「鑑賞」の類義語。
(59)「漂い漲っている」の意。
(60)日夏耿之介「杢太郎情調」(一九四五年)『日夏耿之介文集』井村君江編、ちくま学芸文庫、二〇〇四年所収、三三九頁。

あとがき

思想史と社会学の問題関心から「旅行のモダニズム」というテーマに行き着くにはいくつかの筋道があった。「モダニズム」への関心はヘーゲル、ジンメル、ハーバーマスなどの研究に基づいている。旅行と旅行ガイドブックへの関心は勤務先で最初に担当した「現代文化論」講義の参考にさせて頂いた鶴見俊輔氏の『戦後日本の大衆文化史』の「旅行案内について」にまで遡ることができる。海外旅行やガイドブックは日本文化を考えるきっかけとして講義で取り上げてきた。また続いて担当した「コミュニケーション論」講義との関係で「場所・空間」についての研究を調査するなかで旅行や観光の研究につながる経路もあったし、また旅行はメディアと人間行動との関係を考える格好の事例だった。

明治末から大正昭和初期への関心はもっと明確で、哲学者・社会学者であるG・ジンメルが日本美術品のかなりのコレクターであったことを知ったのが一つのきっかけとなって、その時代に強い関心をもつようになった。今から一〇〇年ほど前、一九〇〇年から一九二〇年頃に今の衣食住と慣習に直接つながる生活スタイルのほとんどが生まれたが、この時代は、政治・経済・文化、自然科学・社会科学・芸術・技術などが境界を越えて刺激し合って大きな渦を作っていた。日本も今と違った仕方でこの大きな渦のなかにあった。私たちの現在を理解し方向を見出すためにも、この「モダニズム」の時代は繰り返し振り返る値打ちがあると思っている。忘れてしまうにはあまりにも惜しい記憶はまだまだたくさん埋もれていることだろう。当初は対象時期をおもに大正期から昭和九年頃までの「大正昭和初期」に限定していたが、日本の「モダニズム」の苦難と再生も取り上げるために対象を戦時期と戦後の一部を含む「大正昭和前期」とすることとし、本書のサブタイトルもそのようにした。

現代文化の研究を旅行文化に絞り込んでいった際には、社会と文化の研究方法への疑問もあった。問題や課題を発見しその「解決」に向けて「診断」を下すのが社会科学の仕事の軸であることには変わりはないのかもしれないが、しかししばしば何が問題であるのかよくわからなかったり、何かしらの原因を取り除くか別のものと入れ替えればすぐに「解決」するかのように聞こえたりする場合もあった。「良いところや優れているところを発見し伸ばす」というような思考法をもう一つの軸に据えることはできないだろうか、そんなことも考えた。旅行と観光という現象はそのような思考法がふさわしいテーマだった。最近、新しい学部を創る仕事のなかで心理学の新しい流れとして「ポジティブ心理学」を知ったが、専門分野は違っても似たところのある考え方に思えて意を強くした。

十数年に及ぶ本書につながる研究は、私にとって歴史の豊かさ奥深さとの楽しい出会いの連続だった。ついつい引用が多くなり長くなるほど素材の面白さは尽きない。とくに和辻哲郎から木下杢太郎を知り、杢太郎全集のなかにジンメルの論文の翻訳を見つけたときには円環が閉じたような感動を覚えた。しかし最近は本書と関連する分野での研究のスピードが速まってきたように思える。だからこの楽しさの反面で、関連する研究と重要な資料などの見落としや誤解など重大な瑕疵があるかもしれないという懸念はある。また、取りあげることのできなかった重要な事柄も多い。このような欠点があったとしてもなお、旅行史と観光史の研究と学習、現代文化の研究と学習に僅かでも貢献するところがあれば、また研究者と学習者には参考文献として、一般の方には教養書として、一部でも読まれることがあれば望外の喜びである。

本書は、これまで発表した論文を大幅に修正・加筆した部分と新たに書き下ろした部分から成り立っている。各章のもととなった論文の初出などは以下の通り。

序　旅行とモダニズムについて
（書き下ろし）

第一章　旅行のモダン――大衆化・組織・雑誌
「旅行の近代化と「指導機関」――大正・昭和初期の雑誌『旅』から」『立命館産業社会論集』第四四巻一号、立命館大学産業社会学会、二〇〇八年六月、九九－一一五頁。
第二章　山岳美の発見と旅行団――大正期昭和初期の登山ブーム
「「旅行団」と「山岳講演会」――大正期における旅行文化の形成」『立命館産業社会論集』第四四巻三号、立命館大学産業社会学会、二〇〇八年一二月、二一－四〇頁。
第三章　都市美の発見と「都会趣味」――木下杢太郎の小林清親論
「木下杢太郎の小林清親論、あるいは思想としての「都会趣味」」『立命館産業社会論集』第四九巻一号、立命館大学産業社会学会、二〇一三年六月、一－二一頁。
第四章　旅行ガイドブックのなかの「見るに値するもの」――『公認東亜案内　日本篇』と『テリーの日本帝国案内』の一九一四年
「旅行ガイドブックのなかの「見るに値するもの」――『公認東亜案内』日本編と『テリーの日本帝国案内』の1914年」『立命館産業社会論集』第四五巻一号、立命館大学産業社会学会、二〇〇九年六月、一五一－一七〇頁。
第五章　「趣味の旅行」と「モダン・ライフ」――旅行論の展開
「「趣味の旅行」と「モダン・ライフ」――大正・昭和前期における旅行文化の展開と旅行論」『立命館産業社会論集』第四六巻四号、立命館大学産業社会学会、二〇一一年三月、一－二〇頁。
第六章　戦争末期の旅行規制を巡る軋轢――『交通東亞』とその周辺
「『交通東亞』とその周辺――戦争末期の旅行規制を巡る軋轢」『立命館産業社会論集』第五一巻二号、立命館大学産業社会学会、二〇一五年一一月、三五－五五頁。

第七章　戦後日本を歩く――旅行文化としての「文学散歩」
（書き下ろし）
付論一　駅の伝言板――都市コミュニケーションの小道具
「駅の伝言板――都市コミュニケーションの小道具」『教育科学研究』第一一号、立命館大学教育科学研究所紀要、一九九七年一二月、一二三－一三五頁。
付論二　木下杢太郎の思想展開におけるジンメルの芸術論
「木下杢太郎の思想展開におけるジンメルの芸術論」『立命館産業社会論集』第四七巻三号、立命館大学産業社会学会、二〇一一年一二月、一九－四〇頁。

研究はもちろん孤独な作業に終始するものではない。多くの方々との対話が研究を進めるエネルギーとなる。これまで様々な場面で研究について話し合うことのあったゼミの学生・院生の皆さん、研究者・職員の方々に深く感謝している。

研究時間を確保し、出版の支援を頂いた立命館大学の多くの教職員の皆様に御礼申し上げる。また、厳しい出版事情のなかで出版を御快諾頂いたナカニシヤ出版の方々に感謝申し上げる。

二〇一六年一一月

赤井正二

＊本書の刊行にあたって、立命館大学産業社会学会の二〇一六年度学術出版助成を受けている。

ハ　行

マ・ヤ　行

ラ　行

サ　行

タ　行

ナ　行

事項索引

人名索引

▒著者略歴

赤井正二（あかい・しょうじ）

1951年　和歌山県和歌山市生まれ。
1975年　早稲田大学第一文学部哲学専攻卒業。
1987年　一橋大学大学院社会学研究科博士後期課程単位取得満期退学。
1987年　立命館大学産業社会学部助教授就任。
1994年　同教授昇任。現在に至る。
専　門　思想史・社会学。
著訳書　『メディア社会の歩き方――その歴史と仕組み』〔共著〕（世界思想社，2004年），J. ハーバーマス『テクストとコンテクスト』〔共訳〕（晃洋書房，2006年），他。

旅行のモダニズム
――大正昭和前期の社会文化変動――

2016年12月25日　初版第1刷発行

著　者　赤　井　正　二
発行者　中　西　健　夫

発行所　株式会社　ナカニシヤ出版
〒606-8161　京都市左京区一乗寺木ノ本町15
TEL　(075)723-0111
FAX　(075)723-0095
http://www.nakanishiya.co.jp/

印刷・製本／亜細亜印刷

＊乱丁本・落丁本はお取り替え致します。

ISBN978-4-7795-1103-5　Printed in Japan

近代ツーリズムと温泉

関戸明子

鉄道網の整備や、メディアによる観光情報、余暇の誕生など、近代を象徴する現象のなかで拡大する温泉ツーリズム。温泉厚生運動やメディアイベントが繰り広げられ、近代化の流れのなかで激変する温泉地を描き出す。

一九〇〇円＋税

観光化する社会
—観光社会学の理論と応用—

須藤　廣

観光の名の下に産業化された人々はいったい何を売り、何を買おうとしているのか。日本やタイ、ハワイでのフィールドワークをもとに観光地住民の意識やバックパッカー・ツーリズムの二面性などを論考し、現代観光の可能性を探る。

二五〇〇円＋税

近代日本の視覚的経験
—絵地図と古写真の世界—

中西僚太郎・関戸明子　編

都市図・風景写真・観光案内などのビジュアルなメディアが流行した時代、日本人は世界をどう認識していたのか。当時の流行メディアから日本の近代を眺める。鳥瞰図・写真帖・リーフレットなど貴重な資料を多数収録。

二六〇〇円＋税

イスラミック・ツーリズムの勃興
—宗教の観光資源化—

安田　慎

相反する価値観を孕んだ「宗教」と「観光」はいかに結びついたのか。市場経済の中でイスラーム的価値はいかに保たれるのか。イスラミック・ツーリズムをめぐる思想的系譜と市場形成を、宗教観光の発展を通じて明らかにする。

三〇〇〇円＋税

表示は二〇一六年十二月現在の価格です。